U0831953

蝶变

世纪之初的上海产业革新之路

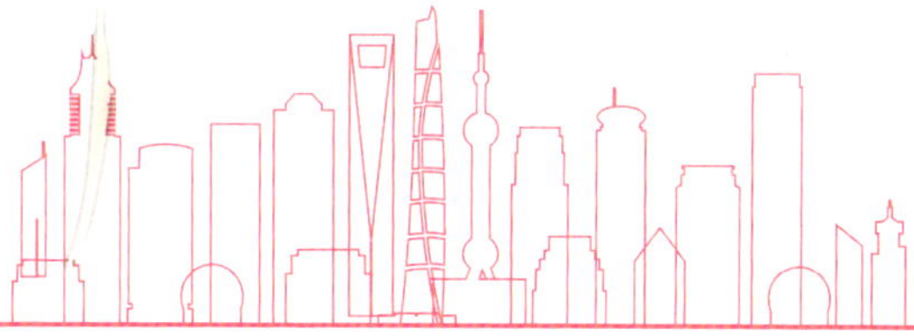

丁波 | 著

上海三联书店

目 录 世纪之初的上海产业革新之路

序

第一章：车市雄心

车市启蒙 - - - - **001**

关注 50 万本本族 - - - - 001

新世纪该买什么样的车 - - - - 006

桑塔纳一种文化现象 - - - - 011

氢动发轫 - - - - **017**

中国能否站立电动汽车潮头？ - - - - 017

打造中国的“氢动一号” - - - - 021

内外首秀 - - - - **028**

上汽入股通用大宇 - - - - 028

赛欧北迁，谁成赢家 - - - - 032

双龙之变 - - - - **036**

从罢工到“相生相容” - - - - 037

无奈搁浅 - - - - 046

上南合作 - - - - **066**

上汽南汽：演绎长三角新故事？ - - - - 067

冰消雪融合则两利 - 078
长袖善舞：上南合作成功整合 - 082
跨地区重组三年回眸 - 086
绿牌启动 - 091
首批新能源车车主的甜酸苦辣 - 092
E50 量产上市力求突破现有瓶颈问题 - - - - - - - - - - - - - - - - - - 096

第二章：钢铁力量

宝钢基因 - 101
30 年回眸头号工程的争议 - 101
宝钢用心缝制汽车“中装” - 110
如何让发明人“吃肉” - 115
跨出钢铁业重组关键一步 - 120
铁矿石之争 - 124
三问铁矿石谈判 - 124
思索，那 19% 带来的阵痛 - 128
↑9.5%： 中国价格树起世界标杆 - - - - - - - - - - - - - - - - - - - 133
“疯狂的石头”？ ——铁矿石价格大涨的背后 - - - - - - - - - - - - - - 136

第三章：装备爬坡

大块头故事 - 142
全球最难造的船，上海来造 - 142
迈向百万级超超临界巅峰 - 144

"花甲"大厂再摘"皇冠明珠" 147
船坞搬家 151
上海造船基地"大搬家" 151
上海将崛起世界最大造船基地 153
东进序曲 154
江南造船厂在修旧如旧中脱胎换骨 160
振华之气 165
振华之气——振华港机"软实力"报告 165
"无人码头"效率提升 50% 171
"港口巨人"胜似"闲庭信步" 173
一代传奇掌门人解甲归田 175

第四章：民机涅槃

ARJ21 之路 183
ARJ21：八年磨一剑 184
大飞机圆梦 204
大飞机：不干则已，干就干好，干就干成 204
奋斗 20 年，打造大客机"中国心" 210
C919 客机模型亮相亚洲航展，项目全面进入预发展 213

第五章：轻工之变

回归与重生 216
放虎归山 216

“回力”重生 - 220
“英雄进退”留下怎样的思考 - 225
折翅“海鸥”而今“数字”起飞 - 229
绕不开的难题 - 235
酒香也怕巷子深 - 235
口碑不错，为何进不了一线商圈 - 239
能不能抓住年轻人的心 - 243

第六章：海外征途

“上海企业并购德国工厂”现象探究 - 247
最大一次海外并购“开花结果” - 258
4 亿欧元买来的是核心技术 - 263

第七章：国资整合

资本腾挪 - 268
上海国资改革拉开大幕 - 269
淡马锡，能带来什么？ - 274
上海 24 家国有大集团明确主业 - 279
外部董事积极“管事”渐入佳境 - 280
“实训转岗”提升国企领导力 - 283
上海，国资改革再上新征途 - 286
进退之道 - 296
关掉小国企　带来大效益 - 296

上海国资退出之道 298
国企“靓女先嫁”难在哪里？ 302
上海探索国资透明有序流动 306
股权激励 310
申城知名国企当家人叩开持股门 310
央企谨慎试水股权激励 314
“虚拟持股”激发老总们干劲 318
股权激励：上海“第一单”试验 321

第八章：民企创新

民营企业 328
玉米“聚”变 328
玉米“巨”变 333
上海机器人产业迎黄金期 340
梦想：超导材料用在智能电网上 342
互联网企业另辟蹊径谋突破 345
沪平台企业雨后春笋般崛起 347

序

2000 年，新世纪的曙光照耀下，陆家嘴天际线参差不齐。

那时，刚刚落成不久的金茂大厦设计前卫，直插云霄，让人弹眼落睛，代表着高档商业写字楼和金融机构在这片沃土上扎根。可就在不远处，上海船厂的船台依然在风雨中驻守，它们锈迹斑驳，垂垂老矣，却一直是陆家嘴 100 多年来的主人，受水深和水面宽度影响，能建造最大吨位船舶只有 5.7 万吨，再大，就驶不出黄浦江了。

一面是新建最高的顶级写字楼，一面是中国最传统的近代工业大作坊，这就是在世纪钟声敲响时，上海产业的真实缩影。

在当时的一篇报道中，自己这样落笔：新世纪初的上海，走出了工业时代，走向了美国学者贝尔笔下的“后工业时代”。经济学家华民如此描绘“后现代”：城市中心城区不再直接组织生产，而是组织知识；城市功能倾向娱乐学习和休闲，而不再是制造产品；传统工业衰落，服务业成为第一产业。哲学家赵鑫珊则觉得，这个时代的人们，注重品位文化，重温历史，追寻更高的生活。

尽管这样的文字并不完全符合现实发展，但在当时，处处涌动的产业变革前奏，鼓点急促而有力：

那一年，我们记载上海的本本族超过 50 万人，没车开手难受，租车不方便，借车不放心，似乎要解决起来是那么复杂。谁都没有想到，在之后几年中，轿车如潮水般涌入家庭；

那一年，我们讨论WTO对于农业、电信和汽车的冲击。“狼来了”，是用在标题中最多的词汇，没有一个专家敢无视关税降低后进口商品的魅力，然而谁也没能预想，入世后10年上海经济和城市的发展会如此迅猛；

那一年，关于国资、外资、民资的争论越来越激励。“用市场换技术能否换来真技术?”；“试点MBO和民企入股，是否可以为上海国资重镇带来新鲜血液”，这些问题，一直在后来城市发展中讨论良久，或许谁都没有找到标准答案。

2000年的上海，GDP的比例是第一产业1.6%，第二产业46.3%，第三产业52.1%，尽管第三产业已经在1999年超过第二产业，但大块头的汽车、钢铁、船舶、装备等等，都还是最受关注的经济领域，成为报纸头版头条的常客，庞杂而细分的第三产业似乎还不足以撑门面，以大为美的重化工业情结，一直是这座以制造为荣城市的脊梁。

谁也难以想象之后的产业变化，这其中交集着太多复杂因素：

——三次产业的比例变化是最为明显的。第二产业的比重从2000年的46%到2015年已经下降到34%左右，第三产业的比重则从52%增长到了64%，仅仅数字的变化，并不能足以反映这一过程中的曲折。特别是在2008—2009年全球金融危机冲击下，对于城市产业的空心化问题的担忧加剧，普遍认为没有制造业的城市如同空中楼阁终究是没有底气的，在全国4万亿投资的刺激下，上海制造业比重曾在2009、2010年比例反弹，之后，再度将风头让位于势不可挡的第三产业。当然，制造业占比徘徊下行的同时，如何让制造业迈向高端，产生更大的效益，是这座城市决策者最关心的。

——对于上海品牌关注从来没有中断过。这种关注，是担忧、也是期许。在上世纪80、90年代，全国各地都有青睐上海货的传统。每一位出差来上海的外地人，总会被亲朋托付代购一块上海牌手表，或者自己带回几包大白兔奶糖给小朋友。这种挥之不去的上海老品牌情结，成为后来上海产业发展中最常被谈起的话题，也是最沉重的托付。上海重工业从 90 年代获得大发展，成为 GDP 增长的重要推动者，而轻工品牌则在与广东货、浙江货和洋品牌的比拼中逐渐在处于劣势，从老百姓来讲，重工业生产资料品牌是难以深入人心的，这也自然造成了许多人心目中上海品牌无奈衰退的整体印象。曾经的“上海货”到哪里去了？这样的发问常常在各类产业研讨会和论坛上出现。其实，细细回看，10 多年来，不同老品牌走出的是不一样的路，有的依然在细分领域一骑绝尘，比如六神花露水、中华铅笔；有的力求在创新口味和形式，赢得新生代，包括大白兔和回力鞋；有的通过合资和股权的探索，力求试水于新机制对于老品牌的促进，有海鸥相机，还有英雄钢笔。很多时候，老品牌的努力是看得到的，只是结果并非都能如愿，毕竟如今的市场，已经远非 30 年前的简单。

——走出上海与走出国门，是 10 多年来上海企业发展的骄人业绩。这得益于上海企业的逐步壮大，也被迫于大都市商务成本的自然提升。宝钢、上汽等等龙头公司纷纷在外地建立生产基地，通过在中西部地区建厂和直接收购，成为壮大企业规模、扩大生产能力的必然选择。与国内壮大相对一帆风顺不同，国外的布局异常曲折。毕竟，走出国门所面临的不是简单的经济算数题，而是涉及政策、法律、文化、管理、语言、生活习惯等等中外融合的各方面，更何况，当年中国经济模式尚未被广泛认可，走出去的中国人常被人用“有色眼镜”看待，使得入世前 5 年里大多数的国外并购和投资项目都曾遭遇过诸多的麻烦、冲突，夭折的项目很多。尽管如此，前车之覆后车之鉴，上海企业迈向全球的步伐不可阻挡，在 2008 年全球金融危机之后，因为国外资本收购价格低廉，上海企业如潮涌般成为诸多全球重大资产项目的买家。2015 年，上海企业对外投资总额达到 573 亿美元，规模之大让人瞠目。

——产业发展中的资本博弈，无疑显得更加复杂和多变。上海一直是国资重镇，地方国企和央企所创造的GDP占了半壁江山，外资大约占据1/4，民营资本所占GDP比重从2000年的11%左右，增长到2015年的26%。可总的来说，民资比重与浙江、广东等经济大省而言依然不高。10多年发展中，在上海，国资与民资的联姻合作与相互渗透一直还是在谨慎探索之中。这其中，有国资改革中的国企股权向民企的转让、但大动作大项目屈指而数，民资在诸多投资和关键项目领域的玻璃门仍然存在，有时叫苦不迭。尽管如此，申城国资的资本腾挪与机制创新也没有止步，从2003年到2007年，上海国资大规模战略重组，奠定了企业做强做大的基础；从2008年到2017年，上海以企业市场化改革为核心，推动资产资本化，资本证券化。“整体上市或核心业务资产上市”、“开放性市场化联合重组”、“实施股权激励和员工持股”等关键词成为这一路径的集中体现。上海国资国企中整体上市和核心资产上市的竞争类企业已占竞争类企业总数的2/3，走出一条有着特色又不同于兄弟身份的发展之路，国资的效率和开放度早已今非昔比。

——自主创新依然是征途中最艰辛的任务。对于区域产业和地方企业而言，自己的产品和技术到底是否有核心竞争力，最重要的技术革新能否依靠自身力量来完成，是决定企业生命力的关键。在过去的10多年中，上海企业力求从多个渠道来获取自主创新的力量，包括自建中央研究院和技术中心，维持每年销售额的一定比例投入技术开发，包括收购国外技术巨头，形成自身的创新能力、平台；包括在合资和技术合作过程中逐步学习，掌握对方的技术要义，这些，都成为以上海国企为代表的自主创新的道路。平心而论，与产业外扩和资本上市相比，自主创新和核心竞争力的形成更为艰难。要持续多年的拼搏、要团队、要运气、更需要企业家敢闯敢试向死而生的精神，需要尊重科学与创新更良好的环境。10多年来，上海企业的自主创新能力有所提升，但与这座国际大都市的地位依然有着明显的差距。路漫漫其修远兮，吾将上下而求索！

产业升级、品牌兴衰、区域突破、资本博弈、创新征途，这些都是从2000年以来，上海产业经济发展之中所无法避开的话题，她们在速度和曲调上面往往不尽一致，促使上海的产业变阵既波澜壮阔，又诡秘难测，有时，它大步流星，有时，它徘徊迂回，有时，它孤注一掷，有时，它静默良久，等待更好的时机。它，如同一个青春期的少年，朝气蓬勃，肆意生长，又常常显出“青春期”式的敏感和易变，容易受到外界的刺激和影响。它，更像一直即将破茧重生的蝴蝶，经历痛苦，褪去旧壳，为了遇见更美的自己。

21世纪初，必然与偶然，资本与情感，升级与回归相互交错，无不一一映衬着这座东方大都市逐步迈向成熟的坚定步伐。

第一章：车市雄心

车市启蒙

2000年时的上海汽车市场，还是如此稚嫩。上海50万人拥有驾照却没有车开，桑塔纳风靡多年可没有丝毫要退位的影子，从市场还是用户，似乎还没有做好车市飙升的准备。然而，换一个角度来看，50万人没车开说明市场潜力巨大，桑塔纳风靡多年说明当时车型太少，这何尝又不是市场即将启动的信号呢？

图为2001上海国际汽车展览会揭幕，POLO轿车首次亮相。张春海摄

关注50万本本族

车，对于现代都市人而言，总有一种割舍不去的情结。而申城50万揣着驾照的“本本族”，就更多了一份对车的向往，对梦想的执着。

把开车的技巧“存”起来

盛夏，烈日。莘庄的某驾校训练场，偌大的水泥地面热气炙人，几位年轻人在驾驶指导员的辅助下缓慢地开车行驶着。恒星广告有限公司的王喃小姐在这里已经学了一个月，每到周末的规定时间，就顶着炎炎烈日，搭公交车、转地铁赶到训练基地，一天学下来，腰杆子都快直不起来了，手上也磨起了茧。她对笔者说，虽然现在要买车还缺乏财力，但花上一些钱，把驾照拿到手，也算掌握了一门技能，等过几年入关后车价掉下来，买车也方便多了。

上海大学三年级本科生李正今年 5 月拿了驾照，花费 4000 元学费和十几个周末时间学车，他没有丝毫的怨言。他笑着说，英语、电脑、驾照，大学生“三件宝”，而现在英语证书太普遍了，TOEFL，GRE，GMAT，一个赛一个；玩电脑也不再是新鲜事，大家都能弄两手。如今有个驾驶本本，毕业分配找工作也就多了一份底气，更能显出自己的本事。市交警总队道路安全宣传处徐伟副科长透露，他们最近在复旦大学三年级本科生中作了调查，竟有 5%—7% 的学生正利用这个暑假的时间学开车，目的多为明年的毕业分配加一份筹码。虽说小范围的调查不能概括上海市高校学生的全貌，但毫无疑问，高校大学生已成为“本本族”中的一支生力军。

有资料显示，沪上百姓学车热是有传统的，前后经历了三次高潮：第一次高潮始于 1983 年至 1986 年间，缘于私车的首度开放，申城的首批个体户成了学车的主力军；1991 年至 1994 年乃第二拨高潮，因大量出租车的涌现，众多市民对学车趋之若鹜，学驾驶成为谋生的手段；去年申城学车热再度兴起，1999 年全年学车人数近 10 万，今年人数比去年同时期还增加了 40%。业内人士介绍，当下学车的人群结构呈年轻化趋势，文化程度呈上升态势，非职业化学车更是占了学车潮中的主流。而他们中的相当部分人是地道的“本本族”。

据了解，申城本本族已接近 50 万人，以城市中新兴的“中产”、“小康”群体为主体，在校大学生也占有相当比例。他们学车，有的是为过几年买车作准备，等着低价家用车的入市；有的是为赶时尚，把驾车看成现代人的“必修课”；有的则把驾驶本当作找好工作的筹码，体现自身的素质和能力的凭证。但有一点是共同的，他们普遍认为，开车的本领即使现在派不上多大用场，把它给“存”起来，总归是有好处的。

找个练车的机会，太难！

没有驾照的时候，看到别人开车，还没什么感觉，后来拿到了本本，每次坐在汽车司机旁，两只手就发痒，巴不得自己来把把方向盘。——大多数“本本族”时常有这种强烈的开车欲望，但要经常找到练车的机会，可着实不容易。

复旦大学新闻系研究生徐寿松去年 8 月拿了驾照后，就再没有摸过方向盘。他说，最难熬的日子是刚考驾照不久，总想找辆车到马路上遛遛，可公家的车管得严，亲戚朋友有私车的不多，即使有，也多不愿意外借。如今一年过去了，驾驶的技术到底还剩下多少，连自己也不知道。

在某机关单位上班的陈先生，最喜欢的差事便是坐单位的公车外出。一上车，陈先生就要求和司机换个位，自己露一手。可这样练车的机会很难得。陈先生说，大多数时候出门都有急事，要赶时间，自己也就不好意思再瞎搅和了。

领了驾照后没有实际操练的机会，是目前上海 50 万“本本族”的普遍心病。据市交警总队有关人士介绍，目前国内各大城市都没有可供“本本族”专门练车的地方。驾驶学校只管新驾驶员的培训，至于你拿了驾照后要练车，他们不管；而各种花花绿绿的汽车俱乐部，基本上都是为“有车族”提供定期保养、维修服务的，为数众多的“本本族”难以到俱乐部去过上一把开车瘾。

应该说，最通行的练车机会，就是到汽车租赁公司去租辆车。笔者在安吉、大众等大型汽车租赁公司看到，一般私人租车者多为“本本族”，但将每年租车的人次与上海“本本族”的总数一比，只是“九牛一毛”，仅是“本本族”中少数敢于“吃螃蟹”的人才去光顾。究其原因，是租车的价格不菲，手续太多。汽车租赁公司在向个人出租车辆时，除要户口簿、身份证、驾照外，有的公司还需以担保人户口簿、身份证作抵押。租一天的车，拿证件、办手续就要花上老半天，对于那些风风火火的“本本族”来说，看到这样繁杂的手续，只能对租车“敬而远之”了。

车技生疏，“出手”便出事

每逢节假日，按理说日常交通运输减少，交通事故应随之下降。但笔者从上海市交警总队获悉，今年“五一”期间，在上海通往外省市的几条主干道上，交通事故频频，日均交通事故死亡人数比平日净增一成，其中一个重要原因就是不少驾驶员就是车技生疏的“本本族”。

平时没有机会开车，到了“五一”、“国庆”，不少“本本族”便从租赁公司租辆车，或从亲戚朋友那里把车借过来，带上一家老小，到周边苏、杭等地旅游，也能以此显示一下自己的本事。然而一上路遛遛，问题接踵而来。

5 月 7 日，家住奉贤南桥镇的吴某从朋友处借来一辆外地牌照的小客车，在沿莘奉公路由北向南高速行驶时，见前方大型机动车道上突然窜出一骑车人，吴某顿时慌了手脚，刹车不及，将骑车人撞出十几米远当场死亡，吴某自己也受了轻伤。

象吴某这样车技生疏的“本本族”出事的情况十分普遍。前不久，陈某借来一辆桑塔纳，在松花江路上行驶时，在没有注意过往车辆情况下紧急掉头，结果与一辆公交车相撞，桑塔纳的头部被撞瘪了，幸好自己没受伤。

从交警支队事故统计数据来看，今年上半年，由非职业驾驶员造成的事故有 5000 起，占全市交通事故的 14.9%；事故死亡人数 83 人，占总数的 11%。

“本本族”的驾车技术是有“先天不足”的，据几位学车的人介绍，现在的驾驶学校名堂很多，猫腻不少。众多驾校规模大小与教学质量参差不齐，良莠并存。国营的，民营的，个体的，承包的都有，一些硬件场地、训练用车、教学水平都很差的个体民营驾校的“草台班子”靠低价来吸引学员，等到学员上钩后，又在学车过程中提价或压缩课时，或降低训练用车的标准，从驾校出来，除了将应对驾照考试的几招学会外，学员也就没有更多的收获，受了一肚子的气就更不说了。

本来对驾驶操作只是“一知半解”，而平时没有练车的机会，不少“本本族”连这“一知半解”都给忘到脑后。据市交警总队道路安全宣传处徐伟副科长介绍，大多数“本本族”由于平时远离方向盘，驾驶技术经验均显幼稚，在进行倒车、拐弯等操作时不慎而引起祸端，遇到紧急情况更是手足无措，害人害己。

关注，是否再多一点

50 万“本本大军”，要不要分类管理，如何规范，是目前有关部门伤透脑筋的事。据了解，国内的交通管理部门，对于领取驾照、年度审检等方面都有较为完备合理的程序规则，对于肇事司机交通违章记分办法的执行也较为顺利。但这些措施并非针对“本本族”专门制定的，而是所有司机都必须遵守和参照的。

据交警总队有关人士介绍，目前交通管理所抓对象的重点是客运单位和专业运输单位的司机，对他们有较为有效的监控，建立数据资料和档案，定期审查。但对于“本本族”，只要你有正规的驾照，每年两次的安全学习和审检定时参加，也没有违章记录，这样，你也就算得上是遵纪守法的好司机。至于你到底开没开车，车技高不高，是否要在开车前再学习培训，交警队都无法统计和采取措施。除非你驾车违章出了事，才会送到交通安全学校再学习。

人数越来越多，事故频频发生，如何对“本本族”进行分类管理，建立个人档案，是目前有关部门正在思考解决的问题。

要关注“本本族”的不仅是交通管理部门，更加主动的应是汽车厂家和商家。在采访过程中，本本族的眼中，所流露的都是对车的情感，“一旦有了钱，肯定首先买车”是他们共同的心声。同济大学汽车营销管理学院院长陈永革教授也是正宗的“本本族”，他说，上海 50 万“本本族”中蕴藏的是巨大的商机，目前不少汽车生产厂家纷纷降价，都力争近年内推出家用车，其目的之一就都是为了抢“本本族”这块大“蛋糕”。但光降价还不够，厂家、商家可以针对“本本族”搞些特别的联谊和促销活动，比如以适当的方式提供“本本族”以练车的机会等等，在“本本族”中建立厂家亲和的品牌形象，以在将来的市场竞争中争取主动。而更应该赶快行动起来的是汽车租赁业，尽量把价格降一降，使手续简便一些，让“本本族”在租赁中享受到开车的乐趣和激情，这样最终双方都能得益。

此文刊登于 2000 年 08 月 16 日《解放日报》

新世纪该买什么样的车

钱包鼓起来，自然就想买部车。1990 年以来我国私人汽车保有量以 20%—30% 的速度递增，到 1999 年底，私人保有汽车已近 400 万辆，占总保有量 30% 以上。其中轿车最为红火，1996、1997 年私人购车分别为 7 万辆和10 万辆，到 1998 年猛增到近 20 万辆，几乎占轿车总需求的 40%；1999 年虽有多种预期降价的消息影响车市，但私人轿车购买量仍基本保持上年水平。

“鼓励轿车进入家庭”写入党中央“十五”计划建议后，更多老百姓被吊足胃口，开始筹划自己买车。如果说，几年前“何时能买车”还是都市人心中常常泛起的疑问，那么，如今开始考虑的问题已经是：“我该买什么样的车?”

图为 2000 年上海首届国际家庭用车推展会，32 部拍品中 16 部名车有主，轿车进入家庭不再是梦。张春海摄

量体裁衣

不要只盯住“10 万元”车

近来，炒得最热的是 10 万元价位的轿车。

上海通用的“赛欧”已经下线，众多国内厂家也在快马加鞭打造10万元“家用轿车”。生产销售商极力推崇，媒体大加炒作，整个车市刮起了“10万旋风”。这一来，老百姓胃口给吊得高高的，都将目光集中在10万元左右的“家庭轿车”上，深圳、北京等地车市随之出现了持币待购现象。

10万元左右国产新车，真的会成为“大众情人”吗？业内行家认为，买车先得掂掂自己钱包的分量，盲目跟风不是明智之举。对于汽车这种高档耐用消费品，每个价格档次都有特定的消费群。哪些人谁最适合买10万元的车？若贷款买车，首付30%就是3万元，余下的7万元若按最长期限5年来计算的话，平均每月要还1350元，加上用车的各种费用和开销，每月大约要在车上花费2500元左右。这一水平对于中上收入家庭来说，负担不算太吃力。假若住房、教育投资问题已经解决，一次付清这10万元的车款也并不难。全家月收入在4、5千元的家庭，不妨可以考虑这一档价格适中又适用的车。

然而，对于年薪十几万或几十万的都市“准贵族”，买10万元左右的车不免委屈自己了。因为10万元左右轿车由于受价格的限制，只能具备基本配置，车型也相对较小。20多万元的帕萨特、本田雅阁，30、40万元的别克、奥迪A6，从精美的外观到稳定的性能，都显示了它们的良好品质，今年以来市场销售一路飘红，同比增长都翻了一番。消费者只要有足够的经济力量，买较高档的车图个潇洒舒适，何乐而不为！

如果是刚踏入小康水平的家庭，较适合的还是5万元以下轿车和微型车。三口之家，微型车已够用，虽说性能多少有点缺憾，但由于价格低廉，可以使你提前圆轿车梦。在民企大老板、文体明星、股海大户的心目中，车决不仅仅是代步工具，而是身份和价值的象征。如果你是其中的一员，当然应当买更高级的车。

两头兼顾

别让低价位蒙住了眼

业内人士普遍认为，在市场经济中，收入的多元化必然产生消费多元化，不同的收入群体对所能接受的产品价格也不同。因此，消费者只有找准自己能承受的价位，才能买到最适合自己的车。

国内私车市场始终弥漫着价格大战的硝烟。生产厂家纷纷把低价格当作一把“利斧”，企图借此劈开私车市场，以至目前最低 4 万元也能买辆车。

其实，买车光看价格还不行。以往 10 万元左右的车不少，为什么“赛欧”一出台，国内其他厂家都感到日子不好过？原因并不单单是价格因素，而在于价格性能比。1.6 升多点电子喷射发动机、双安全气囊、ABS 防抱死刹车系统等等，这些中高档车的配置，如今也出现在 10 元左右的“赛欧”车上。如果“赛欧”没有这些优良的配置，即使价格跌得再低，国内其他厂商也不会受到震动。

明智的私人购车者，在关注价格的同时更注意车辆的性能。发动机是哪种类型，刹车制动系统是否优良，耗油多少，最快时速多大，安全防护性能怎么样等等，都应是买车时多加关注的。价格，并非越便宜越好，价格合理、性能靠得住才是理想的选择。

汽车作为高档机电产品，生产成本决定了其价格，“一分价钱一分货”的老话还是有一定道理。因此，不要盲目轻信一些厂商肆意鼓吹的低价格，而要看看车的技术性能究竟如何，厂家造车是否有规模批量和高效管理，如果没有这些优势而靠“偷工减料”把价格降下来，那样的车，价格再低也不值得买，否则非上当不可。

综合考虑

修、配、用因素都不能少

买车除了车本身之外，还应当考虑一些其他因素。譬如车的用途：私营小老板，买车想得更多的是一车多用，既可以载人，又可以装货，那自然买MPV多功能车比轿车更合适；如果你是位驾车旅行爱好者，买辆吉普车，底盘高，适应力强，上山趟水都能行。

除了性能和用途外，许多购车者在买车时有更全面的考虑。今年7月至9月，中国消费者协会在北京、上海、广州等20个城市作了一项家用轿车消费调查，结果显示，在被问及对家用轿车主要关注哪些问题时，除价格外，有59.3%的人次选择服务；39.3%的人主要注意的是品牌。维修和更换零部件，是常令人头痛的问题，因此购车时对“维修网点多不多”、“零部件难配否”、“离产地近不近”等细节不能不多加考虑。“买车难，养车更难”，选择有良好售后服务的厂商的产品，能使你在以后的日子里省心不少。

选车时个人的偏爱当然也起重要作用。本田雅阁以其精巧的造型，颇受年轻人和女士的喜爱；而红旗轿车，无疑更能勾起老年购车者的好感。你是哪种类型的性格，买一辆同样风格的车，是否更能显出自己的个性呢?

有关专家指出，目前车市整体上已由卖方市场转向买方市场，国内厂家的新产品层出不穷，国外汽车大腕纷纷看好中国市场，汽车的价位、品牌、服务、功能都将越来越多样。咱们老百姓买车时，要多看看、多想想，找准自己的心理价位，衡量各品牌间的价格性能比，弄清买车的用场，综合考虑才是明智之举。

私车市场开启后，带来的肯定是多元化、多层次的汽车消费，带来的是多姿多彩的市场景象。这一点，我们确信不疑!

此文刊登于2000年12月20日《解放日报》

桑塔纳一种文化现象

桑塔纳风行十五年，它的成功得益于什么？有人说是良好的产品质量和售后服务，有人说是中德双方坦诚互利的合作，有人说是国家和地方的倾力支持。可除了这些之外，回过头来看桑塔纳的成功，其实还能在它身上找到一种更深邃的内涵——

新世纪元年第一季度的销售业绩表显示，桑塔纳系列轿车 3 个月累计销售量近 6 万辆，占国内轿车市场销售量的近 50%。已经风行十几年的桑塔纳轿车至今盛行不衰，依然占据国内轿车产销头把交椅，这不能不使人们——无论是酷爱它的、蔑视它的以至时不时要将它抨击、嘲弄一番的人都感到惊异：桑塔纳，凭什么会成为一串“长青藤”？

答案可能有多种版本。然而，如果回过头来看桑塔纳的成功，其实还有一种更深邃的内涵：桑塔纳，不再仅仅是一种品牌，而是成为一个时代文化的象征，一种深深融入中国老百姓心中的情感积淀……

务实　开放
桑塔纳烙上了这个时代的印记

历史长河在向前流淌，而时间却像把筛子，留下的往往是最有价值的东西，从那里能映出时代的面容，窥见文化的点点滴滴踪迹。

桑塔纳，是个时代的名字。

那个刚刚经历过狂热与动荡的年代，国人开始走改革之路。改革要解决的决不仅仅是体制，更重要的是观念，是思维方式。

轿车的位置，在八十年代初还比较尴尬。一汽、二汽，想得更多的是载货卡车，无论是改型换代，还是续建扩张，瞄准的都是中吨位卡车；仅有的上海牌、红旗牌，曾是国产轿车的骄傲，可是随着国门打开，眼界放宽，仅有的这点骄傲也开始失落了。

“生产轿车的这条路怎么走?”摆在了业内同行的面前。闭门造车，靠激情、靠干劲，再打拼更多的红旗车、上海牌；还是眼光投向国外，与世界汽车巨擘握手，引入先进的技术和车型，由此来带动我国汽车工业的发展?思想解放的大潮中，越来越多的人已经意识到，热情不是一切，干汽车，要的是技术和实力。中国汽车要发展，只能走出国门寻找老师和合作伙伴。

1978 年 11 月，当邓小平同志对轿车项目可不可以搞中外合资经营一锤定音：“可以”之后，接下来便是选择好的合资伙伴。一路考察下来，德国人以其务实严谨的思维和踏踏实实的工作方式，成了上海最终选择的对象。事实上德国大众雄厚的实力和品牌价值，更是不可多得。

桑塔纳，在德国大众的众多品牌中，并不太起眼，“甲壳虫”的新颖独特、“奥迪”的高雅舒适，其光芒似乎都盖过桑塔纳。可这些，不是人们所最期盼的，轿车保有率还很低的中国人，需要的是一款经济实惠的车型，外型大方兼容性强、动力性能良好、经久耐用，是国人选择车型的准则。桑塔纳，恰恰符合这些条件。

中国人并非生来保守，一旦将思想的枷锁打破，同样会以开放的胸襟面向世界。然而，中国人在开放的同时，依然也是务实的。如果说，走合资的道路是时代赋予的必然选择，是带动国产轿车工业发展最佳的路，那么选择德国大众、选择桑塔纳，更是国人不做表面文章，由狂热激情走到脚踏实地心绪的具体表现。

1985 年，当上海大众汽车有限公司正式成立时，前面的路布满荆棘。当时的德国《明镜》周刊曾毫不客气的说：“大众汽车好像在一个孤岛上生产，中国国内没有任何的配件供应厂，他们开始在上海郊外 30 公里的安亭组装汽车时，不得不在一些破败的车间里开始生产……即使能有所成功，也只是失败的研究报告。”

中国是落后的，这也正是中国轿车工业的起点。然而，这位德国记者的观察存在一个“盲点”，他没有看到，中国人承认落后的同时也会奋起直追。先定 2 万辆的生产规模，采取 CKD 散件组装方式，上海大众迈出的是踏实稳健的步伐。15 年来，随着市场的扩大、效益渐进，生产规模不断提高，到如今轿车年产已超过 20 万辆；桑塔纳也不再是“孤岛”，国家累计投入 50 多亿元人民币，进行零部件厂的扩建改造，桑塔纳的国产化率从最初的 2.7%，提高到如今的 98%。

一次一次艰难的选择，一丝丝成功的喜悦，都无一不印载着这个时代的记号。如果说，红旗车映射的是新中国成立初期国人追求独立自主的心理和“站起来了”的自豪感，带着更多的激情和冲劲；那么桑塔纳的引进和成功，得益于这个时代人们冲破固定模式、追求务实的思潮，而这些时代文化的记号都恰恰能从桑塔纳成功之路中找到影子……

精明　细致
桑塔纳融入浓浓的“上海味”

海派文化，处世精明，讲求实际。

桑塔纳，有着一股浓浓“上海味”。有人说，15 年前仅一个宝钢，就已使上海成为众矢之的；也有人说，若真是将上海桑塔纳轿车的生产规模一下定为 15 万辆，上海人也不干。上海人最大的精明在于，他们会顾及到现实的可行性和接受的可能性。

步子迈得太大太猛，容易摔跤。上海人的精神在于踏踏实实。

目标定下来：规模 3 万辆，产量 2 万辆。上海人知道，这样的规模对于刚刚起步阶段的轿车工业是合适的，而且完全采用 CKD 组装方式，零部件在德国统一生产，规模效益仍然在。

不久以后，国产化率提高了，桑塔纳项目限定规模 3 万辆，已经显得不合时宜了。上海人抓住“单班 3 万辆”应对计划经济，暗渡陈仓，一边以“双班 6 万辆”建设，同时积极筹划向 15 万辆、30 万辆的规模发展。

上海人的精明由此可见一斑。如果与其他地区比造车，上海的优势只在轿车，国内市场日趋庞大，而国内品牌寥若晨星，机遇摆在眼前。为建好桑塔纳项目，上海毅然决定停掉生产载重车、轻型车、手扶拖拉机等诸多项目，又在 1991 年果断以“壮士断腕”的魄力将上海汽车厂并入上海大众，一步一步地发展壮大。

为了使桑塔纳更符合中国人的偏好和道路情况，在国产化的同时，也作了多项技术改进，从电子燃油喷射发动机，到液压助力转向系统、离合器液压操纵系统，上海大众根据市场的情况、接受群众的意见，一点一滴地对桑塔纳轿车进行改进，其安全性、动力性、舒适性，一年一小变。其涓涓溪流同样给桑塔纳不断注入新的活力。没有这些，哪来桑塔纳十多年的辉煌，而这，难道不是沪上文化的特色吗?

上海人的精明，体现在对配套厂的精心选择上。上海人的眼光“异常挑剔”，一定到生产现场仔细调查，没有相应的装备和技术手段，拿出合格的样品也不行，因为这不能保证大批量稳定生产。“一无设备，二无资料，土法上马”的创造精神在上海大众人的眼中仅仅是蹩脚的把戏，“什么样的装备，造出什么样的产品”，上海大众以最严格的态度、最挑剔的眼光选择配件厂，也保证了产品的质量。

上海人的精明更在其售后服务和维修的周到上，在桑塔纳项目敲定之时，上海大众便引入德国大众的服务营销观念：企业经营必须以用户需求和满意为导向。1985 年，建一个上海大众汽车特约维修站，需投入资金上百万，产值、利润呢？还是个未知数。现实摆在面前，投入和产出反差太大。但即使这样，也要干。从发展战略的角度出发，上海大众对首批建立的 8 家特约维修站提供了大量的先进技术和维修设备，短短的一年后，上海大众汽车售后服务如春风化雨，为桑塔纳的大规模上市打下了铺垫。在中国轿车业的售后服务和维修便捷方面，桑塔纳始终走在最前面。经过 15 年的努力，如今全国 460 个县级以上的城市都有桑塔纳的维修站，在全国轿车生产厂家中，上海大众的维修站最多，分布的半径最小。毋容置疑，沪上文化的细致和周全，已溶入到桑塔纳无所不在的服务网中。

包容　大度
桑塔纳迎合国人口味

桑塔纳轿车在中国长盛不衰确实是个奇迹。在德国，桑塔纳车型在 90 年代初便已经淘汰，但在国内十多年至今还热销。在车市，常常听到这样的谈论：新车这么多，看上去都新颖漂亮，配置高档，可真正轮到自己买了，还是选择桑塔纳。

桑塔纳在中国的成功不仅仅依仗日耳曼民族的优势，得益更多的是迎合了中华民族文化内在的务实精神。勤奋务实、任劳任怨、不喜张扬，这些代代相传的民族性与桑塔纳轿车优良的性价比、经久耐用的品质、不新奇豪华却显得大方的实用造型，都有着心心相印的内在联系。

有关桑塔纳的故事牵动更多爱车族的心：

1997 年 6 月，一辆桑塔纳在浙江温州路段被身后的大卡车追尾相撞，车身缩短两米，而奇迹出现了，车内的 5 名乘客全部生还，其中 3 人只受轻伤，从烂铁般的车厢内爬了出来……

1998月10月，湖北洲湾，浸泡当地80天的洪水终于退去，受灾现场，静静躺着14辆扭曲变形的军车，其中一辆白色的桑塔纳指挥车引人注目。仅仅5天，这辆浸泡80个日日夜夜的桑塔纳便从维修厂出来，修复得完好如新，而其他13辆军车都已报废……

这些故事中，包含着桑塔纳和上海大众一贯的风格，用真正的品质来打动消费者。

有人说，桑塔纳始终走的是“中庸之道”，配置谈不上高级、价格位居中游、外观一成不变，技术改进点点滴滴。算不算中庸，难以定夺，但事实已经验证，上海，一步一个脚印，踏踏实实、实实在在引进桑塔纳是正确的。15年的事实证明，无论是作公务车还是私家车，桑塔纳都能胜任；无论在大都市，还是茫茫戈壁，桑塔纳都能飞奔；无论是年轻小伙，还是六旬老太，虽不会称赞车型漂亮，却也会感到一种大方随和的亲近感。正是由于延续了中华民族大度与包容的品行，才使桑塔纳风行15年，被那么多用户所钟爱。

历史的车轮，驶入21世纪。有人说，中国轿车的“桑塔纳时代”即将结束，对此，我们不加评论。可有一点，毋庸置疑，桑塔纳真真切切地成为了一个时代文化的载体……

此文刊登于2001年04月18日《解放日报》

作者　沙漠　丁波　徐茂昌

氢动发轫

2001年，无论是同济大学的万钢教授，还是神力科技的胡里清博士，对于未来汽车的思考模式，即使放到现在也是超前的。对于氢动能源的无限向往，让高校和民企都蠢蠢欲动，放手一搏。尽管之后数年之中，氢动汽车最终让位于更加务实的电动汽车，可那些为梦想而努力的过程依然值得纪念。

图为2003年同济大学研制的我国第一辆超越一号燃料电池汽车。

中国能否站立电动汽车潮头？

“电动汽车重大专项的科研经费有10个亿，是‘九五’期间经费投入的10倍以上。”同济大学汽车学院万钢教授露出一丝兴奋，这位国家863电动汽车专项首席科学家在接受本刊专访时明确地说：“这次国家就是想花大力气，力争5年内在电动汽车研发领域取得突破性进展！”他的话语铿锵有力。

第三次浪潮迎面而来

世纪之初，世界汽车工业又站在了革命的门槛上。蒸汽机动力汽车早被扔入“故纸堆”，以内燃机为动力系统的汽车在“一统天下”多年后，也慢慢出现了“危机”：石油资源日益枯竭、大气污染加重，“城市病”已入膏肓。而对于我国日益扩大的汽车市场，这种危机就更明显。据了解，2000年我国进口石油7000万吨，预计2005年后将超过1亿吨，相当于科威特一年的总产量。目前世界上空气污染最严重的10个城市中有7个在中国，而国家环保中心预测，2010年汽车尾气排放量将占空气污染源的64%。显然，加剧使用传统内燃机技术发展汽车工业，将会给我国的能源安全和环境保护造成巨大影响。

“接班人”的重任便落到了高效率、低排放的电动汽车上。电动汽车基本上都不以汽油为直接燃料，能源利用效率高，环境污染度低。特别是立足于氢能基础上的燃料电池汽车，以氢为燃料，通过化学反应产生电流并排出水，能实现可循环和零排放。

“现在几乎没有人怀疑，各类电动汽车将逐步取代内燃机汽车，成为新一代汽车王国的主宰。”万钢教授介绍说，“虽然这一更替过程是长期而曲折的，但谁先起步，先掌握电动汽车的核心技术，谁就能站在新一轮汽车革命的潮头。在内燃机汽车时代，我国一味引进国外车型，自身的研究和开发力量比较薄弱。能否在新一轮的电动车革命中抢得主动，是决定将来我国汽车工业国际地位的关键步骤。此次科技部重大立项，就是要争取在‘十五’期间，以电动汽车的产业化技术平台为重点，在电动汽车关键单元技术、系统集成技术及整车技术上取得重大突破。”

10 个亿会不会“打水漂”?

“10 亿元会不会打水漂”，是不少人担心的话题。

在电动车领域，国外政府和大企业已经起跑，近 10 年来，美国、欧洲、日本等国的政府和跨国公司已投入超过 100 亿美元的资金开发研究燃料电池车等电动车。相比之下，我国未来 5 年内 10 亿人民币的研究经费并不多。电动汽车最终要成为产品，产业化的进度是关键，若人家早先一步完成产业化，产品进入中国，我们以前的科研精力和经费可能就会失去意义。

“这次科技部通过电动汽车重大立项，是冒着巨大风险的。”万钢教授直言不讳说，“但世界上没有免费的午餐，风险越大，收益才越大。在内燃机时代，我们始终是引进别人的车型和技术，风险是小，可正是这样，我国汽车工业无法赶超世界水平。”

在 863 计划电动汽车重大专项的论证会上，科技部部长徐冠华一席话语重心长——在该专项上，应该允许失败，要敢冒风险，不能等到计划 100% 可靠才去做。只要是经过科学分析，证明值得冒风险，就下决心去做，电动汽车专项不可能彻底失败。

正是鉴于不同攻关的难度和风险，863 重大立项对于 3 种类型的电动车研发所确定的目标也不同：混合动力电动车实现批量生产，并通过国家汽车产品型式认证；纯电池电动车实现在特定区域的商业化运作；对于难度最大的燃料电池汽车，其目标是建立产品技术平台。

产业化，最抢眼的字眼!

“产业化”——是这次 863 电动汽车重大专项中最抢眼的字眼。

电动车领域产业化研究迫在眉睫，因为即使在燃料电池车领域，氢燃料电池的样车也已在我国出炉，可问题是其成本却能让你瞠目结舌。燃料电池产生每千瓦功率的直接成本是300美元，是内燃机的5倍以上。

“过去这样的研究恐怕永远不能实现产业化，因为成本太高，单纯技术好不解决问题。”徐冠华部长在该专项的论证会上明确指出，“这次电动车重大专项不能再出过去那样的成果，技术要能够降低成本，提高安全性。”

万钢教授介绍说，以往我们的研究更注重于燃料电池、电驱动等基础性研究，这次电动汽车重大专项的明显的特点是向产业化靠拢。在国外已提出电动车产业化的日程表时，再不向产业化靠拢，我们的研究可能就失去了价值。

与以往的“零敲碎打”不同，这次电动汽车立项，强调系统集成技术和整车技术，以求尽快形成一套完整的电动汽车设计研发技术。与此相适应，这次在项目开发力量上，实行以官、产、学、研四位一体的方式，提倡成立新型的股份制有限公司来搞开发。万钢教授说，单一的研究机构、独立开发公司或生产厂家都有自己的优势和劣势，大家联合起来，以股份公司的形式来参与项目的投标和开发，实现产业化要求的可能性就更大。

上汽能否“啃下骨头”

虽然有很大的风险，但上层的决心、干劲和总额达10个亿的科研资金，使得全国众多汽车厂家、研究机构以及独立科技公司纷纷提出竞标意向。据了解，这次专项研究的招标工作已经开始，科技部鼓励汽车厂商与研究机构联合来投标。

万钢教授指出，这次专项在项目组织管理上，将明确总体组负责制和项目监理制，采用国际先进的复杂系统并行工程，严格按照汽车产品开发规律确定项目的阶段目标，对各阶段目标、实现日期和资金运用分段审查放行，滚动投资。

“对项目的阶段性审查决不是走过场。”万钢教授明确地说：“将来对于没有达到阶段目标的项目，我们将给予黄牌警告，若下一阶段仍未达标，我们将坚决出示红牌，撤回科研资金。”

曾有业内人士透露，这次重大立项的三大部分即纯电动汽车、混合动力电动汽车、燃料电池汽车，极有可能被以一汽、东风、上汽三大集团为主角的投标方拿到，由此也使三大集团在各自擅长的领域担当起国家电动汽车前沿开发的重任。尽管竞标的结果要年底才揭晓，这种说法不知是否属实，但上汽集团确实已经开始在燃料电池车领域“发力”。目前，上汽已从美国通用引入一辆氢燃料电池车；而在不久前的燃料电池国际研讨会上，上汽负责人也明确表示将把燃料电池车开发作为集团超前战略的重点之一。

业内人士都清楚，与纯电池电动汽车、混合动力电动汽车相比，燃料电池车的开发难度要大许多，产业化的道路也更漫长，而且国外大公司企业以此为主攻方向，竞争更为激烈。但同时，燃料电池车也是最有前途的电动车类型，它以氢为主要原料，可循环利用并实现零排放，是真正意义上的汽车革命。上汽若与相关政府部门、科研机构能一道担负起这一重任，在 5 年内完成既定目标，建立燃料电池汽车产品技术平台，为产业化打下基础，其功劳可谓大焉！

风险与收益始终是成正比的。上汽能否啃下“燃料电池车开发”这块“硬骨头”，现在还是个谜！

此文刊登于 2001 年 10 月 31 日《解放日报》

打造中国的“氢动一号”

当我们呼唤“轿车进入家庭”、拥抱汽车业春天的时候，目光不能只停留在今天。遥望未来，应当正视这样一个事实：在整个 21 世纪汽车领域必将爆发一场革命，电动车可望登上历史舞台，未来，汽车可能将不再称为“汽车”。

那么，从今天起中国的汽车界应当做些什么？等待将来再一次向国外引进电动车技术，还是把握时机，创造“先发效应”，争取与世界同步发展？本篇报道的主人公用他的科研实践作出了回答。他的话同样耐人寻味：目前，世界各地的电动车研发处在同一个水平线上，正是迎头赶上的最好时机。我们有我们的优势，不要妄自菲薄。一味以国外“马首是瞻”，错失良机，我们就会永远落在人家后面。

让我们听一听他的话。

浦江之滨与北美底特律几乎同步出现氢动力车的辙印

21 世纪，走过百年历史的汽车会怎样发展？国际汽车界的技术权威们已经形成了共识：继蒸汽机汽车、内燃机汽车之后，汽车发展将兴起“第三次浪潮”——电动车可能取代内燃机汽车而登上历史舞台。

这是一场“颠覆性的革命”：汽车的动力将来自电能而不再是燃气。这种新型的电动汽车分为蓄电池电动车和燃料电池电动车，其中燃料电池电动车又有多种类别，最有发展前途的电动车将采用质子交换膜燃料电池，这种电池的能力转化率高达 80%，是内燃机的 2—3 倍。由于不再用“汽”来驱动，汽车在未来可能不再被称为“汽车”。

这场革命已经悄然来临。2000 年悉尼奥运会上，男女马拉松比赛的开道车便是一辆用氢气作燃料的燃料电池车——“氢动一号”。它是通用汽车公司的最新杰作，在奥运会上首次亮相，引起了轰动。

这场革命，也正在我们身边悄然进行。在本市奉浦工业区，去年已诞生了一辆与“氢动一号”名称相近、原理相同的“氢动力一号”游览车，它首次亮相于2000年上海工博会上，同样产生了“轰动效应”。

古老中国的浦江之滨，几乎与大洋彼岸的北美底特律同步滚动着氢动力车的轮盘。

传统汽车我们落后了
新型电动车我们可与世界同行

“氢动力一号”诞生在上海神力科技有限公司的“科技摇篮”里，始创者是这家公司的总经理、归国留学生胡里清博士。

胡里清和同事们的血汗结晶——“氢动力一号”游览车，如今正停放在神力公司厂房的大门口。它的外观毫无惊人之处，但它的“动力心脏”却不同凡响，用的是氢燃料电池，即以氢气为原料，通过化学反应，无需燃烧而将化学能直接转化为电能的动力装置。胡里清博士介绍说，在石油危机进一步加剧的今天，需要为将来寻找新的汽车动力源，显然，氢将成为首选。氢无处不在，又可再生，且反应后排出的是水，不会有任何污染。

从回国创办神力公司开始，胡里清就把全部的心血投入到我国首辆氢燃料电池车的研究开发中。

对于 3 年前毅然选择回国创业，胡里清记忆犹新。

1998 年，尚在世界燃料电池研发的权威机构——加拿大巴拉德能源系统公司作质子交换膜研究工作的胡里清，被母校中科院上海有机化学研究所请来作讲座。对于这位先后在美国 Clemson 大学、加拿大 Queen’s 大学、Alberta 大学和巴拉德公司学习工作近 8 年的燃料电池领域的顶尖人才，母校想竭力留住他，请他回国搞研究。

胡里清早有此愿，因为他很清楚地看到了中国的希望：传统汽车，中国落后发达国家几十年，不得不用重金和市场来换取技术；电动车在全世界都还刚刚起步，中国完全可以与世界同行。

但是他提出一个条件："回国我愿意，但要成立专门的股份有限公司来搞燃料电池的研究，我占三分之一的股份，我来当老总！"事后他解释说："不是我想发财，而是这样更能保障科研的顺利进展，能保障自己手中有经费使用和决策权。"

然而，对这个要求母校有难处，一时无法满足。恰在这时，奉浦工业区领导闻讯而来，向胡里清伸出了热情的双手：由奉浦工业园区出一部分资金，胡里清以技术参股的形式成立科技有限公司，专门从事氢燃料电池的研发。胡里清被深深感动了，他二话没说，赶回加拿大贱卖了别墅、汽车和家具，10 天后携着 9 岁的女儿回到了上海。

风险经营就得不怕风险
外界也要多一份理解和支持

回国后的一段日子里，胡里清公文包里不放别的，全是有关燃料电池工作原理和世界燃料电池研究现状的资料。每到一处，他总是不停地宣传燃料电池的光明前景，然而常常会碰一鼻子灰。

"那时，反对我们的声音可能比支持我们的还多，不少是那种冷嘲热讽的语气！"对于当时许多人的不理解，胡里清报以淡淡一笑。

胡里清也知道，目前世界范围内的燃料电池尚未走出实验阶段，前路困难重重。现阶段燃料电池每千瓦功率的成本为 300 美元，是内燃机的 5 倍；作为催化剂的铂在全世界每年的产量有限；作为燃料的氢的提取方法上尚无革命性突破，氢气燃料的价格比汽油还贵。"面对这么多的难点，加上普遍存在的依赖国外技术、跟在外国人后面走的思想，不少企业，甚至是有些科研单位都对我们的项目表示怀疑。”

但胡里清依然坚信自己走的路。在他的脑海中，认准只要努力去干，就一定有收获。

“小时侯，我家穷，一年到头只有一件衣服，上面积下的灰垢比衣服还厚，在学校里是最不招人喜欢的孩子，但最终我还是凭成绩考上了大学，读了研究生；在美国读燃料电池研究方面的博士后，出来却找不到工作，但苦日子也熬过来了。后来去了鼎鼎大名的加拿大巴拉德公司。”胡里清言语中常常透出一种近乎骄傲的自信，他自称很相信命运，苦尽之后总有甘泉。

尽管反对声音不断，可奉浦工业区灵活自主的科研环境和国家科技部的大力支持，给了胡里清和他的同事们极大的激励和鼓舞，他们开始静下心来搞研究。

在巴拉德公司工作数年的胡里清，对于世界上燃料电池研发现状了然于胸，他深知，目前燃料电池最大的问题就是成本太高。其中重要的原因是关键部件质子交换膜十分昂贵，$1m^2$ 价格达 800 美元。若能把质子交换膜的成本降下来，那就能使氢燃料电池成本大大降低。

胡里清博士和他的助手们一头扎进去，凭着他在巴拉德公司积累的理论功底和动手能力，仅仅用 3 个月时间，至 1998 年 10 月就与中科院上海有机化学所联合开发出可供燃料电池使用的质子交换膜。他介绍说：“经过有关权威部门验证，我们研制的质子交换膜在电化学性能、导电率、拉伸强度等方面均达到国际同类产品水平，但其成本却低得惊人，仅为目前国际价格的二十分之一。”

但质子交换膜的实验与规模生产区别甚大，要让这“价廉物美”的交换膜像国际同类产品一样走向市场，依然长路漫漫。胡里清与相关部门又着手筹建新的公司，专门进行质子交换膜的进一步研究。

与此同时，他们开始向低功率的燃料电池挑战，4 个月后，研制出 0.2 千瓦的质子交换膜燃料电池。胡里清他们乘势而上，到去年年底，先后开发出 1 千瓦、2.5 千瓦、5 千瓦、10 千瓦和 30 千瓦的质子交换膜燃料电池，还研制出质子交换膜燃料电池为动力的电动游览车，其中 30 千瓦的质子交换膜燃料电池已经通过“九五”国家科技攻关专题组的验收。

依赖引进会始终落后
抓住最佳时机迎头赶上去

最近一段时间，全国各地慕名前来参观“氢动力一号”的人络绎不绝，可把胡博士和他的同事们忙坏了。这些参观者中，也有国内风险投资大腕，他们已经“嗅”到了“氢动力一号”散发的“诱人味道”。

“今年上半年内，我们神力公司准备进一步扩张股本，江苏某企业已答应参股 4000 万元。与此同时，我们研制的质子交换膜已经通过上海产品质量监督检验所的鉴定，正准备成立专门公司进一步研发生产，某风险投资公司的 2000 万元也快到位了!”胡博士高兴地说。

但汽车界有些人对国内氢燃料电池的前途依然不乐观。他们有自己的想法——我国无论在汽车生产技术，还是科研水平上，都比西方落后了一大截，经费、人才相比也是九牛一毛。不少国外大公司搞氢电池研究已有十多年时间，我们仅仅靠“土办法”，弄不好不是“竹篮打水一场空”? 等到国外同领域技术成熟后，我们直接将它引进来，岂不是既可以省事多，又不用承担科研的风险。况且如今世界范围内出现分工是必然的，每个国家都有自己的比较优势，汽车制造的优势明显不在中国。加入 WTO 后，“国产化”的概念在很大程度上都已经失去了意义，又何必不切实际地强调自主开发呢?

对这种“高见”，胡里清不愿苟同。他说：“一味地以国外‘马首是瞻’，就会始终落在人家的后面。目前，在氢燃料电池的开发上，世界各地的水平差距并不大，现在是迎头赶上的最好时机。”胡博士认为在氢燃料电池的市场推广上，我们有自己的优势：西方的汽车已进入家庭，有无数的加油站和相关工业，使用新能源的成本很高，抵制新能源的力量可能更大，这是显而易见的。而我国的汽车工业尚处于幼年，在新一轮的能源革命中能“轻装上阵”，如今若抢先一步，将来就会有赶超对手的可能。

胡里清说：“产业化不可能一蹴而就，这不仅仅是科研进程，还包括面向市场所要求的配套政策、配套设施建设。我们的目标是推向市场，但这中间还有漫长的路要走。在世界范围内，目前也没有哪家汽车公司敢拿出大规模生产燃料电池车的具体日程表。但这同样也不能成为放弃氢燃料电池研究的理由！”

让我国的氢燃料电池研发走到世界前列，一直是胡里清的理想。这个理想一定会实现，但光靠少数人是不行的……

此文刊登于 2001 年 04 月 25 日《解放日报》

作者　丁波　徐茂昌　张似榛

内外首秀

上汽在2002年完成首家国内轿车企业收购和首次走出国门，虽说烟台车身是一个不起眼的小厂，但其中所创造的购并双方、当地企业、用户与员工等多赢模式，成为上汽后来国内扩张的最有力法宝，被上汽一个个复制到国内诸多生产基地；相反，借船出海的收购大宇虽然象征意义大于实际价值，可上汽也由此开始慢慢走上国际舞台。

图为上海通用东岳汽车，到2010年的年产能已经达到50万辆，是上汽收购烟台车身工厂和大宇工厂之后逐步壮大的成果。

上汽入股通用大宇

上汽集团与通用汽车中国公司昨天正式宣布：上汽投资5970万美元，参股即将在韩国成立的通用大宇汽车科技公司，占其中10%的股份，上汽总裁将作为代表进入通用大宇公司董事会。这是上汽集团“出海跨洋”战略实施以来的最大突破，也是中国汽车企业首次走出国门，通过资本运作参与全球汽车工业重组。

据了解，大宇集团是韩国最大的汽车企业之一，生产能力曾达到每年 200 万辆，近年来由于经营不善和亚洲金融危机，陷入破产困境，通过长时间谈判，美国通用部分收购大宇资产。本月底将正式成立的通用大宇汽车科技公司中，通用汽车公司的股份占有 42.1%，上汽集团占有 10%，日本铃木占有 14.9%，其余 33% 的股份归大宇债权人所有。新成立公司的资产主要包括韩国境内的昌原汽车厂和群山汽车厂以及富平汽车厂的部分资产，汉城的设计中心及相关资产以及大宇公司拥有的部分海外汽车分销公司等资产。

上汽集团介绍，上汽此次参与通用—大宇项目，是中国汽车业参与国际著名汽车公司重组的有益尝试，将促进上汽集团在资本、产品、管理等多方面融入国际市场，上汽还将借鉴大宇在大众化轿车设计和生产上的优势，加速推动轿车进入家庭，向年产整车 100 万辆目标快速迈进。

通用汽车中国公司则表示，作为通用在中国的最大合作伙伴，上汽与通用已经在上海通用、泛亚技术中心、上汽通用五菱，以及汽车金融服务等诸多项目上携手，此次上汽入股通用大宇，对通用大宇的成功有着重要意义，能帮助通用大宇公司更好地扩展中国市场，同时也意味着通用汽车与上汽集团的伙伴关系上升到一个新阶段。

上汽 5790 万美元的资本投入，在国际汽车并购市场并不是个大数目，业内人士坦言，上汽与通用携手的意义，远超过入股数额本身。

上汽“志在家轿”

今年以来，一汽并购天汽、携手丰田；东风与日产展开前所未有的大合作。一汽不仅将在天津丰田T－1的基础上引入更多家轿，而且将把皇冠车型引入国内生产；日产参股50%的新东风公司，也将在轿车上全面引入日产品牌，达到年产22万辆的目标。这些，都对“以生产轿车为主”的上汽集团形成巨大压力。

大宇的传统优势在于经济型家轿，上汽入股通用大宇，将促进上汽在这一领域“发力”。昨天的信息通气会上，记者最关心的话题是山东大宇项目。该项目投资额78亿元，有着近30万套发动机和零部件生产能力。据了解，上汽已派人进驻山东大宇的工厂，重组的谈判和审批在进行之中，如果能成功纳入，上汽又将增加一个大规模的轿车生产基地。

上汽集团总裁胡茂元昨天还表示，上汽有意扩大其在上汽奇瑞公司中的股比，从而能把其产品纳入整个上汽体系。据了解，奇瑞不久后也将投产大宇的车型。

开启跨国并购

对上汽而言，入股大宇意味着迈向跨国并购的新征程。

据上汽介绍，虽然产品出口上汽已有近10年的历史，但事实上中国汽车产品出口还面临诸多困难。今年1—9月，上汽产品出口同比增长48%，达1.9亿美元，但与上汽近1000亿人民币的产值而言，仅仅是九牛一毛。而通过资本运作，参股国外公司，就能在产品、销售渠道等方面一下子打开局面。

据了解，这次收购的通用大宇项目，不仅有在韩国、越南的工厂，还包括大宇在欧洲的9个销售公司。上汽得到的不仅仅是10%股份的分红，将来可进一步通过通用大宇的全球网络，“借船出海”。

更重要的是，跨国并购已成为汽车巨头扩大市场、提升实力的重要方式。要在汽车全球化的趋势中，保住自己的一席之地，振兴民族汽车工业，参与跨国并购是必然选择。进入国际资本市场进行并购的风险是很大的，这次上汽“借道”通用入股大宇，是一种有益的尝试。

通用“醉翁之意”

在国际市场，通用并购大宇一直被认为是“占了大便宜”，用较少的美金购入大量优质资产。业内人士认为，此次通用愿意让出10%的股份给上汽集团，不仅对通用大宇公司产品进入中国市场有利，更能体现其对上汽集团诚意，以加快中国市场开拓，赶超大众在中国的地位，早日坐上“头把交椅”。

德国大众是最早进入中国的国际巨头，上海大众和一汽大众的成功，让大众公司曾经占领轿车市场绝大部分份额。今年，德国大众的地位开始受到威胁，通用加快了各方面挺进的步伐，不仅与上汽在五菱、大宇等项目上先后合作，上海通用产品销售增长速度也十分惊人，达到200%左右。

上汽高层昨天一方面强调大众和通用都是上汽的朋友，一方面也不否认上汽与通用实际上已经结成了全面合作关系，在整车、设计、金融等方面展开合作。据悉，中国市场的变局已引起德国大众高层的关注，本月18日，德国大众集团全体董事和所有海外公司老总，将首次来上海召开高层会议，显示其对中国市场的高度重视。业内人士指出，中国汽车市场已经成为全球竞争最激烈的市场之一，国际巨头与国内大集团之间战略伙伴关系将日趋紧密，“合纵连横”的局面无疑会愈演愈烈。

此文刊登于2002年10月14日《解放日报》

赛欧北迁，谁成赢家

图为 2002 年赛欧周年庆羽泉献唱。这款小别克不仅成为搅动中国家用车市场的先锋，也成为上汽并购之后产品梯度转移的首款。夏丽娟摄

上海汽车工业跨地区重组步子越迈越大。昨日，上汽集团、通用汽车中国公司、上海通用有限公司与烟台电力开发总公司、烟台汽车工业总公司在山东烟台签署了“烟台车身有限公司股份转让协议”，上汽、通用、上海通用三方共同出资 9 亿元，收购原山东烟台车身有限公司的全部股权，赛欧轿车将逐步由上海转移到烟台生产，首辆赛欧昨天在烟台下线。

据介绍，原山东烟台车身有限公司于 2001 年 1 月兴建，不久前竣工验收，项目注册资金为 9 亿元人民币，目前的设计能力是年产 2 班 10 万辆。这次重组中，上汽集团占有 25% 的股份，通用汽车占有 25% 的股份，而作为上汽和通用的合资公司——上海通用汽车公司将在新公司中占 50% 的股份，新公司的名称初步定为“上海通用东岳汽车有限公司”，将由上海通用负责战略

部署和业务运营，并将在产品规划、生产制造、零部件采购等方面全部纳入上海通用的一体化管理，成为上海通用的第二个生产基地，同时也是上汽集团控股或参股的国内第六个整车生产基地。据上海通用总经理陈虹介绍，赛欧轿车将全部从上海转移到烟台生产，预计从明年 5 月份开始在烟台批量生产赛欧。

在签约仪式上，“三方共赢”是被重复最多的字眼。无论对于山东汽车工业、上汽集团，还是通用汽车而言，烟台项目都将带来长远影响。

全盘出让，山东寻求突破

与以往国内汽车界重组不同，这次转让中原股东方——山东烟台没留下一份股权，他们本着“不求所有，但求所在”的思想。

对于山东而言，转让烟台车身是汽车工业调整的重要一步。烟台车身从 2001 年 1 月兴建，投资 9 亿元，今年开始生产大宇蓝龙轿车。然而，大宇蓝龙轿车难以闯荡市场，今年仅卖出 200 多辆。寻找国内的新娘家，成了山东汽车突围的最佳选择。赛欧北迁，将带来上海通用的先进技术和管理理念，从而一举改变目前烟台车身现有产品市场不景气局面。

在烟台车身背后，是更大规模的山东大宇零部件项目。1997 年，山东省与韩国大宇合资建设山东大宇零部件项目，总投资 78 亿元人民币，包括设在烟台的大宇汽车发动机公司和威海等地的山东大宇汽车零部件有限公司，是国内最大的零部件项目。可“天有不测风云”，在亚洲金融危机打击下，大宇汽车破产，山东大宇项目也被迫停产。为了让大宇的发动机和零部件获得新生，烟台才自己投资建立烟台车身。

这次烟台车身公司转让，并不涉及山东大宇项目，但业内人士普遍认为，此次重组后，上汽、通用进一步与山东合作共同处置山东大宇项目的可能性很大。若能成行，山东汽车工业将彻底改头换面。

赛欧北迁，上汽通用共进

赛欧的北迁，也是上海通用的高招。

作为中美最大的合资企业，上海通用今年产销增长逾 100%，生产能力突破 10 万台，这已达到上海通用金桥工厂的产能设计目标。很明显，不寻找新的生产基地，上海通用和它的两个“婆家”——上汽集团和美国通用的扩张步子就会放慢。

烟台车身，便成了上海通用第二个国内生产基地的最好平台。烟台车身建设不到两年，设备厂房都已称得上“现代化”。与上海相比，烟台在土地、人力等成本上有优势，对于赛欧这类经济型轿车而言，如何降低成本正是市场竞争的最大撒手锏。

赛欧北迁，山东和整个华北市场的魅力不可小视。山东目前占有国内汽车市场 10% 的份额，汽车保有量更居全国第二位，山东对整个华北也有着巨大的辐射作用。上海通用以此为基地，很容易直接大步进入山东市场，从而扩展在华北的份额，与一汽大众、天津丰田等产品一拼高下。

上汽集团表示，烟台整车生产基地将是上汽集团 5 年内实现产销 100 万辆汽车的重要一步。据了解，目前上汽拥有上海大众、上海通用、江苏仪征、柳州五菱四大基地，并参股安徽奇瑞，此次入驻烟台车身，使其整车生产基地达到 6 个，“势力范围”进一步扩大。对于容量庞大、市场多元，地区性差异明显的国内市场，建立多个生产基地，无疑是确保市场份额的重要步骤。

有业内人士指出，赛欧的外迁将为上汽探索如何在外地建立经济型轿车基地做尝试。目前来看，上海生产经济型轿车在成本上不占优势，通过兼并重组，利用国内现有资源，将经济型轿车逐渐外移，而在上海集中生产中高档轿车，将是上汽的重要一步。

美国通用总裁墨斐更不否认对中国市场的雄心。他表示，只有在中国这种有潜力的大市场上突进，才能保持通用在全球的霸主地位。通用将全力支持烟台车身的生产和管理，把一流的车型引进来，使其对上汽、对通用的市场扩张都产生巨大推动作用。

此文刊登于 2002 年 12 月 21 日《解放日报》

双龙之变

收购双龙堪称21世纪初上海企业对外收购中的最艰辛的一场战役。起初，瞄准双龙，从经济体量、产品互补、地理区位等而言，都可以说是看似不错的收购对象。但万万没想到，最终让上汽的领导无能为力的，不是简单的经济因素，而是深入骨髓的文化隔膜和工会斗争传统，上汽管理层最终全部撤回，一想都感到后怕——“幸好撤出了，后来，工会与韩国政府发生了武装冲突，极端分子甚至自制螺丝钉大炮，容易伤及人命”。双龙之变，既折射出文化融合在跨国收购中的关键地位，也反映刚刚壮大的中国企业走出去的不易。

图为2006年9月解放日报与上海电视台的上海企业在海外的联合采访组采访韩国双龙汽车董事长墨菲。

从罢工到“相生相容”

9月初的韩国首尔，略带凉意。

记者抵达这里时，一场中国企业十分陌生的罢工风波，刚刚结束——在过去的1个多月中，上汽股份双龙汽车公司5000多名员工罢工，平泽、昌原等地工厂大门被堵住，生产停顿、产品积压……

耗资5亿美元收购双龙才1年多时间，上汽股份遇到了从未有过的挑战；

劳资冲突，对于中国大企业而言极少经历。这，显然是走出国门的第一课。

风波的结果完全出乎外界意料。原本以为罢工会拖到9月中旬或10月份，可就在8月30日，双龙汽车的劳资双方和解了：公司没有答应工会的加薪要求，还获得灵活调配生产线上员工的权利，但也相应取消了裁员计划。这一方案得到大多数员工的支持，其中昌原工厂员工的赞成票率达85%。

在首尔的第一天，记者翻阅当地报纸，韩国媒体这样评价双龙罢工风波的平息：在8月份波及韩国所有大型汽车公司的罢工中，双龙汽车管理层与工会达成的协议是最有利的，显现出他们相当灵活的策略。

双龙汽车中方代表理事兼首席副社长张海涛对于这样的评论，有自己看法：“达成协议，不仅对出资方有利，而是要让劳资双方在公司未来发展中得到双赢。”

他告诉记者，韩国人的语言中，有一个词或许能恰当地表达双龙劳资双方未来的关系——“相生”。

紧张时刻

8月11日，正是罢工局面最紧张的时候。上汽股份执行副总裁墨菲，出任双龙汽车代表理事。

那一天，在离首尔不远的平泽生产总部，工会成员封锁了正门，5000 多名员工围住生产总部大楼，并打碎了主楼建筑一层的三块玻璃，罢工全面开始。韩国员工为此次罢工取了一个颇具斗争意义的名称——“玉碎罢工”，取意“宁为玉碎，不为瓦全”。

“如此激烈的冲突，是我们不愿意看到的。”在双龙首尔总部简洁朴素的办公室里，身为国际汽车业知名管理专家的墨菲言语坦诚。

罢工，源于对公司改革发展的不同预期：上汽在 2005 年初获得双龙控股权之后，面对连续几年的收益下滑，目标是尽快提升盈利能力，发挥协同效应，减少不必要的支出，为公司发展注入新活力；可在双龙工会看来，结构调整意味着裁员，与上汽中国工厂共享技术平台则被认为是“技术外流”，会使更多工人在未来几年失去饭碗。7 月下旬，获得双龙汽车加快改革进程消息后，平泽员工就举行了三步一拜游行抗议。

每年 8 月，是韩国传统的罢工季节，墨菲上任被渲染成“结构调整专家到了”，劳资关系紧张程度进一步升级。8 月中旬，工厂停产，产品减产近 2 万辆，生产车间里，处处是工会人员搭的帐篷和蚊帐；上游众多配套企业，也只剩下空荡荡的装配流水线。

公司陷入困境，要价颇高的谈判条件也随之而来。工会提出今年度要再次上调工资 10.5%。仅此一项，双龙就需要支付 1.7 亿美元以上。

“双龙会不会走向倒闭?”部分韩国媒体这样问。

不少同行也注意着，上汽双龙如何渡过这一难关。

刚柔相济

退，还是不退。上汽双龙选择了后者。

8 月 18 日，上汽股份对外宣布，对双龙汽车冻结包括工资、税金在内的所有现金支付，直到工会罢工结束为止。这意味着，上汽没有让步，对抗气氛骤然更浓。

“我们别无选择，如果答应工会提出的要求，公司将陷入更可怕的困境。何况，今年退让了，明年后年，当罢工再来时，我们怎么办?”张海涛谈到当时决策时依然目光坚定，“对于原则问题我们坚持不变，那就是一定要建立符合公司实际的薪酬制度。”

坚持不退让，意味着更大风险，如果让罢工拖得太长，对工厂的打击会更大。

事态越紧张，越要保持冷静。双龙的中韩双方高层认真分析形势之后达成一致——坚持原则的同时，要坦诚沟通。

双龙汽车的崔馨铎社长站在了第一线，这位曾经主持过双龙主席等车型开发的韩国著名工程师，一次次坐到工会成员和员工之前。崔馨铎摆出严谨的数据，阐释公司的现状，包括“3 年来不断下滑的收益”、“市场局势的变化”、“政策的不利影响”、“成本上升的压力”，崔馨铎丝毫不隐瞒公司的任何问题和管理层解决问题的办法，有时一谈就是好几个小时，喉咙为之沙哑。真诚最重要——一次次，一天天，员工开始评价，“社长是工程师出身，他不会说谎。”

面对罢工，中方高层保持本色，既坚持原则，又平易近人，谦和待物。他们知道，必须真诚地传递一个信息：中方高层和韩方员工不是生死对手，而是双龙汽车“家”中的一员。

在张海涛的办公室里，他拿出一本名为《漫画韩国》的书，翻开书来，一幅幅生动幽默的场景映入记者眼帘，讲叙着各类韩国文化习俗，这是上汽高层给他们布置的“家庭作业”。从去年到韩国至今，张海涛参加了近 10 次韩国员工家庭的生日聚会、婚典丧礼。在韩国员工家人逝世的灵堂前，他按照韩国习俗——下跪祭拜；在员工小孩出世的派对上，他笑容满面，送上祝辞。主管采购的副社长沈剑平每次从上海到首尔，总会带上12岁儿子画的画送给韩国同事，画面的花鸟虫鱼样子很幼稚，却让韩国同事从中读懂：家庭和亲情，无论在韩国还是中国，都一样重要。

双龙的10多名中方高层和管理人员，都集中住在首尔市郊盆塘地区的居民新区。放眼望去，一排排密密麻麻的高层宿舍依山而建，这里离首尔总部办公楼有18公里，上班、购物和娱乐都不方便，但租价仅是市区公寓的1/3。上汽接管双龙不久，"中国高管生活简朴"的信息在公司内外不胫而走，"几乎每天都是两点一线，晚上8点前就回家了，周末也不去打高尔夫"，驾驶员渐渐地喜欢为中国高管开车，因为不少韩国大公司高层习惯泡吧到深夜。"双龙苦难时期，中方管理层没有闲着，而在加倍努力。"

这样的坚持，让中国企业家逐步赢得韩方员工，甚至工会会员的认同，尽管罢工在继续，但一些细微的变化出现了：

8月底，上汽集团副总裁蒋志伟和张海涛等中方高层，再次被工会成员挡在平泽工厂的大门口，38摄氏度的高温下，他们耐心地解释了两个小时，汗流浃背。一位工会成员终于看不过去了，叫了一声"张社长"，把冰镇饮料递了上去……

互信双赢

真诚终见成效。有了互信，劳资双方显现良好姿态：

工会收回了加薪10.5%的高额要价，同意中止部分福利制度。双龙管理层也撤消了裁员544人的计划，职工情绪平稳许多。

8月30日，在劳资双方的协议中，为公司注入发展动力成为重要内容。管理层许诺，到2009年末，每年都在开发新车型和发动机、改善服务网方面投资3000亿韩元。

其中的一条协议内容，在韩国劳资谈判中开创先例：双龙管理层可以根据流水线需要调配劳动力。对此，崔馨铎的解释是："这在中国或许很平常，但在韩国企业，生产线上不同岗位人员的调整，必须得到工会批准，许多市场机会由于工会意见不同，加以干预而丧失。"

当地舆论则如此评价：这为韩国传统的劳资关系走出困境带来了榜样和希望。

在对协议内容的投票表决中，486 名员工代表有 58.39% 投赞成票，其中昌原发动机厂的赞同率高达 85%。

罢工结束后，双龙全体员工在登报申明中说道："双龙汽车经历了痛苦，为了心爱的公司的未来发展，劳资双方已再次携手。通过相生相荣的劳资文化，我们将会再次成为被各位国民所爱戴的企业。"

张海涛告诉记者，在罢工中，上汽股份付出了一些学费，第三季度双龙的利润无疑会大幅下滑，但从长期看，妥善处理好本次罢工，对公司长期可持续发展，却是有利的。

通过此次罢工的妥善解决，上汽股份和双龙汽车管理层对劳资双方今后可能出现的矛盾，收获了信心。上汽股份总裁陈虹表示："国际化经营对于上汽来说是一个经受考验，不断学习提高的过程，上汽有能力有信心为实现未来的国际化战略目标铺平道路。"

值得注意的是，在罢工 50 多天时间内，双龙汽车的股票没有下降，反而有 2%—3% 的微幅上升。

在双龙总部大会议室里，记者看到上汽董事长胡茂元书写的"双赢"两个大字，显得分外遒劲、传神。"下次，等董事长再来双龙时，想请他再写两个字——相生"，一位韩方员工这样表示。

相容共进

如果说，在韩国人的理念中，“相生”是一种和谐，那“相荣”则追求的是共赢。对走出去企业来说，并购只是手段，实现被并购企业的发展，同时实现自身的实力增长、规模扩大、市场拓展，才是目的。当企业走出去完成并购后，首要的是理顺关系，就像上汽集团对双龙实施的“百日整合”；而真正的“整合”，实际上是共享，因为仅仅对被并购企业资本“输血”是不够的，只有在技术开发、市场网络、信息资源等方面实现共享，才能使被并购企业获得发展动力。还应该看到，“相荣”本身就是一个过程，不可能一蹴而就。因此，对并购企业制定切实可行的规划和目标，显得十分必要。

一个多月的罢工结束后，双龙汽车首尔总部大楼内看不出丝毫轻松迹象。记者看到，每个部门办公室前的小黑板上，都密密麻麻地排写出 9 月份和第四季度的工作安排。

刚刚到任一个多月的双龙代表理事墨菲，并不隐讳目前双龙面临的难题：“我们最紧迫的任务，是扭转双龙汽车盈利能力下降的趋势。”

双龙汽车是上海企业在海外的最大并购项目，是中韩最大的经济合作项目，也是中国汽车业控股国外企业的第一次尝试——可谓“头戴光环”，赢得国内外同行的赞许。

但管理层很清醒，并购成功仅仅是第一步，对于已连续 3 年利润下滑的双龙而言，企业经营局面的扭转不可能一蹴而就，“这时，实干比口号更重要”。上汽董事长胡茂元强调，要集成全球资源，就必须牢固确立“以合资企业利益为重”的理念，始终将“双赢”标准作为衡量合资合作的一把尺子。

“双龙整合之路远没有外界想象中那样简单，但对于未来的双赢，大家都充满信心。”双龙社长崔馨铎表示。

百日整合

冰冻三尺，非一日之寒。

双龙汽车一直是韩国最负盛名的 SUV、RV 等多功能运动型车生产商，排名现代、大宇、起亚之后，位列韩国第四大汽车制造商。然而，市场变化和政策波动，束缚了双龙的手脚：

韩国汽车消费税率近年来向小型车倾斜，大排量车型税收加重，发动机排量为 2 升以上车型的消费税从 8% 上涨到 10%；同时，韩国柴油价格不断上涨，每升柴油价格目前为每升汽油的 85%，而 4 年前仅为汽油价格的 50% 左右。不巧的是，双龙的王牌产品多数都是 2 升以上的柴油车，受到影响最大。加上前几年由于双龙债务缠身，企业濒临破产，缺少良好的资信而难以获得贷款，投入新品开发的经费“捉襟见肘”，缺乏新亮点，市场销售更难了。

屋漏偏逢连夜雨。2002 年起，韩国国内经济低迷，也让汽车销售难掀波澜。在首尔江南闹市区的一家双龙汽车品牌店，店长还在唠叨几年前市场热闹场面：“2002 年是销售最高峰，今年已经跌到了最低谷，目前每个月的销售大约在 30 辆、40 辆左右。”记者驱车在首尔街头，身旁常常出现 Rexton 等威武的双龙车型，但在它周围，更多的是现代、起亚的中低排量车型和宝马、凌志等进口车。

2005 年初，上汽接手双龙之后，实施了“百日整合计划”，采取改善公司治理模式，增加董事会决策透明度、确保中小股东利益等措施，旨在实现双龙运营的平稳过渡。百日整合计划取得显著成效，但双龙汽车中方代表理事兼首席副社长张海涛也承认，公司管理层发现了更多新问题：“‘百日整合’最大的功效不是解决问题，而是让我们更清醒地了解了公司现状。”

2005 年是上汽接手双龙的第一年，双龙产品出口大幅上升，销售额比前一年增长了 1500 亿韩元，但企业收益并没有出现明显的改善，全年营业利润出现亏损。

质疑声随之而来："接手双龙后上汽到底做了什么?""中国企业管得好双龙吗?"

对于这样的质疑，双龙管理层没有过多理会。"凭借上汽股份的能力，如果让账面好看一点，一点都不困难，但这不是我们的目标，也可能损害企业长远的利益。"张海涛告诉记者，海外管理企业 1 年多，最大的感受就是要静下心来，不能急于求成，"我们的目标是把双龙推上长期可持续发展的良性轨道。"

共享资源

如何改变现状?

中韩双方管理层在记者面前都做了同样的手势——手掌相对，十指交叉，搭成一个拱形。在他们眼中，最重要的手段，是跨越国界，在上汽股份和双龙汽车之间建起一座"桥"，共享资源，形成优势互补。

"如果不和上汽股份多方位整合，双龙难以维持下去。"张海涛话语恳切。

对于身陷困境的双龙而言，资金上"输血"已经开始。上汽入主双龙后不久，依靠大股东良好的资质条件，通过长期低息贷款和发行企业债券，双龙去年获得 4200 亿韩元的资金支持，还清所欠的韩兴银行的债务；上汽股份今年又向中国工商银行和中国银行分别借贷 970 亿韩元，用于双龙的新品开发。崔馨铎告诉记者，"几年前，没有银行敢向双龙贷款，上汽入主改变了这一被动局面，中韩两国银行都消除了顾虑。"

或许，资金问题并不是最棘手的。任何一个专业人士，如果查看双龙家底，会发现一个更大的难题。双龙的 6 款主力车型中，每一款车型的产量都不大，无论是 Rexton、Kyron，还是 Chairman，年产仅 2 万—5 万台不等。当今汽车界，规模决定效益，新车型开发投资巨大，打造一个全新产品大约需要 2 亿美元，可产品寿命越来越短，3 至 5 年就会被淘汰，如此算来，一个全新产品平台，起码要累计生产 30 万台以上的规模才能保本。一个产品 30 万台，对于眼前的双龙而言，是难以跨越的一道坎。

解决问题，让上汽与双龙协同作战，在研发、生产和销售上优势互补，似乎是最切实有效的办法。这样一来，双龙的新品不仅能在韩国生产，也能借用上汽在中国的生产线扩大产量，还将拥有广阔的中国市场。“我们已经开始实施技术共享的 L 项目，让双龙的 Kyron 车型在中国同时生产，上汽股份由此支付一大笔技术转让费用，缓解了公司的现金压力。”崔馨铎告诉记者。

控制成本也是难题。原本双龙全年仅 15 万辆左右的产量，使其难以在与上游原材料供应商打交道中占到便宜，而上汽股份下属企业去年的销售总量已经突破 80 万辆。如果联手上汽进行集中采购，无疑可凭借量的增长来压低采购价格，为双龙节省下一大笔开支。“采购渠道的整合开始，今年的采购成本下降目标是 8%—10%，对此我们有信心。”负责采购的副社长沈剑平告诉记者。

一系列措施刚刚展开，但细微数字的变化已验证了协同作战的效果。今年 1—6 月，尽管双龙汽车亏损达 100 亿韩元，可与去年同期亏损 333 亿韩元相比，减亏了一大半。

确立目标

对于双龙的未来，许多人寄予厚望。

一家韩国双龙经销商颇有感慨：双龙许多 SUV 车型曾经是韩国年轻一代的梦想，当年 New Korando 车型问世时，根据车名的拼写，双龙打出一个很振奋人心的口号“Korean can do”——“韩国人，能做到”，一时成为许多年轻人追求的目标车型。“如今，尽管双龙正经历着亏损，但我们相信，随着上汽整合措施的开展和韩国市场的复苏，双龙将很快重新站起来。”

在双龙的会议室里，双龙公关部负责人向记者展示了公司未来两步走的目标：第一阶段，从 2006 年到 2007 年，通过降低成本、提高生产效率等，创出稳定的经营成果；第二阶段，从 2008 年到 2010 年，通过新车型上市，通过和上汽携手而产生的协同效应，实现飞跃性发展。目标是到 2010 年，实现销量 22 万台，销售额达到 6 兆韩元。按照计划，双龙产品将于 2010 年打入美国市场。

“中国企业真正走向海外还不多，海外经营需要勇气，更需要实干，我们的目标，是通过 5 年或者更长时间，让双龙真正成为中国企业海外并购后成功整合的一大典范。”张海涛如此表示。

离开首尔的前一天，记者来到双龙中方员工所居住的盆塘居民新区，这里地处市郊，推开窗子，张海涛指着不远处一座座起伏的山峰，笑着告诉我们：“周末我们一大体育活动是爬山，10 多位中方管理人员都会去，周围的山峰，我们几乎都攀登过，这比高尔夫更利于锻炼身体，而且不花钱……”

“整合双龙取得双赢，也如同一座高峰，跨越它，我们充满信心……”

此文刊登于 2006 年 10 月 04 日、10 月 05 日《解放日报》

作者　丁波　蒋娅娅　董燕　杨再明

无奈搁浅

今年 1 月，韩国双龙正式进入“回生程序”，也意味着上汽无奈地放弃了

图为 2005 年韩国双龙汽车的主款车型“新主席”，其实无论从造型还是技术含量来看，并不存在“领先中国企业一大截”之说。

对双龙的控制权。

4 年前，上汽派驻韩国双龙的高层人员，每个人的旅行箱内，都有一本韩国知名漫画家李元馥的《漫画韩国》："这是集团领导布置的家庭作业，我们要让双龙发展，首先要了解韩国的文化"，当时被委任为双龙汽车中方代表理事兼首席副社长张海涛曾这样告诉记者。那个时候，他神情坚定，言语中透出对于整合这一项目的自信。

这本脍炙人口的漫画书中，是这样提及韩国的。“在中国、日本和韩国三国中，韩国最重要的价值观是忠，忠，意味着正统、原型”。书中也这样提及韩国特色的劳工运动：“至今，韩国经常发生石头和燃烧瓶飞来飞去、木棍和铁棒乱舞的过激示威”，“头上系上红带子，就会有如同做出生死抉择般的狂热气氛”，漫画上有着外国人的不解眼光，“为什么，韩国人好像不管什么事都要抗争到底?”

迄今为止，这样的疑问，依然萦绕在上汽双龙高层的心中。4 年多来，他们一直为打破文化和理念隔阂，带领双龙真正崛起而努力着，但许多努力事与愿违。

今年 1 月，韩国双龙正式进入“回生程序”，也意味着上汽无奈地放弃了对双龙的控制权，把这个依然烫手的山芋交给韩国当地法院。双龙起死回生的可能性有多大，目前谁都说不清。对于这个关系到 5 万多人就业的韩国第五大汽车公司而言，破产清算是痛苦的。上汽在声明中称进入“回生程序”是“一个非常艰难的决策”。

2004 年，上汽并购入主双龙汽车，曾是中国汽车业里程碑式的一步，也是上海企业迄今为止最大的海外并购项目。

为什么这艘出海航船在狂风暴雨中“搁浅”，甚至出现“折戟沉沙”危险？

为什么并购双龙的初期没有能够估量到如此复杂的投资环境和劳资关系？

为什么一向以国内并购见长的上汽，在双龙的经营策略上总被束缚手脚？

一系列的问题，让上汽并购双龙的功过是非成为焦点，也如同一面面镜子，无不折射中国企业走出去的复杂与艰难。

一个意料不到的错误

【引言：2004 年上汽耗资 5 亿美元并购韩国双龙，难道仅仅是为了一个“走出去”的面子工程？**】**

今年 1 月，双龙陷入危机濒临破产之后，上汽双龙的经营团队承受很大的压力，不理解的人们，对这场耗时 5 年多的拉锯战指责声不断，其中有一种说法是：并购双龙，上汽一开始就没有做好准备，这是一场彻头彻尾的错误。

难道 2004 年耗资 5 亿美元的决策仅仅是为了一个“走出去”的面子工程，或者只是为了扬一时国威的匹夫之勇吗？

上汽不赞同这样的说法。“不能这样看，当时上汽进行了充分的论证，无论是就‘走出去的时机’、‘并购后所能取得的协同效应’等等方面而言，当年入主双龙都经过深思熟虑。当然，谁都无法预测未来，我们对于目前的局面也深感痛心。”上汽公关部负责人这样表示。

回首5年前的那场并购，上汽可谓殚心竭虑做足了功课，并非莽撞之举。

上汽对双龙的收购图谋是从2003年开始的，当时中国汽车市场已经经历了第一波高峰增长期，在汽车走入家庭的热潮中，包括上汽在内的中国大型汽车集团实力倍增，逐步积累了国际并购的实力。2002年，在并购双龙之前，上汽就曾进行了试探性的尝试。在“老朋友”通用汽车的支持下，上汽以5000多万美元参与收购韩国大宇，占有了通用大宇公司10%的股份。尽管是“陪太子读书”，但上汽高层还是从首次国外股权收购中学到了一些东西。

2003年，收购双龙的想法呈现在上汽集团高层面前。在当时，双龙汽车在中国几乎没有几个人知道，成立于1954年的韩国双龙汽车公司是韩国五大汽车生产商之一，曾引领韩国运动型SUV的市场走向，生产能力为年产21万辆，最高时在韩国汽车占有12.5%的份额。1997年东南亚金融危机时，为了渡过难关，双龙一度并入大宇集团，并因沉重的债务曾进入破产程序。2000年，双龙从大宇剥离，重新成为独立的企业，并开始重组。为了彻底解决债务问题，双龙的债权团在2003年开始，准备出售所持48.9%的双龙公司股份。

收购双龙，原本是上汽旗下的上海汇众汽车制造有限公司提出，该公司一直与双龙有长期的合作，曾于2001年以320万美元购得了双龙重卡、大客车的生产设备和模具。两年后，双龙再次将其一款商务车伊思坦纳（Istana）的技术和生产设备出售给了汇众，这款商务车在引进后也销售不错。在双龙债权团决定出售股份的情况下，汇众准备参与收购，并向上汽提交了收购双龙50%左右股权的构想报告，意图通过收购在整车领域有所发展。报告提交到上汽高层后，上汽出于“集团一盘棋”的考虑，最终决定由集团公司出面实现收购。从这个意义上讲，上汽与双龙的并非陌路相逢，突发奇想去收购的。

并购双龙，在当时来看应该说是一个不错的选择。一则，双龙是制造SUV的高手，2003年起，中国的SUV市场已经开始萌芽，从欧美的SUV市场的火爆来看，上汽认准这个市场未来的潜力，而上汽本身却没有成熟的 SUV 产品线，收购双龙之后，将双龙的产品拿到中国销售，自然能够拾遗补阙。其实，从其后几年中国 SUV 市场每年超过 40% 的疯狂增长看，上汽对于这一市场发展的判断是正确的；

二则，2003 年，上汽开始了艰难的自主品牌探索过程，就国内汽车现有的技术条件来看，要白手起家，凭空打造出自主知识产权汽车，是不切实际的，也可能耗费更长时间而失去市场机会。不同于国内二流厂家，上汽肯定不能采取“模仿秀”的手段来打造自主品牌。剩下一个好办法就是通过控股国外企业，收购别人的品牌和技术，转化为自己的，再来打造自主知识品牌。而双龙的强项是 SUV 产品，这与上汽最初的将“以 SUV 等中低端产品突破”来打造自主知识产权的想法是相吻合的；

三则，在中国汽车走出去的大潮中，作为汽车业龙头的上汽早有扩展海外市场，建立海外基地的想法，韩国毕竟离本土近，市场相对熟悉，往来方便，取得协同效应的有利条件不少，因此，选择双龙为真正海外并购的第一站，看似风险较少。

就这样，上汽一步步按照国际并购的惯例行事，聘请上海通力律师事务所、德意志银行、瑞士银行等第三方机构为其收购双龙提供法律、财务服务，并开始对韩国的法律、法规、风俗、文化进行全面了解。

而就在此时，“半路杀出一个程咬金”，正当通力等机构进行第一阶段尽职调查的时候，主营石油化学产品的中国蓝星集团突然宣布加入竞标。且蓝星提出的每股 1.1 万韩元的报价高于上汽、美国通用、法国雷诺等企业，并承诺到 2010 年完成对双龙 7 亿美元的投资，同时投资 3 亿美元，在中国建立 1 万多个销售及售后服务网点。此外，蓝星将保持双龙原经营团队，雇佣所有职员。很快，蓝星集团被双龙债权团确定为优先谈判对象，双方于当年 12 月 22 日签署了谅解备忘录。

这个有着特殊背景的非汽车产业集团的突然出现，曾让上汽措手不及，但毕竟，取得了国家发改委等部门支持并对汽车行业有更大话语权的上汽没有退缩，而是据理力争。加上蓝星在谈判中，遭到了双龙工会更为强烈的反对，他们对于一家没有汽车制造经验公司的收购更加警惕，其风险要更大，最终，蓝星因为和双龙债权人在收购价格等方面存在比较大的分歧，而退出了收购。经过这番波折，上汽最终如愿入主双龙，2004 年 10 月 28 日上汽与双龙公司债权团签订了约 5 亿美元、占双龙股份 48.9% 的股权转让合同；2005 年 1 月股权正式交割；2005 年 2 月上汽工作小组正式进驻双龙公司，参与公司的日常经营活动；2005 年 11 月为体现大股东努力经营好双龙公司的诚意，上汽增持了双龙股份到 51.33%。

当初与蓝星的争夺战，显示出上汽的诚意和坚决，毕竟，收购国外企业不是儿戏，上汽完全是按照事先计划一步步向前的……

一次功效难显的整合

【**引言：**由于双龙存在劳动力成本远高于国际水平、采购体系不透明等问题，上汽派出精兵强将做整合努力，看上去就像竹篮打水。】

谁也没有占卜未来的水晶球。从一开始起，在并购双龙过程中，上汽抽调了集团各单位的精兵强将，力求能够让双龙重新腾飞，每个人都尽心尽力：

蒋志伟，上汽集团副总裁、并购指挥长。在并购双龙之前，蒋就是上汽各类对外并购战役的前方统帅，从 2002 年上汽通用五菱，到烟台车身厂、山东大宇项目、沈阳金杯，以及 2002 年与通用一起入主韩国大宇等。在上汽最高层的授意下，蒋志伟曾经运筹帷幄，无往不胜。双龙并购战的前期，都是蒋志伟负责具体领导的，并曾担任双龙的代表理事。

张海涛，上汽派驻韩国双龙的领头人，曾为上汽零部件公司中的王牌军之

——上海纳铁福传动轴有限公司总经理。2006 年 1 月，小年夜的当天，他接到通知，被任命为双龙汽车中方代表理事兼首席副社长，照他的话，这个任务不简单，那年过年都在家里做功课。在韩国双龙的总部和中方宿舍中，记者多次与张海涛深谈，他思路清晰，性格包容，当年对于中韩文化之间的隔阂以及双龙的问题都一一剖析，给记者留下深刻印象。

即使是副手们，上汽派驻的人也都响当当：

沈剑平，有着丰富的产品工程技术背景；

于琼根，原上海大众市场总监，在上海大众多个部门任职，对于市场营销和企业管理都很有经验。

此外，曾经在双龙掌舵的人都在上汽很有资历：

上汽曾在 2006 年委任大名鼎鼎的墨菲前往双龙，接替蒋志伟的代表理事职务，墨菲时任上汽股份执行副总，地位颇高，加上他曾带领通用中国取得骄人业绩，在业内备受尊重；而最后接替张海涛的蓝青松也很有管理和经营经验。

从名单来看，上汽派驻双龙的人都非等闲之辈，整个经营班子的搭建也算完备，绝不是随意拼凑的。

上汽经营团队在 2006 年全方位入驻双龙后，面临的是一个困难局面：长期以来，双龙的产品向所谓高端、特殊、小批量方向发展，虽然在 2000 到 2003 年间，由于韩国的 SUV 产品竞争面不广，加上韩国政府为降低汽车排放而推广使用柴油，双龙的 SUV 产品获取了较大的市场份额。但从 2004 年开始，随着竞争对手不断推出新产品的、新技术新配置的不断使用，双龙所谓的技术优势和较高市场份额被逐步地削弱和侵蚀。到了 2004 年底，双龙 SUV 产品在韩国市场的份额从 2002 年的 50% 多降到了 20%。

从单个产品来看，双龙 2004 年上市的 MPV 产品 RODIUS 是在 CHAIRMAN 平台上开发的，由于市场需求把握上出现问题，成本高居不下，另外造型奇特，英国汽车媒体评论像“受惊的河马”，用户少有问津，原设想每年 5 万辆的产销量目标一半都未达到。2005 年 5 月推出的中型 SUV 产品凯龙（KYRON）和 2006 年 3 月上市的小型 SUV 产品爱腾（ACTYON），由于使用的是车架式结构，整车重量重、造型古怪、品牌策略出错等问题，同样没有达到预定的产销目标。

当今，汽车行业里新产品的开发一般需要 2 年半到 3 年时间，双龙从 2002 年开始陆续开发的 3 个产品都未获得成功，这为双龙是否能持续经营埋下了祸根，也为双龙出了个难题：这就是既要确保上述产品达到或超过产销平衡点，又要有足够的资金保证新产品的如期开发和上市。

同样，由于双龙工会强势，劳动力成本一直居高不下，人均劳务成本占单车销售价的 20%，远高于 8% 的国际水平；采购体系不透明，采购成本高；加上当时对于双龙不看好，银行贷款难以取得，使得现金流日益紧张，这些问题，都是制约双龙前进的绊脚石。

上汽在入主双龙之后，马上开始了百日整合，从多方面为双龙“开刀诊病”：

在产品上，上汽从 2005 年 6 月开始着手协同开发产品，2006 年初双方开始确立以上汽出资的 A 级车平台开发计划，双龙成为 A 级平台开发的 HOMEROOM，基于同一平台，双方既开发双龙使用的 SUV 车型，也开发上汽使用的轿车车型；同时，在上汽引导下，对于双龙的主力车型“主席”（CHAIRMAN），进行深度开发，力求借助上汽在国内的开发力量和中国产品的理念，对于双龙产品进行更合适地改进，包括造型、油耗等多方面提升；

在管理上，改变过去“一碗水端平”的弊端，为保留和激励优秀员工和高潜力人才，公司积极实施人事制度改革，首次引入 MBO 绩效考核制度，把业绩考核与个人的工资晋升和职务晋级紧密结合起来。经营管理层每年拿出年收入的 10% 作为 MBO 奖金，每半年考核一次 MBO，依据考核结果实施零到两倍的奖励，同一级别年收入差别扩大到 43%。通过目标考核，实施末尾淘汰制度，对团队内绩效排位末 10% 的人员进行强制性的岗位流动。同时，改革每年固定增加工资的不合理制度。在分配上将每年业绩考核结果与升级和工资调整紧密联系起来。引入浮动分值制度，尝试将个人业绩与年度增资紧密挂钩。在营销部门，率先实施将固定奖励改革为与销售业绩相联系的浮动奖励制度。

更紧急的任务是给双龙进行资金上的输血，来渡过眼前的困难期，即依托上汽在国际上的良好声誉及上汽集团的鼎力相助，帮助双龙公司通过各种渠道进行了融资，这其中包括——

2005 年，上汽收购双龙后，根据当时双龙资产情况，在上汽发出推荐信和许诺三年内企业所创利润用于双龙发展的承诺后，韩国朝兴银行牵头组织了 4300 亿韩元的银团融资，保证双龙被收购后的正常运行。2006 年尽管双龙的经营已比 2005 年有明显好转，但以朝兴银行为主贷行的银团对双龙提出加息处罚，面对这一局面，作为大股东的上汽通过许诺保留在双龙大股东权的条件下，成功地进行了再融资，通过发行 1500 亿韩元企业债和重组银团的 2700 亿韩元贷款，不仅避免了加息负担，而且每年可降低利息成本 120 亿韩元。2007 年，为进一步降低融资成本和支持双龙后续几款车的开发，上汽帮助双龙共同进行海外路演，依靠上汽的影响力，成功发行了 2 亿欧元的可转换债。上汽还通过与国际多家著名银行联系，为双龙进口货物提供短期流动资金，确保双龙能按业务计划开出相应的信用证，这些输血措施，都让双龙度过了最艰难的日子。

在生产线管理上，上汽力求建立和完善双龙汽车生产体系，推进精益理念、原则、要素、流程、方法在双龙的实施。致力于改变生产部门人员的观念，从安全、质量、成本、响应、人员参与五大方面与国内、国际对标。从统一生产部门管理层的思想，到成立推进组；从体系的引进，到制订和实施为期二年的系统全面推进计划；从大量教材的编写，到全员培训。上汽协助双龙做了大量工作，达到了预想的初期目标。到 2006 年底，已完成班组长以上人员的系统培训，在安全和质量两方面基本建立和完善了一、二、三级流程，基层管理人员的观念得到一定的转变，在生产安全和产品质量两方面得到明显提高。生产线开动率从 79% 提高到 92%……有些生产运行指标的改进幅度甚至达到了当年全球汽车行业的最好水平。

在降低生产和管理成本上，上汽力求大幅度降低采购费用和非经营性支出，双龙提出了“三年降本计划”，力求三年内降低原材料成本 25%，这个计划在双龙的历史上是从来没有过的，极具挑战性。但由于罢工、工会组织等不时地干扰，没有顺利执行，但即使这样，四年中还是取得了累计 3800 亿韩元的节省。同样，在透明经营，惩治腐败的口号下，上汽对双龙加强制度建立与有效管理，使企业的各项管理费用大幅下降。其中招待费从 2004 年的 9.23 亿元下降到 2008 年的 5.57 亿元，消耗品费用从 7.44 亿元下降到 3.07 亿元，正是由于除工资以外的各项费用不断下降，公司的盈亏平衡点也从 14 万辆下降到 12.5 万辆……

2006 年，“玉碎罢工”之后，记者曾前往双龙采访获得的诸多细节，显示出上汽经营层为了有效整合而用心良苦的努力：

并购双龙之后，双龙的 10 多名中方高层和管理人员，都集中住在首尔市郊盆塘地区的居民新区。放眼望去，一排排密密麻麻的高层宿舍依山而建，这里离首尔总部办公楼有 18 公里，上班、购物和娱乐都不方便，但租价仅是市区公寓的 1/3。上汽接管双龙不久，“中国高管生活简朴”的信息在公司内外不胫而走，“几乎每天都是两点一线，晚上 8 点前就回家了，周末也不去打高尔夫”，驾驶员渐渐地喜欢为中国高管开车，因为不少韩国大公司高层习惯泡吧到深夜，“双龙苦难时期，中方管理层没有闲着，而在加倍努力”。

不幸的是，这些整合努力所取得的成绩是短暂的，往往是初见成效时，就被无谓的劳工运动和莫须有的调查取证所打断……

一场身心疲惫的争斗

【引言：上汽精心筹划的“百日整合”没有达到预想效果。复杂多变的“劳资纠纷”，成为双龙隐痛。**】**

“百日整合”的提法，上汽并非是在并购双龙中首次提出的，在之前的上汽横跨国内多次并购和之后的上南合作中，“百日整合”都是上汽的绝招。往往能让被并购企业迅速扭转颓势，打下良好发展的基础，然而在双龙，上汽精心筹划的百日整合却没有达到预想的效果，更确切地说，效果刚刚显现，就被巨大的摧毁力一瞬间破坏了，这种摧毁力，来自于劳资双方的隔膜，来自于超级强势的工会，但或许更深层次的是：韩国汽车企业不愿接受被中国汽车公司并购和改造而爆发出的惊人反作用力。

2009 年，张海涛回到国内后，一直没有能够接受记者的采访，“他太累了，病了，还是让他休息一下吧”，上汽公关部如此客气的答复，言语中能够感受到是张海涛身心疲惫后的沉默。

确实，在为期 4 年的双龙经营过程中，双龙经营层与工会之间的争斗，似乎从未停止过，尽管有时候上汽会对外发布“劳资双方达成共识”的消息，但总是昙花一现，随即又转入激烈斗争。上汽经营者对于处理劳资关系有所准备，但他们万万没有想到，强势工会带来的无休止的斗争，成为双龙始终真正站立起来的重要原因。

业内人士也不得不承认中韩两国在这一环境上的巨大差别。双龙工会有多强？从一些基本数字可见一斑：双龙工会隶属民劳总下的金属支部，根据工会与公司（上汽收购前已经签订）的协议，所有代理以下员工都必须加入工会，否则可除名。现有工会成员约 5200 名。工会每两年通过选举产生工会执行部，是工会的最高权力机构。工会除执行部 11 人以外，加上昌原发动机厂和销售支部总计名义脱产人员 66 人，再加上由现场各生产线选举的工会代议员，实际脱产人数超过 150 人。事实上，由于工会成员经常参加上级组织的各种社会活动，实际脱产人员（按离岗时间算）远远大于该数。这些脱产工会成员不仅拥有极大的与公司斗争的权利，公司还得向脱产干部每月每人提供 65 小时的加班费，还向工会提供 28 辆业务车辆及其包括汽油费在内的油费补贴和过路费等。不仅如此，公司还向工会提供大面积的办公室，并承担其所有办公费用。

据了解，工会每年一次与管理层就当年的增资进行谈判。每两年就福利内容进行一次谈判。而每次工会提出的要求一年比一年高。除了每年固定的人均 3%“自然升格”的工资增长外，每年都提出 10% 以上的工资增长要求，其结果是双龙公司目前每辆车的人均劳务成本占单车销售价的 20%，远高于 8% 的国际水平。可对上汽而言，有效整合的最重要方面就是要降低生产成本，提升公司效率，这自然形成不可调和的矛盾。在双龙，哪怕是对于生产线上工人的不同配置都难以实现。不征得工会同意，同样岗位不同生产线的工人不能调动，某条生产线任务不足，工人哪怕无事可干，公司也不能将他们安排到生产任务饱满的另外一条生产线工作。

记者 2006 年去韩国双龙采访时，正值双龙的“玉碎罢工”刚刚结束，但当时罢工带给企业的冲击是巨大的，让刚刚结束的“百日整合”几乎前功尽弃，一下子耗尽双龙经营层的全部精力。在那场所谓“宁为玉碎，不为瓦全”的斗争中，双龙工会将公司主楼大厅的玻璃全部砸碎，并用红漆在墙上地上乱涂。谈判中，工会干部曾粗野地用烟灰缸砸代表理事，还封锁和冲击董事会会场，使董事会无法按计划进行，并将代表理事围堵在 37℃露天高温下曝晒几个小时。“玉碎罢工”长达一个多月，影响整车销售 11000 辆，损失利润约 640 亿韩元。

在中国记者的眼中，确实很难理解韩国的工会文化。有时甚至韩国部分民众，都感到了工人运动对于经济和社会的巨大消耗。

据统计，全韩国每年发生 11000 多次工会组织的罢工或游行，参与人员多达近 400 万人。新加坡前总理李光耀在访韩演讲中也曾直言不讳："我看到戴着口罩的工会成员和防暴警察这样打仗，如果把这种力量转向攻占世界市场的工作上，韩国一定会进一步发展。"作为中国在韩最大投资者的上汽，也饱受伤害。

2006 年 5 月 29 日韩国最大媒体之一朝鲜日报曾发表社论，题目是"韩国劳动运动天下无敌，没有企业能与之匹敌"，这是对韩国工会现状的最真实写照。

上汽入主双龙之后，劳工运动也曾起起伏伏，但有一点很明显，劳工运动激烈时，公司经营瘫痪，无法正常开工，损失惨重；劳工运动缓和时，公司经营正常，整合措施发挥作用，可往往刚有成效，又被劳工运动"腰斩"。

上汽双龙经营层在每次谈判中，都做出了相当的让步，对于韩国文化中的劳资关系的重要性，也努力去适应和理解，设身处地力求融入劳工群体。2006 年，记者在韩国采访时，在"玉碎罢工"期间，中方高层保持本色，既坚持原则，又平易近人，态度谦和。他们知道，必须真诚地传递一个信息：中方高层和韩方员工不是生死对手，而是双龙汽车"家"中的一员。首席副社长张海涛参加了近 10 次韩国员工家庭的生日聚会、婚典丧礼。在韩国员工家人逝世的灵堂前，他按照韩国习俗——下跪祭拜；在员工小孩庆生的派对上，他笑容满面，送上祝辞。主管采购的副社长沈剑平每次从上海到首尔，总会带上 12 岁儿子画的画送给韩国同事，画面的花鸟虫鱼样子很幼稚，却让韩国同事从中读懂：家庭和亲情，无论在韩国还是中国，都一样重要。

2006 年"玉碎罢工"之后，上汽通过艰苦的谈判，取得了工会的合作，当年的工会执委会成员也曾参观上汽在上海的工厂，亲眼看到了上汽工厂的先进生产和管理能力，双龙工会将 2007 年确定为“无罢工年”，这样的环境下，双龙在 2007 年取得了不错的发展业绩，在实现销售 13.2 万辆的基础上实现扭亏为盈；好日子一直延续到 2008 年下半年，就在 2008 年 8 月，韩国双龙汽车达成的 2008 年度劳资谈判协议还很有建设性，劳资双方发表了共同宣言，表示将共同努力，团结一致，通过提高产品质量、改善成本结构、提高客户满意度，实现公司的长期发展。可谁又能想到，协议达成后不久，工会在 2008 年底换届之后，和平共处的局面又宣告结束，一些莫须有的罪名再次被工会扣在上汽经营层的身上，打着“反对上汽技术转移”、“决不让上汽窃取新能源开发技术”等等幌子，让劳资关系再度恶化，最严重时，去年 12 月发生了工会执行部堵截中方管理人员的车辆，并提出搜查的非法要求。在遭到中方人员的严辞拒绝后，抢夺电脑，并将 5 名中方人员扣留 7 个多小时，公司管理人员对其人身安全也深感忧虑。这些无谓的争端，使上汽双龙被拖上危险之路，加上全球金融风暴的来临，自然让双龙原本羸弱的身体耗尽心血，变得积贫积弱了……

一个让人难以理解的争端

【引言：韩国国民普遍对中国的崛起心态十分复杂，既想分享中国市场的快速增长红利，又担心中国的高速发展会抢夺韩国在国际市场上的份额**】**

许多疑问，始终困扰着关注上汽双龙的记者们，更确切的是，许多看好上汽这场并购的媒体记者，总是想不通：为什么会有这么多的因素来阻碍这个中国企业海外并购新生命的成长，让一贯以并购见长的上汽显得无奈？当记者细察这些原因时，也感到是满头雾水。

在多次劳工运动中，“技术外泄”都成为一根导火线，它让上汽的每一次技术协同的努力，或者说共同开发的尝试，都被扣上了最不友好的帽子，而被迫放慢脚步，甚至停顿下来。

在“玉碎罢工”之前。2006 年 6 月，韩国市民团体曾向法院起诉针对双龙公司的“技术泄密”，经过持续时间长达 6 个月之久的调查，最后法院的判决结果是“无嫌疑”，“技术泄密”也成为“玉碎罢工”中工会煽动情绪时最有力的幌子。

而当双龙形势慢慢好转时，2008 年 3 月 4 日，《韩国日报》刊登文章，怀疑上汽将双龙汽车公司的技术转移到中国，3 月 5 日又有 8 家中小媒体进行了转载。报道登出后，对双龙造成较大的影响。但一些知情人分析，从时间上看，该报道发布于 3 月 4 日，双龙刚刚发布新车 Chairman W，不排除竞争对手蓄谋策划恶意攻击，以达到诋毁新车上市效应得目的。从内容看，报道内容与以往出现过的内容基本相似，没有什么新意和有力证据。

更严重的诽谤从去年下半年开始，2008 年 7 月 4 日，韩国首尔地区检察院对双龙平泽工厂进行突击搜查，扣留了部分人员的电脑和个人记事薄，并极不负责任地向媒体公布了这次搜查过程，使“技术流出事件”骤然成为当时韩国媒体最关注的事件。之后的 6 个月中，检察院先后对双龙公司 12 名相关人员（中方一名、韩方 11 名）进行了 37 次的传唤、盘问（有员工接受了 11 次的高强度传唤调查）。有 10 名高管被限制出境，至今仍有 4 名高管（中方 1 人、韩方 3 人）被限制出境。由于双龙新产品开发的部分高端内容需在欧洲进行，长时间无法出境严重影响了新产品的开发进程，一些中方高层的身心受到严重伤害，连回中国探望病重家人的权利也被剥夺，而韩国有关方面至今未给出结论或者解决该问题的时间表。

“技术泄露”的说法无奇不有，不仅牵扯到双龙现有的 SUV 技术，也牵扯到面向未来的混合动力技术。去年下半年以来，所谓“泄露混合动力技术给上汽”的谣言四起，可实际上，上汽开发的是汽油混合动力技术，双龙开发的是柴油混合动力技术，两种技术路线不尽相同。上汽和双龙在混合动力控制系统方面使用的是同一家供应商——欧洲的 FEV 公司，三方的技术人员仅仅在产品设计概念方面进行了交流而已，根本没有涉及到实质性的开发内容。从产品开发的过程来讲，成熟技术的标志是有量产的产品上市，双龙受开发资金的制约没有持续进行混合动力汽车的开发，更谈不上拥有混合动力汽车方面的成熟技术。

这些事件发生后，双龙公司立即发表严正声明，坚决否定了所谓的“技术流出”。双龙中方管理人员向中国驻韩使馆汇报。作为双龙大股东的上汽集团也在第一时间、发表了相关声明的同时，立即向上海市政府有关方面作了汇报，并通过市政府向外交部和商务部作了汇报。中国外交部和商务部与韩国外交通商部、知识经济部数次进行了严正交涉，两国的高层领导也对此事高度关注。上海市政府向韩国驻上海领事馆表明上海市政府的立场，希望韩方能严肃对待此事，尽快公平、公正、透明地解决好此事。

上汽集团还专门派出 2 位副总裁带队的团队专程赴韩国约见韩国外交通商部和知识经济部的主要官员，再次表明上汽对此事的严重关注和此事可能对双龙发展造成的极大伤害与严重后果。被工会和韩国媒体恶意炒作的“技术流出”事件，由于韩国检察院的介入并迟迟未有定论，给双龙股东上汽股份和双龙公司已造成不可挽回的巨大损失。然而，这些努力的作用是有限的，在不信任的心理作祟下，双龙的新品开发受到很大影响，原本可能产生的协同效应始终得不到发挥。

平心而论，作为中国汽车领头羊的上汽，难道技术真的落后双龙 10 年、20 年么，需要不择手段地盗取技术吗？无疑，稍稍了解中国汽车工业的人会知道，如今的中国汽车工业，在合资 20 多年之后，已经有了不错的技术积累。

在上海，泛亚汽车技术中心、上海大众汽车技术中心等等，都有着较为雄厚的实力，特别是在整车设计、车型改造等多个方面，帕萨特领驭、新途安、新 POLO 以及通用别克当年君威、别克陆尊等改款的成功，都显示上海汽车的设计水平上并不弱，包括德国大众等“顽固派”和“高傲派”，在最近3年来都开始信任中国的设计水平，放手让上海大众进行车型开发而不加以太多干涉，因此，说上汽的技术比双龙弱，似乎无从谈起。当然，两者的技术是具有互补性的，双龙擅长SUV，上汽在轿车领域见长，双方的技术融合是可以产生协同效果的，但要融合，就少不了共同探讨技术问题，如果每一次探讨，每一次分析，都要背上防止技术外流的压力，又如何开展工作呢？协同效应又如何发挥呢？

其实，步入21世纪的全球汽车工业技术日新月异，双龙，作为韩国第五大汽车制造商，它的SUV技术已落后于一些国际巨头，惟一见长的柴油车技术也在最近几年消耗中优势殆尽，如果不再通过多种方式迎头赶上，更将错过宝贵的市场机会，特别像中国这类高速成长的市场机会。

可这一点，似乎始终在韩国并没有达成共识。

奇怪的是，2002年通用汽车并购大宇之后，完全利用了大宇在中小型车型上的品种和技术，并把诸多车型进行改造后引入中国市场，取得巨大的成功，从本质上看，这与上汽利用双龙技术在中国生产SUV的过程是一个模式，但为何通用汽车就能并购顺利实现，上汽就会激起如此困难呢？熟悉韩国的专家都普遍认为，这其中可能存在通用汽车更妥善和成熟地处理技术外流问题，但一个很重要的背景是，被美国通用并购，韩国企业和民众心服口服；被中国企业并购，却很难想通。

说得更简单一点，如果是美国企业并购双龙，就不会让韩国人担心技术外流，因为他们相信美国人的技术更先进，但中国企业恰恰相反。

上汽相关负责人表示，从大环境看，随着韩国在全球国家竞争力排名的不断下滑，韩国国民普遍表示担忧，特别是对中国的崛起，心态十分复杂：既想分享中国市场的快速增长红利，又担心中国的高速发展会抢夺韩国在国际市场上的份额。韩国工会包括双龙工会，更利用国民这种心态，向外来投资者，特别是上汽施加压力，以索取他们在双龙公司的利益。

一些学者也认为，韩国政府出于政治因素考虑，对中国的指责近年来也呈上升趋势，对所谓技术流出事件睁一眼闭一眼，从不作正面引导，造成对于中国企业技术流出的指控更多了。

直至今年 1 月，上汽无奈之下放弃控制权，让双龙开始进入“回生程序”后，韩国媒体还是更多将矛头对准中国企业，认为上汽“吸取技术后退出”是“过河拆桥”。双龙工会也认为上汽是在吸取技术后“金蝉脱壳”，可稍有常识的人也可以算一算，上汽从最初 5 亿美元购买股份到之后的注资，整个投入早已超过 50 亿元人民币，难道这么大的花费后，上汽仅仅就是为了获取一些技术图纸吗?

其实，始终以技术外流为幌子来阻扰深层次的整合的做法，在韩国之内也有着不同的看法，随着双龙日益陷入危机，一些媒体也开始反省韩国人本身的高傲情结。

2009 年 1 月 20 日的韩国《中央日报》上有这样一篇报道：

2005 年上海汽车收购双龙汽车是看中了技术，这是人人皆知的事情。问题的核心就是，是不是以合理的技术转让费得到技术。到现在为止关于技术流出仅仅停留在“主张和据说”而已。

汽车不像半导体和导弹那样，属于高科技产品。新车设计图和技术，只要在市场上出一些费用就可以买得到，高科技配件只要把配件公司整体买下来就可以了。谁都可以做，但在“做得既便宜又好”上决出优劣，就在这方面有难度，所以说不是任何人都可以涉足汽车行业，也就是说中间环节技术上的空白让人无法涉足。

有人主张，上海汽车通过双龙汽车公司内网将双龙汽车技术整体转移走，但是假设上海汽车买到奔驰设计图就能造出奔驰车吗？设计图里的核心就是相应企业的经验。如果经验没有被传授的话，那仅仅是设计图而已。如果双龙汽车负责新车开发的数十名工程师整体转移到上海汽车的话，那就是确实无疑的技术流出。奇瑞之所以能够造出仿造 MATIZ 的“QQ”得益于挖走了大宇汽车核心开发人员。据说，现在在中国很容易就能弄得到老款韩国车设计图。

是啊，如果仅仅是为了获取双龙的技术图纸，何必耗费 5 年时间，花费超过 50 亿元人民币呢？或许在最开始进行单一的技术合作，就能够达到目的，何苦如此麻烦！

一次前途未卜的回生

【**引言**：目前双龙汽车拥有的现金流尚不足工厂一个月的运转费用。双龙的许多问题似乎已积重难返。】

“我们已经失去耐心呢？长达 5 年的拉锯战，始终没有得到好的结果，上汽已经不准备再继续注资双龙，不会再有新的投入，但我们依然会尽力维护现有的出资人权益。”上汽公关部相关负责人这样表示。

难道就这样放弃吗？对于上汽高层而言：这不能说是轻易放弃，而是坦然承担海外投资中巨大风险。

在 2008 年上汽年报中，已经对于投资双龙可能造成的数十亿元损失进行了计提准备。“既然是对外投资并购，就有风险，有失败的可能，我们必须理性面对，除非有奇迹发生，否则我们没有精力耗下去，因为那样将付出更大的损失”。

2 月 6 日，韩国首尔中央法院支部批准双龙汽车的接管申请，并提名双龙汽车企划财务部部长朴永台、现代汽车海外部门前总经理李裕一为法定管理人接管双龙汽车。他们将成为双龙的管理层，第二天，已经停产 11 天后，双龙汽车位于韩国平泽、昌原两家工厂的整车生产线于 2 月 4 日重新启动。韩国汽车界分析认为，此举表明了法院的一种决心，与清算资产的做法（对资产进行分割销售后回收债权），让双龙汽车继续生存，寻找复苏机会的做法更为迫切。

可目前双龙汽车拥有的现金流约达300亿韩元，还不足工厂一个月的运转费用。按照计划，这两位共同管理人将制订复苏计划，并在得到法院的批准后，全面开展拯救工作。但制订计划就需要4至6个月。从这两个人的背景看，的确对双龙复苏有一定帮助。但这些做法还是没能切入问题的关键，毕竟，双龙的许多问题似乎已积重难返。

著名汽车评论员钟师认为，双龙的工会这么搅和，以后会把所有的境外收购者都吓跑。中国也不会有第二个企业敢做这样的事情。西方所有的发达国家汽车产业都自身难保，所以不可能出现新的救星，即使有救星也不会跑到双龙这个坑再把自己陷到里面。

或许，在上汽撒手不管之后，韩国政府和债权银行的态度将是最重要的方面，但如果救双龙，其他汽车公司需不需要援助，更多的其他行业企业是否应该援助，都是摆在韩国政府前的问题，而对于上汽和诸多正在走出去的中国企业而言，不论双龙未来如何，5年拉锯战中所体会到的酸甜苦辣，都是一段值得深思的历史……

此文刊登于2009年第3期《新沪商》

上南合作

上汽南汽的合作，起因是为自主品牌，但绝非仅仅为一款产品可以囊括。在中国区域化行政体制之下，要实现两个省份龙头企业的合并无疑是难上加难。“为什么要并”、“谁吃了谁”，“新班子谁为主”、“原有班子如何安排”、“员工如何交代和安置”，“利税未来如何分配”等等，这些问题，远非仅仅依靠资金就能解决。上汽南汽合并过程中长袖善舞，上汽不仅贴心地解决了南汽领导的面子问题和心理情绪，更加充分整合自身以及合资伙伴资源，全面接管和改造南汽的几大工厂，时至今日，无疑都算是国内汽车企业和龙头企业合并的典范。从面子到里子的一揽子解决方案是值得后来借鉴的。

图为 2007 年上汽南汽合并媒体见面会，打出“全面合作融为一家”的口号。

上汽南汽：演绎长三角新故事？

“化干戈为玉帛”的故事，正在上汽和南汽之间上演，每一段故事的情节，都在中国汽车史独一无二，颇有传奇色彩，甚至可以写成章回小说。

换一个角度看，他们之间的故事，将成为长三角之间汽车工业、乃至整个制造业从分庭抗争到联姻合作的一个样板。

“上汽与南汽如果能走到一起，今后长三角的联动，还有什么合作不能谈”，在记者的采访，不止一次听到过这样的评论。

百日之变

2007 年 7 月 27 日，周五。

正当人们卸下一身的疲惫，准备轻轻松松过周末之时，上汽和南汽共同向外界发布了重要信息——上汽将与南汽携手。

新闻稿比较简单，只有不到 700 字，但其中明确，根据合作意向书，上汽集团和南汽的控股方——跃进集团将本着全面合作的原则，成立联合工作小组，探讨双方在整车、汽车零部件、汽车服务贸易等领域进行全面合作的可能性和方案，以及相关的资产重组工作，以实现上汽与南汽的全面融合。

新闻稿中没有透露具体合作项目、股权安排等，但“全面融合”四个字，足以显示出两者不是简单的项目上的合作，而是涉及多个领域、多层面的联合。

“全面融合”四个字得来不易，却又可谓神速。

就在 100 天之前，也就是 2007 年的 4 月 18 日，没有任何人会想到过，上汽和南汽将快速地走到一起。之前，他们之间的战火硝烟几乎遍布整个中国汽车市场，各自打造的自主品牌荣威和名爵，短兵相接，不可开交。就连沪宁高速江桥出口处，上汽荣威广告牌早早挂在收费出口的上端，而半年前，两侧的广告牌竟然被南汽名爵占领，大有夹击之势。

事件的转机发生在 4 月 19 日。这一天上午，上汽召开上海车展新闻发布会，介绍他们参加上海车展的相关信息。上汽董事长胡茂元、上汽总裁陈虹等高层悉数到场。

整个新闻发布会的大部分时间索然无味，毕竟，对于上汽集团这一中国汽车龙头企业而言，老记们都十分熟悉。可就在快要结束时，一位记者抛出了最敏感的问题："南汽名爵在本次车展上也大造声势，您如何看待上汽荣威与南汽名爵之间的竞争？请问上汽荣威和南汽名爵将来会不会有合作的可能性?"

老记们并不奢望上汽有明确的回答，台下议论声不断，"这个问题，问也是白问，肯定得不到正面回答"，

可让大家跌破眼镜的是，上汽董事长胡茂元并没有打"打太极拳"，用外交辞令把这个问题敷衍过去。却一下子情绪激昂，语气铿锵有力：

"今天，我作为上汽集团的法人代表，很认真地告诉大家，我们希望联合，就是为了中国汽车工业的发展，为了国有资产的高效运作，这对中国汽车工业有益，对消费者有益。而且我们也有可以联合的先例，比如我们共同建立的华东泰克西铸造项目，现在已经是满产满销，运行得非常好，国家也是非常支持这样的联合。"

他有些动情地说：正像媒体前一阶段告诫我们的："本是同根生，相煎何太急"。我们觉得讲的很正确，我们上汽非常愿意和南汽友好协商，毕竟合作来自于双方的努力，上汽合作的大门始终是敞开的，也相信我们和南汽可以妥善的处理好这件事，提高国有资产的运作效率。借此机会，我也向广大媒体呼吁一下，希望媒体能多讲有利于合作的话，多做推动合作的事。这样做，最终受惠的是中国汽车工业整体实力的提高。"

对于这样大胆而明确的表态，在场的所有记者都感到吃惊。当天中午，在与几位核心媒体记者的采访上，胡茂元轻声告诉记者，上午的表态不是一时的冲动，对于这个问题，上汽已经向国家发改委作过汇报，得到了他们的支持。“这样的话，我们是不会随便说的。”

在这之后，上汽和南汽之间的联姻能否成功，以至于也被媒体公认为是上海车展产生的最大悬念。

而在上汽抛出绣球几天后，南汽的表态曾一度很含糊：

南京名爵（MG）汽车有限公司副总经理、销售公司总经理杨军虎表示：作为 MG 名爵来讲，在今后的整个营销和今后的操刀手来说，我更会根据王浩良董事长既定的走中国汽车工业的第三条道路，走好我们的路，做好我们的事，至于其他方面的合作我们公司的高层会有决定。

直到 50 天之后，2007 年 6 月 7 日，南汽的董事长王浩良才公开表示：“南汽近年一直在寻找合作方，南汽可以通过国有股减持方式引进战略合作者，并希望合作能在集团层面而不是在项目层面展开。南汽与上汽没有势不两立的地方，南汽从未关闭与上汽合作的大门。”

7 月 12 日，上汽乘用车公司原本计划的媒体参观荣威宝山发动机厂和仪征工厂的计划和专访老总的计划被临时取消，且事发突然，是前一天晚上 10 点才通知媒体说，第二天的活动全部取消。其公关部负责人一再抱歉：“我们也不想这样，都准备 1 个多月了，因为公司领导明天要陪上汽高层出差。”当记者追问为何领导如此急着安排出访时，对方回答“自然是大事情，没有办法，否则不会这么急”。

这让敏感的老记们感到，上汽、南汽合作之事已箭在弦上。

其实，资本市场上的嗅觉验证了这一“百日之变”。上海汽车 600104 的股价在 4 月 18 日时收盘价格为 13.4 元，而到 7 月 27 日上汽与南汽签署合作协议时，已经涨到了 23.8 元，上涨幅度达到 77%。期间，5.30 大跌几乎对上海汽车没有什么影响，而推动上汽这一大盘股上涨的主要原因，大多归纳为："业绩喜人，有并购预期"。

三角之恋

100天的变化，并不是故事的全部。

上汽和南汽，都是长三角的重量级企业，沪苏两地政府的掌上明珠。而让他俩从朋友，走向对手，如今又再次走回到一起将结拜兄弟的，是一场远隔万里的"三角之恋"的故事，这在中国汽车工业史上前所未有，三角之恋的另一中心，是有着百年历史的英国汽车企业——MG罗孚公司。

故事的情节，如今业内都略知一二：

上汽和南汽都在积极发展自主品牌，又都选择了从国外购买资产或技术来发展自主品牌的方式；选择过程中找到了同一家并购对象———英国MG罗孚集团；由于罗孚的一女二嫁，上汽购买了MG罗孚的主流车型技术平台，南汽则在罗孚破产后的资产拍卖中胜出，获得了包括发动机生产线等主要资产。这之后，从去年底到今年初，上汽和南汽分别在MG罗孚的产品平台上开发出荣威和名爵。自然而然，当两个品牌和产品开始面向市场时，比拼在所难免。

有人要问，自主品牌的道路很多条，为何上汽和南汽都看中了通过跨国并购来打造自主品牌这一条路，又为何都选择了英国MG-罗孚汽车呢？而且一段时间闹得不可开交呢？

仔细想想，这其中并非偶然：

一则，对于两个大汽车集团而言，打造自主品牌不容易。"中国企业在底盘和发动机两大技术上不过关，靠自己来研发自主品牌，是不现实的。"而为了掌握对品牌和技术的控制权，只有通过跨国并购才可能实现，英国MG-罗孚，有着从轿车到跑车的系列产品线，有着完备的技术和车型积累，而且从资产规模的大小来看，也比较适合，这样好的买卖，自然不能错过。就如同南汽收购资产时表示，“当我们步入 MG-罗孚在长桥的工厂时，我们不敢想象这是一个破产企业，厂区秩序井然，生产线上的设备精良，只要 1、2 天时间就可以恢复生产。”

二则，在收购罗孚的过程中，上汽与南汽之间关系扑朔迷离。上汽和南汽在两年前开始并购罗孚的过程中，也出现过合作可能。2005 年 2 月，曾有过上汽南汽将联合收购罗孚的消息，甚至明确南汽将在中方收购中占有 30% 的股权，可这之后，由于种种原因两者姻缘告吹，上汽准备单干。上汽在收购中采取分段实施战略，以期降低收购成本，剥离不良资产。上汽先期成功收购罗孚的 75、25 等产品平台和发动机技术。而在罗孚正式宣布破产之时，上汽本计划收购罗孚的资产，可就在这时，南汽也加入进来，展开收购战，最终南汽以“无任何附加条件”的收购协议赢得其罗孚汽车托管人普华永道的青睐，用 5000 多万英镑的价格，收购了其整车及发动机公司的资产。

后来有人确实，在上汽的收购资产协议中，提出了三个附加条件，“既要求分期付款”、“对可能涉及的知识产权问题作出承诺”和“对当地生产基地的环保问题作出承诺”，无疑，对于普华永道而言，虽然他们深知上汽的实力强劲，但三个附加条件感到如梗在喉，吃下去不爽，自然选择南汽。

“我们没有想到，资金困难的南汽，会一次性付款收购，看来他们也是豁出去了”，上汽有关人士这样告诉记者。

就这样，两家长三角的汽车龙头的关系，在英国罗孚的收购战中有些“反目成仇”的味道。

以和为贵

7 月 27 日双方共同公布合作意向之后。许多人在纳闷，为何两大企业集团，说分就分，说和就和，如同“小朋友过家家”一样。

内情的人都清楚，它们之间这次携手，反映的不仅仅是两个企业之间的关系，同时也是沪苏两地政府、整个长三角经济的微妙变化。

在今年 7 月 27 日上汽和跃进集团签约的新闻稿中，有一句话引起关注：

“双方有关合作的探讨符合国家关于长江三角洲区域经济合作的指导方针，符合汽车产业发展政策，符合双方业务发展需要，双方有关合作的探讨，也得到了两地政府的支持。”

在汽车行业这一充分市场竞争的领域中，新闻稿中很少出现如此行政味道浓厚的表达，这无疑说明，双方的合作，不是简单的企业行为。

回顾签约之前，坊间一直流传着双方政府对此事高度重视、积极促成的种种努力：

6 月初，上海市委书记习近平视察上汽时，专门询问了上汽与南汽合作的进展情况。

7 月 24 日—26 日，上海市委书记习近平、市长韩正更是率领庞大的党政代表团，考察江苏省。

就在上海代表团考察结束后的第一天，上汽集团和跃进集团的签约的消息就公布出来。如果没有政府的支持，合作不可能这样快。

同样，站在更广阔视角上，这是长三角一体化的重要一步，也是必须的一步。

据了解：5 月 15 日，国务院总理温家宝在上海主持召开长江三角洲地区经济社会发展座谈会。就长三角地区经济社会发展进行讨论，提出意见和建议。

温家宝强调，今后一个时期要着力抓好长三角地区推进产业结构优化升级，加快转变经济增长方式，推动重大基础设施建设一体化，避免和减少重复建设，提升区域合作功能和效率等等。这等于明确无误地提醒沪宁两地的领导，南京和上海同属长江三角洲，各种产业包括汽车工业的结构，要优化升级避免或减少重复建设，最好的办法就是强强联合、优势互补。

荣威和罗孚的纷争，已是路人皆知了，如果连这个很明显的重复建设问题都不解决的话，将来两地领导谈合作，向中央汇报长三角互动，又有什么可以说。

更何况，对于两家企业而言，分兵作战的确造成了巨大浪费。

从投入来看，这种重复建设以亿元，甚至 10 亿元来计算。上汽购买罗孚 75、25 及发动机技术的耗费达 6700 万英镑，之后又宣布将在自主品牌建立初期投资 36. 8 亿元人民币，生产规模为年产整车 12 万辆和发动机 17 万台。相比而言，资金实力略有逊色的南汽集团，发展名爵可谓不惜血本。先期以 8 亿元收购了 MG 罗孚及动力总成公司的全部资产，之后确定的 MG 名爵项目设计为 20 万辆整车、25 万台发动机、10 万台变速箱，总共所需资金为 35 亿元，目前到位的资金只有 18 亿元。双方都砸了这么多钱，可他们各自生产的第一款车中，许多部件是可以互换的。

当然，还有人说，在中国，重复建设的问题比比皆是，让上汽南汽这么快合作，还另有缘由。

一个说法是荣威发动机的国产化遭遇很大困难，如果不能短时间顺利扩大国产化产能的话，荣威产量的提升将成为一句空话。对于这样的说法，上汽乘用车公司负责人明确否认，并就在市场传言出现之时，对外发布了其宝山发动机工厂产量突破 1 万台发动机的消息，以正视听。

但业内人士分析，荣威在上市几个月之后，产量始终没有能够扩张，只能达到每月 2000 辆左右的水平，其最大的原因估计还是在发动机的配套上，因为对于汽车工业而言，发动机的生产是难度最大、技术含量最高的，也是整个汽车的心脏，上汽虽然购买了其发动机的图纸和知识产权，可要知道，从图纸到完整生产线，绝不容易，也绝不是咬咬牙、拼命干就可以解决的问题。

然而，上汽荣威所缺少的，正是南汽名爵所拥有的。

南汽收购罗孚资产之后，不惜血本，在 3 个多月时间内，用 4000 个集装箱将罗孚完整的发动机生产线和部分整车生产设备运回到中国，这个发动机生产线，能够生产 4 缸直列和平行 6 缸发动机，是国内最领先的发动机生产线。如果能借助这条生产线，上汽荣威的发动机问题就可以很好解决。或许，这也成为上汽主动抛出绣球所考虑的原因。

当然，相比上汽仅仅在荣威发动机上遇到一点困难之外，南汽集团则可以说早已病痛缠身。此时更需要上汽扶上一把。

南汽从中汽划归江苏省之后，江苏方面一直想依靠南汽来发展自己的汽车工业。由于南汽起家的跃进品牌在市场上被江淮和福田打压得很厉害，凌野重卡推出的市场时机又不是太好，再加上依维柯项目所涉及的商用车领域增长缓慢，南汽不得不将解困的突破口定位在轿车项目。

在轿车方面，南汽一直与菲亚特进行合资。但这种合作并不顺利，合资公司错过了中国汽车业 2003—2005 年的井喷时代，菲亚特对合资公司的状况十分不满，而南汽也进入了历史最困难的时期。2004 和 2005 两年，南汽亏损近 5 亿元。南汽旗下的四家整车企业，即跃进、依维柯、菲亚特和新雅途，除了依维柯，其余皆处于亏损状态。这也成为中国汽车井喷时期的唯一一直亏损的大型汽车企业集团。

2005 年 4 月，王浩良从南京市委副书记任上空降南汽，担任集团董事长一职。仅仅一个月后，南汽做出了收购英国罗孚的决定，显然是希望通过罗孚项目重振南汽。

然而，无附加条件的大规模资金收购罗孚，对于南汽而言相当吃力，在收购完成之后，后期的资金捉襟见肘。今年两会期间，王浩良就呼吁，希望能够获得国家资金扶持，资金需求量在 20 亿—30 亿元。

同时，南汽如今在跃进、依维柯、菲亚特和新雅途等多个下属子项目上，也都需要整合提升，否则的话，成为一个个窟窿。要整合提升，必须要资源和资金。

这些，上汽有。

分分合合之后，双方都感到了以和为贵的重要性。

因此，我们在上汽和南汽的合作意向书上看到，双方的合作不仅限于荣威和名爵之间的合作，而是扩展到了诸多方面——“双方进行探讨的基础是合作要有利于整合双方资源，加快自主能力建设；有利于减少固定资产投资，提高资产利用效率；有利于实现双方企业资源的优化配置，获得在研发、采购、生产、销售等方面的协同效应；有利于丰富产品结构，提升自主品牌价值，从而实现双赢。”

跨过壁垒

“上汽与南汽如果能走到一起，今后长三角的联动，还有什么合作不能谈”，这句话，记者在采访之中不止一次听到，无疑，上汽和南汽的合作如何能跨过行政区划的壁垒，让两个企业、双方政府都满意，将是长三角的一个很好实践。

要跨过这个壁垒，并不容易，有两条路，摆在面前：

一条是：上汽控股南汽，这样做，思路清楚，以上汽为主导，并购之后，上汽处于绝对领导地位。另一条是：上汽和南汽融合，这样可以最大限度保留原来双方公司的骨架，采取国际曾有过的“戴姆勒·克莱斯勒”模式，但在中国，人事权和财权往往决定一切，如果双方在这两大问题上不统一，不能由一方来绝对控制，这样的融合，只能越发混乱。

第一条道路，是目前比较好的途径，但问题上，如何在控股的过程中，让两个企业、双方政府都感到满意、高兴，其中还需要很多技巧。虽然上汽处于上风，但并不代表上汽能轻易吃掉南汽，因为这不是简单的市场并购，股权比例、人事管辖权、利润分配方案等等，所牵扯的都是两地的经济利益。

有传闻说，上汽提出如果控股或收购南汽，依然将南汽的 GDP 和税收留在江苏，这无疑是能够博得当地政府更多的支持的方式之一。

应该说，上汽在并购和整合国内企业上有一定的经验，并且成功地进行了企业改造。

早在 5 年之前，上汽与通用联合收购烟台车身厂的时候，就力图打造异地并购的新模式。

在当时的签字仪式上，山东省领导的一句："不求所有，但求所在"的话引起共鸣，与以往国内汽车界重组不同，那次转让中的原股东方——山东烟台没留下一份股权，将山东烟台车身厂全部无偿转让给上汽和通用。

原因很简单，对于山东而言，转让烟台车身是汽车工业调整的重要一步。烟台车身从 2001 年 1 月兴建，投资 9 亿元，今年开始生产大宇蓝龙轿车。然而，大宇蓝龙轿车难以闯荡市场，今年仅卖出 200 多辆。寻找国内的新娘家，成了山东汽车突围的最佳选择。更何况，在烟台车身背后，是更大规模的山东大宇零部件项目。1997 年，山东省与韩国大宇合资建设山东大宇零部件项目，总投资 78 亿元人民币，包括设在烟台的大宇汽车发动机公司和威海等地的山东大宇汽车零部件有限公司，是国内最大的零部件项目。可"天有不测风云"，在亚洲金融危机打击下，大宇汽车破产，山东大宇项目也被迫停产。为了让大宇的发动机和零部件获得新生，烟台才自己投资建立烟台车身。

应该说，五年前山东"不求所有，但求所在"的思想，和上汽与通用在收购之后的成功运作，使得山东的汽车工业焕然一新。如今，在烟台，并购后成立的上海通用东岳汽车公司，不仅成为了通用雪佛兰品牌的生产基地，年产量达到 10 万辆，而且也一举从亏损企业变成当地的明星企业、纳税大户。以此为契机，上海通用还整合了山东其他地区的汽车零部件企业，并在当地建立了庞大的汽车零部件园区，得到了当地政府的大力支持。

五年来，无论是柳州五菱、烟台车身、山东大宇、沈阳金杯等等，上汽参与的整合都比较成功，成动的模式，都是上汽拥有控制权，决定企业发展和人事、车型选择；通过搞好搞大企业，带动当地的税收、就业和经济发展。

显然，上汽收购烟台车身厂所采取的模式，无法简单复制到南汽身上，因为南汽规模、体量和关系复杂程度，都是烟台车身厂所不能比的。

因而，由于双方协议更多的是用融合二字，不少人也在猜想，双方是否可能采用第二条路，即“戴克模式”来达成一致。

所谓“戴克模式”，简单来说，是双方以全部资产估值，将估值后的资产注入到一个新的公司，合资公司的股比，则是由双方资产的估值决定。这实现了双方的合作，两个公司各自有一定独立性，也保留了各自品牌。由于 1988 年戴姆勒奔驰公司与美国克莱斯勒公司合并，一定程度上也采用这种模式，因而被称为戴克模式。但这个模式的最大弊病，就是许多问题没有在合作中达成统一，由于缺乏强有力的领导核心，使双方依然存在各自为政的机会，削弱整个合作的基础。今年，戴克在合并 9 年后正式分家，也让这种模式遭到越来越多的诟病。

当然，对于双方的合作，还是有不少人持有乐观态度，因为脱开汽车产业，上海和江苏之间大企业的并购和联盟，也有过先例：

1998 年，宝钢吸收合并了位于南京的梅山钢铁公司，当时，梅山是作为无偿划拨的模式给宝钢的。这次合并十分成功，不仅第二年就让梅山等老企业扭亏为盈，而且通过整合后大大提升了宝钢的整体竞争力。

时任宝钢集团总经理的谢企华曾表示，国资战略重组能否成功，四个方面很重要：一是企业并购必须以企业的整体战略为指导，以竞争优势为基础。二是整合竞争要素，围绕企业核心竞争力，通过优化配置并协调运作，达到“优势互补、资源共享”。三是剥离不相关业务。并购所获取的资源未必都是需要的，必须对不相关业务进行剥离，突出主营业务和核心竞争力。四是通过并购融合更新企业核心能力。仔细一想，上汽和南汽之间的合作，或许也必然也在这四个方面下功夫，才能突破阻力，取得成功。

尽管困难重重，但上汽和南汽正在向着共同的目标迈进，签订意向书以后，合作双方已经成立工作小组，明确下一步的具体工作内容，启动尽职调查等相关工作。

无论如何，真诚携手的决心，可以让许多问题迎刃而解，让双方共同打造一个国内最大规模、最大产品线、最有实力的汽车集团。这个集团，不再单纯属于上海或江苏，而是整个长三角。

此文刊登于 2007 年 09 期《新沪商》

冰消雪融合则两利

2007 年 12 月 26 日，由国家发改委、上海市人民政府、江苏省人民政府共同主办，上海汽车工业（集团）总公司与南京跃进汽车集团公司全面合作协议签字仪式在北京人民大会堂举行。

根据上汽与跃进签署的全面合作协议，跃进集团下属的汽车业务将全面融入上汽，跃进将持有上汽集团下属的上海汽车和东华公司的部分股权。今后，双方将在资金、研发、营销、制造、采购等方面实现优势互补、资源共享，在整车与零部件、国内与国际等业务上发挥协同效应。上汽集团和跃进集团全面合作后，明年产销量有望超过 200 万辆，拥有全系列的产品品种，也拥有了自主品牌和自主知识产权产品，是目前我国最大的汽车企业集团。

上汽集团与南汽的控股方——跃进集团全面合作协议的签署，使上汽和南汽真正走到了一起。这是中国汽车行业近年来规模最大、影响最深远的一起联合重组事件。

“化干戈为玉帛”是对昨天签约最好的形容。上汽与南汽曾经有过二次全面合作打算，结果都“不了了之”。到底是什么原因，让上汽和南汽这两家曾经的对手如今融为一家？上汽与南汽的合作，又对中国汽车业行业的大发展，产生何种深远的影响？

曾经是竞争对手

上汽董事长胡茂元和南汽董事长王浩良十分坦诚，丝毫不回避过去的竞争与争斗。

他们透露，2001 年，上汽和南汽第一次洽谈全面合作，连新公司的名字都取好了，当时双方合资成立了华东泰克西铸造厂，但遭遇了南汽归属权从中央划拨到地方，双方没有继续谈下去。2003 年—2004 年，在英国罗孚破产前，双方有过第二次全面合作的机会，洽谈一起收购罗孚，由于种种原因，谈判最终也破裂了。

谈不成，那就争。双方展开了罗孚收购争夺战，上汽购买了罗孚部分产品知识产权，发展自主品牌荣威；南汽购买了 MG -罗孚破产后的资产，创立自主品牌名爵。同一血缘的两大自主品牌在中国市场的争斗，一时备受注目：“你选择今日下线，我就马上公布售价”，“你选择在上海做路牌广告，我就把广告做到你南京的厂门口”。

今天回过头来看，过去谈判失败以及在市场上互不相让，并不完全是坏事，任何姻缘都需要一个过程，竞争让我们更加看到了“上南合作”的必要性。

今年第三次握手

今年 4 月，上汽与南汽决定第三次握手，将南汽资产全面融入上汽。

比如，在商用车领域，南汽旗下龙头商用车企业——南京依维柯公司，产品分为 IVECO 和跃进两大平台。IVECO 品牌是中型、轻型商用车的领跑者，并入上汽之后，能弥补上汽在商用车开发上的短板。

再如，南汽旗下合资企业——南京菲亚特公司，由于多方面原因，一直处于低迷和亏损状态。此次上汽和跃进签约前，南汽与菲亚特在轿车领域的合作友好“分手”，并将这块资产并入上汽股份，以此来止住长期出血点。

南汽董事长王浩良表示，南汽有 60 年历史，近 10 年发展步伐慢了，寻找战略合作是目前唯一的出路。与上汽的全面合作，得到两地政府的大力支持，有利于做大做强，提升南汽的品牌价值。

从 4 月份到现在，7 个多月谈下来，双方之间的隔阂冰消雪融。胡茂元笑着说：去年，在双方剑拔弩张的时候，作为上汽董事长的我，收到法院的传票，差点要与南汽对簿公堂。今年，我手机里的短信，大多是南汽王浩良董事长发过来的，都是谈判中相互鼓励的话。

荣威名爵差异定位

同根同源的荣威和名爵，原来各为其主，如今走到同一屋檐下。中国汽车业的这两大自主品牌，下一步会如何发展?

荣威和名爵始终是“上南合作”的重点。上汽购买罗孚 75、25 及发动机技术共耗费了 6700 万英镑，之后又投入 36.8 亿元人民币，目标是年产荣威整车12 万辆和发动机 17 万台。今年 3 月 5 日，首款自主品牌荣威 750 上市销售，迅速得到市场认可，累计销量已超过 15000 辆；南汽发展名爵也可谓不惜血本，以 5300 万英镑收购了 MG 罗孚及动力总成公司的全部资产，计划总投资 35 亿元人民币，项目设计为年产整车 20 万辆、发动机 25 万台。今年 8 月底，名爵 MG7 正式面市，目前销量也已达到 5000 辆左右。

上汽股份总裁陈虹表示，合并后，名爵品牌将继续保留，荣威和名爵两个自主品牌将差异定位，共同发展。在车型风格上，荣威侧重于尊贵稳健，名爵偏向于运动时尚；在资源整合上，两个品牌的生产基地将实现统一管理、统一研发、统一营销；在海外拓展中，将充分利用 MG 原有的品牌影响力，双方在英国的研发中心与生产营销系统也将合二为一，成为未来上汽欧洲公司的重要窗口。

合则利。合并后，减少了重复投资，消除了市场摩擦，更重要的是，发挥出协同效应。南汽名爵的单体动力总成车间和全自动焊装，能为荣威发动机生产提供强大支持；而上汽强大的资金实力，在生产和营销上的丰富经验，也能帮名爵渡过目前在市场营销上的难关，获得更大发展。

采取“三不变”模式

“上南合作”之后，南汽将保留企业名称、注册地和原有税收渠道。专家认为，这种国内汽车业联合重组的“三不变”模式，将为上汽与南汽的真正融合，扫除体制上的障碍。

从上汽与跃进集团的协议内容来看，跃进整车及紧密零部件资产将进入上汽股份，上海汽车将出资 20.95 亿元进行购买。而跃进其他零部件及服务贸易资产将归入新成立的东华公司。在东华公司中，上汽将占有 75% 的股份，跃进将持股 25%。同时，上汽集团将把 3.2 亿股的上海汽车的股份划拨给跃进，这样，跃进将成为上海汽车的第二大股东，持股比例大约在 4.8% 左右。

业内人士分析，过去几年间，上汽先后联合重组了江苏仪征、柳州五菱、烟台车身、沈阳金杯、山东大宇、重庆红岩等多家外地汽车企业，积累了丰富的经验。被重组后的这些企业，在企业效益、品牌形象、员工待遇等方面都得到了较大的提升。尽管此次“上南合作”的规模不同以往，但由于采取南汽“法人地位不变、注册地不变、税收渠道不变”的做法，有利于突破行政区划的限制，使得这项合作得到了两地政府和社会的全面支持。

上汽表示，未来几年里，上汽将对南汽现有的整车和零部件资产，投入80亿元进行全面改造。按照目前的规划，到2010年，南汽基地的规模将是现在的3倍；到2012年，南汽有望达到年产50万辆的规模，包括名爵20万辆、商用车12万辆，以及南京菲亚特资产改造之后的产能，发展前景不可限量。

此文刊登于2007年12月27日《解放日报》，有所删改

长袖善舞：上南合作成功整合

一年前的今天，中国汽车业界有史以来最大的整合项目——上汽南汽全面合作协议签订，由此拉开重组大幕。

2007年12月26日，上汽南汽签订协议之初，业内对于上南能否顺利重组的担忧不少。上南合作是跨越行政区划的，而且南汽原有的资产庞杂、负债重、出血点多，在汽车界是出了名的“老大难”。一年过去了，最新的数字显示，上汽对于南汽通过借贷等方式“输血”超过46亿元，直接投资新项目金额26亿元。南汽集团2008年减亏40%以上，其中在南京菲亚特基础上改造的上海大众南京工厂当年投产、当年盈利；名爵品牌与荣威品牌得到融合，采购等成本大大降低；南汽旗下部分零部件企业得到改造，整个南汽正在日益恢复活力与生机。

本周，在上南重组一周年之际，上汽和南汽的高层领导联合接受了本报记者的专访，共同讲述了这个中国汽车产业重组进程的经历与细节，透露出并购重组过程中的艰辛和迎难而上需要的智慧与努力。

资产整合，先“分手”再“合作”

整合后，碰到的最大问题，首先是被并购的资产如何处理。一般来说，处于劣势被并购企业的资产往往长期闲置、生产率低，让它以最快速度重新发挥效能，难度不小。

可上汽南汽重组后，仅仅花了几个月时间，就让亏损近 8 年的南京菲亚特公司改头换面，成为上海大众南京工厂，今年下半年实现销售 40 亿元，利润超过 1 个亿，创下全球汽车行业整合的新纪录。之所以能够成功，上汽董事长胡茂元和南汽董事长王浩良表示：最重要的是看准需求，坦诚沟通。

南京菲亚特成立于 1999 年，之后几乎一直亏损，累计亏损达到 22 亿元。上南合作谈判时，菲亚特不愿意与南汽分手，反而想与上汽一起造轿车，可对于上汽而言没有这个必要性。此时，上汽重要的合作伙伴德国大众，一直想在中国扩充生产能力，在中国南方新建工厂，可随着金融危机袭来，建立全新工厂的难度增大。应该说，“南汽与菲亚特分手”和“德国大众在华扩产”，原本是毫不相干的两个问题，可上汽长袖善舞，把两个问题组合起来思考。

对于菲亚特的固执，上汽晓之以理，动之以情。菲亚特原本就与上汽在拖拉机项目、卡车项目等方面有合作，上汽高层许诺：在轿车方面我们不合作，可以在发动机项目进行合作，将来其他领域的合作机会还很多，菲亚特只要与南汽分手，促成上南之间全面融合，未来菲亚特与上汽的合作可以得到更大提升。就这样，经过连续 3 天 3 夜的谈判，南汽与菲亚特终于达成分手协议。

之后，南京菲亚特的资产如何处置？上汽想到了德国大众的需求，与德国大众一起接手南京菲亚特的资产，不仅能解决资产处置和人员安置问题，而且对于大众而言，节约了成本、节省了时间、还增加了产能，一举多得，于是从今年年初就全力加快对原南京菲亚特的工厂改造和职工培训。短短几个月里，上海大众对原南京菲亚特员工培训达到 1300 多人次，今年 4 月，上海大众南京工厂正式成立，第一辆桑塔纳志俊在南京下线，南京菲亚特的工厂转变为上海大众的工厂。这样大规模的工厂如此快速的华丽转身，在全球汽车行业都是第一次。

整合过程中，思路是关键，谈判的细节也很重要，这次组合谈判过程中，几个细节耐人寻味：

一是与菲亚特谈判最艰难的时候，上汽董事长胡茂元去找曾经在上海市市长国际企业家咨询会议上谋面的、菲亚特公司年轻的副董事长艾尔坎。寒暄之后，艾尔坎问，“您喜欢足球吗?”胡茂元心想：自己喜欢体育，唯独不喜欢足球，特别是对中国队不感兴趣，但不能让人家扫兴，连声应答“喜欢，很喜欢。”艾尔坎笑了，送给胡茂元一个有尤文图斯队队员签名的足球。胡茂元顺水推舟说：“谢谢您的盛情，我们也想请您一聚，聊聊南京菲亚特的未来。”就这样，胡茂元在次日与菲亚特高层的非正式会谈中坦诚相待，讲明南汽与菲亚特友好分手的利弊得失。高层之间的愉快对话，为最终“友好分手”打下基础。

二是德国大众高层开始不放心，怕南京菲亚特的工厂经过改造后达不到质量要求。上汽南汽一方面抓紧精心改造，另一方面，趁北京车展德国大众高层来华的机会，请他们一道来到南京。在南京菲亚特改造过的流水线上，德国大众高层看到第一辆桑塔纳志俊在此下线了，感到十分惊讶，连连赞叹，“没想到，速度怎么快!”晚宴时，德方负责全球生产的副总裁向胡茂元敬酒：“现在您可以完全放心了，南汽方面没有问题。”胡茂元笑着说：“我一直是很放心的，关键是您不放心，现在您放心了，大家都很高兴。”双方相视一笑，化解了疑虑和担忧，德国大众对于南京工厂更加支持了。

人员融合，先“坦诚”再“谈心”

上汽南汽合并时，南汽在职和退休员工有 1 万多人。合并后，机构、人员、体制、机制都要进行调整，可想而知，对于人员的震动是巨大的。“会不会下岗”，“还有没有我的位置”等等，不同的议论在并购初期自然存在。

上南签约的前一天，上汽与南汽 10 多名高层干部一一促膝谈心，告诉他们：“只要目标一致，理念一致，行动一致，上南合作就一定会实现双赢。”从年初开始，上汽执行副总裁陈志鑫、副总裁蒋志伟等多名负责人派驻南汽，在不同层面坦诚公开整合进程、人事安排、对接工作，让南汽干部、职工做到心中有数。

要让职工安心，必须真正做到“融为一家”。第一批南京菲亚特员工踏上赴上汽培训之路，刚到驻地，就看到悬挂着的“热烈欢迎南京员工入住”，“欢迎您，来自南京的兄弟姐妹”等横幅，工会和各车间的联系电话以“关爱热线”的形式留在培训员工驻地。对于南京培训员工在上汽期间的工作生活，上汽给予了精心安排，宿舍里配备彩电、空调，提供阅览室、乒乓球、桌球、健身设施等，还专门购置了毛毯，让南汽员工感到春天般的温暖。

“融为一家”，更要让南汽员工看到并购之后的变化。一位南京菲亚特职工告诉记者：到上汽培训 3 个月中经历了两次“不适应”。第一次不适应，是培训第二周就开始到上海大众工厂实习。原本南汽常年来生产不稳定，产量少，工作压力小，可到了上海大众，开始了全负荷的工作流转，有时早晨 4 点多就要起床换班，工作 10 小时，这让不少员工培训第二周开始喊着“要回去，受不了”；后来，慢慢适应后感到有收获、有感悟，这才是真正市场竞争中的优势企业。再回到南京时，由于生产线还在改造中，没有全负荷运转，又感到不适应了，“闲起来还不舒服”。据了解，整个 2008 年，南汽员工中有 1500 多人分批前往上汽培训，包括学习质量标准、产品工艺、安全教育、企业组织、发展与文化等多个方面。

同样，南京菲亚特与南汽协议分手之后，原来的经销商和供应商怎么办。整车厂没有了，原来投入的那么多资金收不回来了。原来南京菲亚特有 72 家经销商，372 家供应商，加起来是 444 家，大家都说“搞得好就是发发发，搞得不好就是死死死”。有的经销商和供应商提出来，准备要到上海北京告状。很棘手，如何解决？由于原来的经销商中，有不少也经销上海大众、上海通用或自主品牌荣威等产品，上汽紧急动员，利用自身体系的力量，来做 444 家单位的工作，一家一家开会，一家一家解决，最后没有发生一起上访事件，保持了整合中的稳定局面。

此文刊登于 2008 年 12 月 26 日《解放日报》

跨地区重组三年回眸

到今年年初，上汽南汽重组已经走过整整 3 个年头。上南合作三周年，成绩单不俗，南汽全面扭亏，员工没一个下岗，上汽也借此扩充产能达到 30 万辆，为其 2010 年产销突破 350 万辆打下坚实基础。

作为中国迄今为止最大的重组项目，纷繁芜杂的资产、人员、产品重组能够平稳快速推进，背后究竟有怎样的启示？

前不久，上汽集团董事长胡茂元和跃进集团董事长王浩良，共同对媒体讲述“千日融合”的个中曲折，其中的不少理念、模式、做法，对于我国跨区域重组实践颇有裨益。

“化学反应”与两大“催化剂”

从数字来看：通过三年的努力，南汽第一年减亏 40%，第二年再减亏 40%，2010 年全面扭亏。“仅仅从经济角度来讲，这个意义还不算大。最主要的是，我们实现了‘全面合作，融为一家’。重组不仅仅是一个物理反应，更重要的是化学反应。”在胡茂元看来，“文化融合”和“倾斜导向”，是这场上南合作的“化学反应”中，最重要的两大“催化剂”。

怎么才能融为一家？上南合作在设计时，就充分利用资本市场，南汽成为上汽的子公司；同时，南汽的上级公司——跃进集团占有上汽 5.5% 的股份。这种相互持股的合作模式，让双方更容易成为一家人。

既然是“一家人”，上汽快速把整个集团中的一些好的价值观、愿景、合作理念、经营精神与南汽进行充分交流。上海汽车执行副总裁陈志鑫介绍，三年来，各类交流活动，33 次青春剧场的报告会，好比春风化雨，润物无声。渐渐地，在南京工作的上汽员工精神面貌变化了，有身份认同感。如今，浦口工厂的员工一天工作不止 8 小时，常常是 11 个小时。

一个细节让人印象深刻：重组之后，上汽举行过一次纪念改革开放 30 周年歌咏大会，南汽也参加。为了节省一天的住宿费用，他们早上 3 点钟开始排队，4 点钟出发前往上海，服装就是工人的工作服，戴着安全帽，道具就是一条毛巾，唱的歌就是《咱们工人有力量》，唱得很好。胡茂元说：“当时我在主席台上一看，想他们那么辛苦，唱得那么好，是不是给他们评一个奖，鼓励鼓励他们？便想和评委开后门，‘你们看看他们是从南京赶过来的，是不是给他们一点鼓励啊？’结果评委回答很坚定：您不用讲了，我们早已把他们评上了，为什么呢？整个合唱队不仅效果好，而且当中没有一个人乱动的，整体素质很强。”

渐渐地，思想观念悄然变化，大家有了文化的认同。例如在精益生产方面，刚开始南汽的员工跟不上上海大众的节奏，但他们都坚持下来了。南京菲亚特老厂改造，只用了短短 3 个月。2010 年，上海大众南京分公司销量 12.6 万辆，2011 年预计 20 万辆，完成了菲亚特的华丽转身。

当然，“一家人”也难免有磕磕碰碰。怎么办？对此，上汽采用了四个“倾斜导向”。

一是“分割倾斜”。凡是上汽跟南汽方面发生矛盾，上海让南京；整车方面跟零部件发生矛盾，整车让零部件。比如，为了能让生产零部件的东华公司尽快轻装上阵，分割时就把土地等好的资源分给它，却把企业 200 多待业的员工留给整车企业。

二是“规划倾斜”。当时南京生产 MG，上海生产荣威。但 MG 的产品线太薄弱，不足以完全撑起南京这一块生产基地的效能。于是上汽决定在同一个平台上做荣威和 MG；同时，把最容易形成大批量生产规模的 A 级车拿到南京。于是，原本要在临港生产的荣威 350 于 2010 年 4 月份在南京批量投产。迄今为止，已完成 5 万多台，有力地支撑了南京基地的经济效益提升。

三是“投资倾斜”。2008 年金融危机时，上汽在上海的项目很多都停了下来，但是在南京的浦口基地，却果断地投入了 25.66 亿元。而正是当初的这种“倾斜”，为南汽全面扭亏奠定基础，带动了 A 级车的生产能力和包括零部件的生产。

四是“分配倾斜”。金融危机时，上汽领导干部首先减工资，减预算；但南京员工却在增工资——三年中，工资平均每年增长 10%。胡茂元表示，东华公司 2010 年扭亏为盈实现 4600 万利润，而这些利润还将全部用在南京基地的生产发展和解决历史老账上。

汽车工业的重组并不容易。中国有 150 家的整车企业，前十家占了 87% 的份额，其中上汽一家就占了 20% 的市场份额。王浩良说：“以后的趋势是强者恒强，弱者越弱。而我们起码是探索了我国跨地区间企业重组的可行路径，推动了汽车产业长三角经济一体化。”据悉，未来五年，上汽将再投入 100 亿，形成南京基地 100 万辆的产能，实现年销售收入 1000 亿，带动形成零部件及汽车服务贸易的产业基地。

跨区域重组的有益尝试

上南合作的三年，由非议变为理解，由争夺变为共享，由各自为政变为齐心协力，融合之路有许多经验值得借鉴。

平心而论，现阶段，我国跨地区重组困难重重。记者在近年来的采访中发现，对于上海企业而言，不论是主动并购外省市企业，还是“靓女先嫁”被外省市企业并购，谈判和整合过程都是艰难的，这其中理念问题是个大障碍。

例如，上海一家机械设备公司与国内龙头企业谈判已有两年多，两地领导都很重视，看似万事俱备，可重组协议就一直签不下来。其中重要的原因，依然在于土地资产估值的高低上。两年来，土地升值不少，可如果按照现有价值估算，外省市并购企业不干；如果按照两年前的价值计算，被并购的上海企业领导又容易被扣上“国资流失”的帽子。一些上海被并购企业的负责人都担心，如果因为重组不利造成国资流失，将成为企业发展的千古罪人，因此极为慎重。此类的担忧，一直成为跨区域重组的一大障碍，往往让重组很艰难，错过了最好时机。

从上南合作三年的融合来看，作为被并购的南汽负责人，一直也承担着“企业罪人”的非议。年过六旬的王浩良董事长，3 年来每次与记者促膝深谈时，总是会聊起自己所承受的压力，不少人认为“他把南汽卖了”，对此，他很坦然，也想通过重组之后的发展来证明自己的决定是正确的。而 3 年中，上汽领导充分理解南汽领导身上的这份压力，从多方面给予大力支持，给予四方面的倾斜，加深彼此信任，从而攻克难关。这一点，是上南合作中难能可贵的地方。

同样，在重组和发展过程中，如何理顺两地间利益分配关系，上汽南汽之间也有经验可依。3年前，上汽和南汽合作协议中，就有“三不变原则”，即全面合作之后，“南汽的法人地位不变，南汽的注册地不变，南汽的纳税渠道不变。”“三不变”成为得到江苏省和南京市政府支持的重要原因。在3年的发展过程中，上南之间以发展求双赢的努力卓有成效。例如，重组之后，上汽将南汽当时最难发挥效应的资产——南京菲亚特资产，让旗下最成熟的合资企业上海大众来经营，成功说服德国大众，使其转身成为上海大众第四工厂，让南汽原有闲置产能迅速发挥效应，第一年就造车超过10万辆；同时，又以最快的速度、最少的成本，解决了上海大众产能不足的问题。这无疑让上汽、南汽双方，上海市和江苏省双方都感到满意。因此，寻找互惠模式推进重组，并以发展来解决碰到的问题，是理顺两地利益的最优法则。

对于跨地区重组面临的障碍，中央政府也心知肚明。2010年10月，国务院印发《国务院关于促进企业兼并重组的意见》，将跨区域重组成为推进兼并重组的突破口和着力点，其中在“消除企业兼并重组的制度障碍”明确提及，一方面，要清理限制跨地区兼并重组的规定，尤其要坚决取消各地区自行出台的限制外地企业对本地企业实施兼并重组的规定。另一方面，理顺地区间利益分配关系。在不违背国家有关政策规定的前提下，地区间可根据企业资产规模和盈利能力，签订企业兼并重组后的财税利益分成协议，妥善解决企业兼并重组后工业增加值等统计数据的归属问题，实现企业兼并重组成果共享。从这个意义上说，上南合作的诸多做法，都与新颁布的《意见》相一致，是一种有益尝试。

此文刊登于2011年01月04日《解放日报》

作者　丁波　刘颖

绿牌启动

新能源车在上海逐步普及的过程，与当初的设计有较大差别。10多年来，从技术路线来看，最初的氢动不可能实现，之后向日本丰田普锐斯学习，转向提倡务实混动技术，哪怕车子不插电，还可以用油，人们有了多样化的选择；而真正让市场启动的，当然是绿牌，就是免费新能源车牌照，它所带来的政策刺激远远大于现有的产品魅力，但是，也不能否认，在政策刺激之下的市场，各类产品竞相入市，她们之间的比拼促进了技术提升。短短几年时间内，新能源车从市场接受度，到产品认可度等等，都迎来了一波较大发展。这何尝不是新能源汽车发展力求达到的目标。政策的杠杆效应尽显。

图为2013年1月23日上海首辆免费上牌新能源车上路。

首批新能源车车主的甜酸苦辣

上海新能源车补贴办法正在研究制定，离出台之日越来越近；上汽 E50 纯电动车还没上市，就已接到大批订单；首家新能源车 4S 店开业不到一年，已有百辆订单签约……继去年上海电动车国际示范城设立后，最近有关上海新能源车“再发动”的信号密集。

新政策、新车型、新订单都已在不远处，然而上海准备好了吗？一年前价格贵、充电难、开起来不便等问题，如今有无缓解？记者近日走访上海首批新能源车车主与相关企业，记录一年多来的改变。

磨合：台风天也敢开了

封毅驾驶的是纯电动车众泰 5008EV，搭车同事和小区邻居的眼光，从当初的好奇变成了如今的习以为常。记者在封毅上班的安亭汽车城大厦地下车库中看到，他的爱车正和一批新能源“同伴”停成一排，身后的“尾巴”连接着电源。每天在办公室工作的时间，封毅就会让电动车补充“能量”。作为上海首批私人新能源车车主之一，封毅一年半的“吃螃蟹”日子并非十全十美，体验过新鲜，省下了油钱，也碰到过这样那样的麻烦。“新车总有磨合期，何况是电动车，现在越磨越顺手，台风天也敢开了。”封毅表示。

去年夏天台风时他没敢开这辆车，主要因为之前趟过 20 厘米的积水，电池短路，车子就“熄火”罢工。但在车企检修后，又做了改进，此后这一问题再没有发生，今年“海葵”台风袭来时，封毅开着电动车，穿梭在狂风暴雨中，还把同事送回了家。

虽然没有汽油车给力和方便，但这辆车对于封毅可以说“正正好好”。这辆电动车跑不快，时速没法拉到 95 公里以上，封毅就选择限速 60 公里的地面道路来往安亭的公司和松江的家。虽然慢点，但路程比高速短。“就跟开汽油车看油表一样，我也要盯着‘电表’看，只不过盯得更紧些。”封毅介绍，这辆车满电实际续航里程大约 160 公里，为保险他打个折到 140 公里，每天开车都算好余量，从未出现过没电抛锚的尴尬。

对比：不同动力车各有优劣

赵宇同样是首批新能源车车主之一，她家中原有一辆 1.6L 的普通汽油车 POLO，比亚迪 F3DM 混合动力车是第二辆。同事封毅有一辆纯电动车，自己有一辆混合动力和一辆小排量的汽油车，平时常常比较比较，用的能源各不相同，开起来究竟有多大差别？

首先是动力。相比那辆跑不上 95 码的纯电动车，混合动力车显得动力十足。赵宇告诉记者，她把混合动力车开到过 140 码，因为同时装了电池和油箱，2 吨重的“小胖子”高速状态下一点也不飘，比那辆汽油车动力更足、更显稳当。

其次是用车的花费。一年半来油价上涨不少，赵宇表示影响不大。她的混合动力车大约 10 天加一次油，比丈夫开的汽油车省一半油钱。夫妻俩周末出游，只开混合动力车。而“不关心油价”的封毅表示，由于公司可以免费充电，他的用车等于没花一分钱。“如果以后小区里可以充电，夜里充也能享受阶梯电价的谷价，依然很实惠。”

最后比车的质量和服务。合资品牌的热销汽油车，质量久经考验，维修保养点满街都是，而这也是两辆新能源车的软肋。封毅和赵宇均表示，他们的新能源车购买初期都出过小毛小病，每次要靠厂家的应急服务团队过来处理。但不断改进和养护后，今年以来两辆新能源车再没出过状况，去年底安亭的电动车 4S 店开业，他们也有了就近的养护地点，更方便了不少。

麻烦：充电桩难寻觅

赵宇选购新能源车，是因为自己尝新和冒险，而在她眼里，找充电桩这样的麻烦，有时也是乐事一桩。

“开上这辆车后我就到处留心，找到一个能充电的地方，就特别开心。”赵宇笑着告诉记者，一次她去浦东一家酒店参加公司培训，发现酒店停车场正巧有电源，于是用自备的拖线板连上，“管理员看见觉得新鲜，倒也没问我来收电费。”

但到处找电充不能满足电动车车主每天的需求。上海国际汽车城的调研显示，电动车车主普遍反映小区内没法充电，也难以安装充电桩。封毅告诉记者，虽然电力公司愿意帮忙安装充电桩，但小区物业却把“皮球”踢给业委会。几次沟通下来没结果，他也无奈放弃。“就算装好了，电费怎么算、谁来收也是个问题。”

与封毅和赵宇碰到的问题一样，上海首批 8 位电动车车主，在行驶一年多之后，没有一位在家里安装了充电桩的。正因为这样，他们周末开电动车出行的比例很低——“毕竟，周五在单位大楼里充电回家，又要保证周一还有电上班，双休日就只能尽量少用电，让车‘窝’在家里了。”

电动汽车国际示范区的一项调查显示出的结果也有点无奈，试驾者最担心的两个问题是“行驶距离太短”和“充电设施是否完善”。更耐人寻味的是，调查中有一个结论——“试驾者对电动车知识了解越少，越倾向于购买电动车”。想一想也对，当试驾者了解多了，感到了驾驶的不便，短期内也无法改变这些困难时，无疑选择暂不购买。

等待：打破观望的僵局

一年多来，除了首批 8 位车主之外，并没有多少人继续加入到“吃螃蟹”的队伍中来。两位车主告知，刚开始小区里、朋友中，打听的人不少，但渐渐地看多了，真正下决心去买的却一个也没有。

“很多人想买，但到现在还是采取观望态度。”高瞻新能源汽车 4S 店首席财务官徐维翰说。高瞻是上海第一家专营新能源车的 4S 店，去年底开业以来，目前已有超过 100 辆新能源汽车的订单。徐维翰介绍，这 100 多名未来的车主已经付了定金，但提车的一个也没有，大家都在等待上海的新能源车补贴细则出台。由于新能源车电池等成本高企，车价是很长时间内阻碍其市场化的一大因素。去年首批车主的购车补贴由汽车城垫付，之后的销售中，高瞻 4S 店和车企也垫付补贴，虽然政府部门今后将返还企业垫付的补贴，但细则迟迟不出，企业受困于资金压力，只能暂停垫付，消费者自然进入无奈的观望。

政策出台已经越来越近。据了解，今年以来，市经信委、发改委等部门已经在不同场合多次表示年内将推出新能源车补贴办法。但一纸补贴办法出台，是不是新能源车从此开上这座城市的大街小巷呢?

“要让消费者接受，补贴不是万能药，也需要创造新的商业模式。”徐维翰介绍，目前新能源车 4S 店正在与银行等金融机构合作，开发专为新能源车车主定制的购买方案。比如比汽油车更低的首付贷款、更少的月供；又如将车和电池分开，全额购车、分期买电池……徐维翰告诉记者，刚开始银行不愿加入这一看不清风险的新行业，但随着了解的深入，银行也意识到新能源车带来的巨大市场前景，主动与 4S 店牵手。

此文刊登于 2012 年 09 月 02 日《解放日报》

作者　丁波　徐蒙

图为新能源车充电桩。日益完备的充电设施是新能源车推广的基础。

E50 量产上市力求突破现有瓶颈问题

新能源车在中国从研发到推出，已有整整 10 年时间，从最初的“超越一号”到后来的多款混合动力，尽管号角响亮，宣传广泛，但尚没有一款真正走入老百姓家庭的产品，就上海这座大城市而言，充电式新能源车的真正使用者依然少得可怜，尚在个位数徘徊。从这个意义上来看，真正拉动消费热潮的电动车“首台突破”依然没能实现。

上周，备受关注的上汽首款量产纯电动车 E50 上市了。在这两天工博会的现场，众多参观者都在细看这款有望走入家庭的产品，同时也有无数个问题抛了出来——“安全吗”、“充电方便吗”、“补贴政策何时能落地”，其实，这些问题的指向不仅仅在这个产品，而是对于“中国汽车产业是否真正有实力让新能源车进入寻常百姓家”的担忧，毕竟，这不是一次普通车型的跨越，而是一个时代的启幕。

如何改变有点讽刺意味的调查结果

老百姓的担忧，不是凭空而来的。

上海国际汽车城示范区在 2011 年 10 月—2012 年 2 月曾对 887 位新能源车试乘试驾人员进行调查，其中有一个结论颇有讽刺意味："试驾者对电动车知识了解越少，越倾向于购买电动车"，也就是说，了解电动车越多的人，越倾向于不购买电动车。调查结论从消费心理学角度反向解构制约购买电动汽车的原因——"对电动汽车知识不了解的试驾者担忧项数显著低于平均值，从消费心理学角度解释，当担忧项过多时，消费者对商品的购买欲望会降低，当担忧项较少时，消费者倾向于购买该商品"。虽然结论不一定完全科学，但它反映了一个事实，消费者对于电动车在质量、性能、使用方便性等方面依然顾虑重重，过去几年中，那些已经号称上市的电动车产品，尚无法打消消费者的这些顾虑。

其实，顾虑总的来自两个部分，一是对于产品，二是配套。

就产品而言，安全性能、续驶里程、充电时间等都是最关注的。以安全为例，从众泰、比亚迪等电动车这两年均发生过自燃或碰撞后起火等现象，让消费者不免担心。尽管传统燃油车型有时也会出现事故自燃。但每一次电动车的事故，就会让消费者对这一新生事物从整体上打上问号。今年 5 月底，比亚迪纯电动 e6 被撞起火，之后，短短的 5 天里，凭借电动车而闻名海外的比亚迪遇到了巨大的信任危机，市值一度蒸发 60 亿元。而续驶里程上面，由于消费者习惯于用传统燃油车的续驶里程来与电动车做简单比较，常常让电动车不堪重负。到目前为止，一般电动车充满电之后的续驶里程，多数在 100 公里之内或者更短。记者曾采访上海首批 8 位新能源车车主，有的电动车的续驶里程较短，由于在家充电不方便，他们在单位充电，而一到周末，他们不敢开电动车出门，主要是担心电耗完了，周一就没法开车上班了。这是很实际的问题，可想一想，一般的燃油车车主，往往周末是最需要用车的时间，周末不用车的局面，自然不是电动车主想要的。

当然，电动车是新生事物，按道理不能以传统燃油车的标准去衡量。但是，一般的老百姓不会因为追求环保而愿意牺牲太多，他们也没有义务来忍受新能源车太多的不便，他们习惯与用燃油车的标准来比较，然后在听到差距时会迸出一句话——“这，太不方便呢！”

顾虑的另一方面与产品无关，却又与启动消费市场息息相关，那就是配套政策和基础设施建设。对于充电桩的安装建设、家用充电的便利性等问题，汽车厂家往往只能从侧面推动，无法成为执行者和决策者，这使得汽车厂家有力使不上。上海首批 8 位新能源车试用车主，都曾遇到过在现有小区安装充电桩太麻烦的问题，最终都未能安装。

同样，在过去几年中，国家及地方政策与产品上市的配合往往还不同步，这使得当国家公布新能源车购买诸多补贴政策时，才发现市场上却几乎没有几款成熟的产品。都市免牌政策也一样，广州作为先行者，在全国首开给新能源车免费上牌的政策，分配了 1090 个名额的新能源车指标，可实际情况是，新能源车的配额指标远大于申请的数量，总共只有 186 人提出申请。为什么？因为市场上成熟产品太少了。

“中国制造”的升级突破是个系统工程

对于这些问题的担忧，多年中一直存在，又一直没有得到有效解决，这使得荣威 E50 作为上海首款量产上市车型时，难以避开这些困惑。这些问题实际上在考验着“中国制造”能否真正迈上一个新台阶。因为，在过去 30 多年时间里，中国市场每一次全新产品和技术替换的过程，主要还是靠西方产品实现的，如传统电视到液晶和等离子，传统手机到各类智能手机、苹果手机等等，而这次在纯电动车领域，正由于中外市场化启动差距不远，中国都市消费者的消费水平已经在近年来赶上国际水平，使得电动车有可能成为“中国制造”完成汽车产业革新的一个突破，当然，这样的完成，是以解决上述产品和配套两大问题为前提的。

作为国内主流厂家的产品，E50 尽力在改变对于电动车的原有印象。上汽执行副总裁陈志鑫介绍，“上汽为这款车的研发，整整耗时 4 年多时间，累积投入也达到 60 亿元。这不是一个在传统燃油车型基础上打造的‘权宜产品’或者‘跟风之作’，而是实实在在按照新能源车架构平台推出的新品。例如，全新的车内构造、对于电池的全面保护等等，都与传统产品有天壤之别。就是充放电时间、续驶里程长短等，也都是在充分市场调研基础上来研制的。”

过去，有的电动车充电要求 16 个小时，许多也都在 10 小时以上，才能基本充满电。这其实对于喜欢新潮的年轻人而言是一个瓶颈，因为他们往往回到家已经深夜，第二天又要早起，10 个小时充电是难以保证的。上汽做了研究，绝大多数的人，即使早出晚归，一般夜晚在家里的时间在 6 个小时以上，有的在单位充电，在单位待的时间一般也在 6 个小时以上，E50 的 6 个小时的慢充时间是市场调研的结果，不是贸然推出的。

据了解，上汽力求解决产品以及配套问题的过程极其艰辛和繁琐。上汽乘用车公司副总经理蒋峻介绍，为了检验安全性能，荣威 E50 做了三十几辆车的几十次的碰撞，要解决的首要问题是碰撞过程当中不会导致高压漏电。此外，E50 要求一般的碰撞，电池不损害，也就是保险杠、车灯坏掉可以修，但是电池是修不起的，一定要保护好。“按照最严格的标准在电池最薄弱的环节撞上去，撞上去结果是有可能爆炸，有可能燃烧，有可能冒烟，有可能绝缘，我们把这个车撞了以后，360 度翻一圈，然后静置一个月观察，到现在为止，我们的电原来充多少，现在还是多少，连绝缘损伤都没有，证明安全还是非常可靠的”。此外，道路综合性试验也十分漫长，三年多时间，跑了各种各样的实验，到海南跑，到黑河跑，到吐鲁番跑，到山路跑，耐久实验一共跑了 124 万公里，单车最长跑了 16 万公里，完全按照全新开发的一个整车来试验。

当然，E50 的这些努力能否真正在市场上得到认可还很难说，毕竟，电动车市场的成熟需要一个漫长的过程。随着上海对电动车免牌政策和地方补贴政策即将真正出台，E50 购买上的优惠将凸显，但在充电桩建设还不多的情况下，充电方便性依然是个大问题，毕竟，家里住别墅有车库、可以使用家用电源充电的购车者还是很少一部分。据了解，目前上海安装的充电桩数量大约在 1000 个左右，到年底有望达到 1400 个。

从国际竞争来看，目前丰田、宝马等巨头在电动车领域的投入巨大，而且力求占领先机。业内专家认为，作为“中国制造”未来最重要的发展行业之一，新能源车能否在市场上真正受到消费者的欢迎，其实是一个对于中国现有制造水平和管理水平的集中考验，能够成功迈得过去的话，中国制造将提升到新的水平；迈不过去，在这一轮竞争中，中国制造又只能是“步人后尘”，依然尾随在国际巨头之后。

此文刊登于 2012 年 11 月 14 日《解放日报》

第二章：钢铁力量

宝钢基因

作为全国钢铁行业的龙头，宝钢一直有着它独特的基因。严谨务实、稳扎稳打，不停步也不冒进，不丧失机会也不随波逐流。在2008年宝钢30周年时，回望它30年前的那些风波往事，更加感到锻造宝钢基因的不易。而成功合并梅山、上钢、八一等老牌企业；提前布局汽车板、造船板等高端产品；公司内部最有效的创新激励政策等等，其实都在宝钢基因的内化与外延，确保着这家中国钢铁旗舰的稳定航行。

图为2005年宝钢进入世界财富500强，员工为4号高炉点火。金定根摄

30年回眸头号工程的争议

这是一次跨越时空的对话。

眼前的两位宝钢老人，年过八十，精神矍铄：

——黎明，宝钢发展史上最重要的掌门人，执掌宝钢 14 年。81 岁的他，依然能坚持每天 1 个小时的晨泳，和蔼目光中透出一丝坚韧，句句话语掷地有声。

——黄锦发，宝钢总设计师。他比黎明年长一岁，保持着设计专家的特有风范，大框眼镜，略显沉思。

对话的另一方：张民章，当年采访宝钢的本报年轻记者，现今也已两鬓斑白，宝钢的故事沉淀在内心深处。

30 年，时光荏苒，如今的宝钢，早已鹤立鸡群，有足够的资格在中国钢铁业傲视群雄；

可是，30 年前，在那个祖国结束十年浩劫、大病初愈的岁月里，对于建设宝钢时遭受种种争议和宝钢人不断进取、共渡难关的情形，老人们都记忆犹新。

这次对话，就从那段争议不断的日子开始。

“我第一次听到宝钢两个字时，还在西南大山坳里，听到的第一句话——宝钢是错误的时间错误的地方做出的错误决定。”一开场，黎明笑了笑，“‘错误’不少哦!”

“是啊，从 1979 年到 1981 年，我们设计者没有了方向。合同签了，设备运来了，闲置在码头。继续干，要冒风险；下马，则损失惨重，大家左右为难。”黄锦发对当时骑虎难下的情形印象很深——“有段时间，建筑队就地解散了，我们搞设计的竟然还不知道。”

“国家十几个部委领导在上海开会，论证宝钢下马，会议开得很长。”张民章依然能记得当时的会议室和部委领导房间号，更记得激烈的讨论气氛。会上，宝钢顾问委员会首席顾问李国豪大胆地说出一句话：“宝钢的上马与下马，应该先论证后决策。而现在先说下马，再来论证，这是不对的。”

……

翻看 1978 年 12 月 24 日的《解放日报》，泛黄的纸张上记载着两件大事：

头版整版刊登的是“十一届三中全会公报”；二版整版刊登的是宝钢工程开工打桩的消息和题为《新的起点》的社论。

这不是刻意的安排。在宝钢开工消息中，尚没有出现“贯彻十一届三中全会精神”的字样，但消息和社论开头都这样写道“正当党和国家把工作的重点转移到社会主义现代化建设上来的重要时刻……”

30 年过去了，回望当年的“重要时刻”，就是改革开放的发端之时；宝钢，成为改革开放新起点的写照，也是当时中国投资最多、规模最大并且全套引进国外设备的头号工程。

或许大家会认为，改革开放之后头号工程应该一帆风顺?

不是，绝对不是。

被称为“新的起点”的宝钢，在开工之后就遭到巨大的争议，头号工程一时成为“头号标靶”……

上马，下马

拿着 30 年前的报纸，黄锦发思绪回到当年：“打桩场面很热闹，那天还没有太多争论，全国 15 万建设者汇聚宝钢，吃在一起，住在一起，满腔热情投入建设中。”

“1977 年通知我从重庆到上海设计宝钢项目时，还仅仅规划建一个炼铁厂。到了上海，说要上两座大高炉，4000 立方米一座。规划了高炉后，觉得光炼铁不划算，4000 立方米高炉铁水要经长途运输供应上钢的小转炉，就像用大茶壶往小茶杯里倒水，太不划算，于是规划再建三个 300 吨大转炉和配套的初轧或轧钢机。1978 年，在中央和冶金部领导分别与日本新日铁公司多次会晤之后，决定全面引进新日铁的设备和技术，总投资近 300 亿元，建设规模产钢、铁各 600 万吨的世界级水平大型钢铁企业。”

快，真的是快。宝钢的技术引进谈判，从询价、报价直至签订合同，前后仅一年多时间，涉及 7 个国家 30 多家厂商，100 多个专业代表团。前后有 2100 多批，4500 多人来华商谈。最紧张的时候，同时开列了 108 张谈判桌。有两个数字足以让人惊叹：一是引进谈判 13000 多场次；二是消化技术资料、图纸达 320 吨。

“太长时间的闭关锁国，让中国从上到下都太渴望开放了，党和国家高度重视，宝钢开工的决策才会如此之快。”黎明解释道。

可谁也没想到，起初快速建设宝钢的热情，不到一年之后，就引发了很大的争论。

1979 年，宝钢打桩中出现位移问题，加上全国经济调整开始，有关宝钢的争议慢慢传开：

首当其冲的是投资。“300 亿元，有没有测算过今后的收益，多少年可以收回投资?”“为什么要全部从日本进口设备，甚至包括不少国内可以生产的设备?”“听说新日铁并没有给宝钢最先进的技术，300 亿元是不是打了水漂?”……

还有就是选址。“宝钢选址的地质差，钢桩打下去会位移，整个工厂会不会滑到长江里去?”“上海一无矿石，二无煤炭，全部依靠进口矿石，就等于外国人始终掐住了宝钢的脖子?”

而在上海市民中流传最多的说法是：宝钢离市区不过 20 公里，一刮风，高炉烟囱的黑烟废气一股脑儿刮到市区，日子还怎么过?

……

于是，在全国人大上，冶金部的领导每天都接受来自全国各地代表的质询，焦头烂额；国务院和各部委领导频频探访宝钢，宝钢总指挥更换频繁，“缓建”、“下马”、“五马分尸”，还要“斩马谡”——形形色色的猜测、各种各样的传言，山雨欲来风满楼。

“那两年，出差坐火车，不敢说我们是宝钢的，否则，旁边的乘客会说我们是‘败家子’。”黄锦发对当时的尴尬深有体会。

一个头号工程，从顺利开工到突然要下马，为什么会有这么大波折？

“不奇怪，一点也不奇怪。当时，国家大病初愈，做什么事情都不容易，何况 300 亿元的大工程。”两位宝钢老人对于那时的争议，早已不去评判，只是给我们讲了一个现在听起来匪夷所思的故事：

1978 年，100 多人代表团到新日铁谈判审查，去了快 1 个月了，没有音信，如断了线的风筝。

指挥部急了，有关方面解释，“我们与国外的联络靠大使馆带信，一个来回要个把月时间。”

“能不能打个电话去新日铁问问，新日铁的技术人员在宝钢，不是天天夜里与日本通电话吗？”宝钢指挥者想到了长途电话。

可这个建议，却难倒了有 23 个部委、5 个省市负责人参加的联席会议，当时谁也不敢与国外直接通话，不敢拍板——“出了问题，谁负责任？”

于是，请示上海市委，请示邮电部、外交部，最后得到的一个答复是“你们可以试试，但要保密，只谈技术，不谈政治”。

就这样，1978 年 6 月 21 日，宝钢终于打出了第一个民间商务国际电话。一个电话，请示多遍后，整整 40 多天才敢拨出去。

“想一想，当时打个国际长途电话都这么困难，何况是匆匆上马的 300 亿元的大工程啊！争论、非议，都是正常的！”

坚持，分步

那两年，任凭外面风高浪急，宝钢指挥部基本保持着一种内部的默契：

“建设宝钢，是必要的，已经开工了，就不应该半途而废。”

黎明对当时的数字依然能脱口而出，让人敬佩——“1978年，美国平均2个人占有1吨钢、苏联平均1.8个人占有1吨钢；经济迅速崛起的日本，则是以全国人均1吨钢的绝对优势睥睨全球。而中国，平均30人才有1吨钢。更重要的是，日本50%以上是高附加值的板材和管材，而中国80%却是低档位的钢锭钢坯。”

建设初期太快了，就慢下来，稳妥些，但宝钢，不能停，更不能下马。

于是，对于建设中存在的问题，宝钢人用事实和科学数据来一步步印证：

打桩移位——宝钢技术人员选定初轧厂两根位移最大钢管桩做试验对象，根据变形曲线分析，两根桩身没有发生任何异常现象，承载值仍无变化。年近七旬的老教授李国豪是国际土木桥梁一代宗师。他大胆断言：只要采取适当措施，位移问题无碍大局，“可以向北京报告，请中央放心!”

设备下马——100多亿元的工程设备已经运抵码头，怎么办？宝钢指挥部科学测算：如果下马，就会让100多亿元打水漂；如果把现有的设备立起来，只需再投入几亿元就地维护，就能够让它们发挥出巨大效益。就地维护，要建仓库，而宝钢的厂房已经建了大半，干脆就把厂房建好后，把设备放进去维护，不更划得来吗。

当时，上海市委常委兼宝钢党委书记陈锦华给党中央写信，言辞真切：“宝钢建设如何下？是叫下马好，还是缓建好？如果不作下马处理，而叫缓建，即在国家给宝钢安排下马必不可少的开支金额内增加几千万元，让宝钢缓中求活。这对于稳定队伍情绪，对于今后的建设，以至对于国内外的影响都是有利的。”

18位宝钢顾问委员会的高级专家达成一致意见：宝钢工程“不上大损失，续建不损失，越拖越损失”，只有“缓中求活”、“退中思进”是上策，分期建设后先把一期工程搞上去，反对宝钢工程“下马”。

就这样，支持宝钢的领导和宝钢指挥者们，以务实、以智慧做好手中的每一件事，迂回地让宝钢渡过难关。

1981 年 8 月，宝钢一期工程复工了，投资建设也开始分步进行。

经过争议之后，宝钢人渐渐明白：办任何事情都要量力而行，与国家的财力、物力、人力相适应，更何况像宝钢这样的特大工程建设项目。从此以后，量力而行，稳扎稳打，成为宝钢日后逐步壮大的保障。

效率，翻身

“现代化，不是买回来的。”这句话，在宝钢的初期，如同悬梁之剑，激励着宝钢的指挥者不敢懈怠。

1983 年，身为冶金部副部长的黎明，被派到宝钢，兼任宝钢工程总指挥和宝钢总厂厂长。在他之前，宝钢掌门人的位置上，冶金部副部长前后换了 6 位。到任之初，一个想法已经形成：国家给宝钢投了 300 亿元。这 300 亿，在日本会产生怎样的效益？在韩国又会产生怎样的效益？宝钢是社会主义的现代化钢铁联合企业，必须要有高效率才能同社会主义中国的宝钢名实相符。

“我当时来到位于雷锋中学的老指挥部，没有开会、没有发言，先是自己在整个厂区走了整整一个星期，在看、在记、在想”，黎明拍了拍身旁的黄锦发，“老黄给我送来了 1 米来高的文件和资料，真够多的”。

看了一个星期后，黎明在指挥部第一次开会，商讨工程进度。

当时普遍的说法是，宝钢工程将提前 1 年完工，就是将 1985 年 9 月完工计划提前到 1984 年 9 月。黎明问，“提前 1 年完工有没有问题？”施工队负责人拍拍胸脯：“没问题的。”再问，“有没有详细进度计划？”得到的回答是：“没有，不需要的。”黎明叫来计划处，“有没有提前 1 年完工的详细进度计划？”回答是：“过去有，没有执行，计划是个‘面条裤腰带’，经看不经用。”

黎明发难："没有详细进度，怎能说保证提前 1 年完成，限定 1 个月拿出具体进度。"

面对这位经历过鞍钢、攀钢建设的钢铁大将，计划处没辙，认认真真花了 1 个多月时间，把具体进度安排一算，结果是：不仅不能提前 1 年，而且要拖期 3 个月。

"拖期 3 个月，登报向社会告知。"黎明拍板决定。

"登报，不是自己找麻烦嘛。原本说提前 1 年，突然变成拖期 3 个月，让人笑话……"指挥部内有不同意见。

"这不是自己给自己抹黑，这么大的工程，要讲管理、讲科学、讲计划。"黎明态度坚决。

报纸一登，不少宝钢的客户、合作伙伴和建设者都弄糊涂了，一些建筑工人拿着《解放日报》问领导怎么回事。新日铁给冶金部发函："你们要严肃对待这个问题。"尽管引起了一点风波，但这之后，宝钢的施工建设和生产进度都记牢了一个词——计划管理。

……

张民章说："是啊，宝钢初期，这样的故事还很多。说是故事，因为不少都出乎意料，可事过多年后想想，又是那么应该。"

——韩国东部制钢是宝钢第一批国外用户，上世纪 80 年代用了一段宝钢产品后，质量有瑕疵，就不用了。对方说气话："宝钢只知道'混'，产品质量有问题，总是说改进改进，可就是没看到动手改。"让韩国东部制钢领导没想到的是，这些激烈批评的话语，几天后出现在《宝钢日报》头版。黎明说："骂得好，登登报，让我们清醒清醒。用户满意，是企业生存的基石，我们要下大力气改过来。"

——大众汽车桑塔纳采用宝钢钢板初期，质量不稳定，连续 4 个月没有订货。个别部门领导不以为然："没啥关系，他们不订有人订，汽车 05 板工艺复杂，做起来吃力不赚钱。”消息传到黎明耳朵里，他勃然大怒——“这是宝钢建厂以来最大的事故!”相关领导被撤职，在全厂发起 05 板事件反思，决心一定要夺回这个用户。从此之后，不忽视每一个产品质量问题，成为宝钢的原则，而如今，汽车板更是早已成为宝钢第一大支柱产品。

——厂里有货运车，渣土洒一路，黎明看到了，让自己的小车司机加速，把车开到前面，横着停下拦住货运车，把司机叫下来训话。第二天，全厂大会点名批评。建厂初期，每逢过年，分鱼、分火腿。上万职工，让指挥部所在的雷锋中学里一股鱼腥味，黎明看了看，“国外钢厂哪有这样的事，从今以后，宝钢不发实物。”

……

就这样，那些一项项或许引发过争议的决策，推动着宝钢稳步向前。

1985 年 9 月，宝钢一期工程 30 个项目实现了全系统一次投产成功，投产第一年圆满完成设备功能考核任务；1986 年，主要技术经济指标全部达到设计水平。宝钢开始渡过初创时的苦楚，走上了茁壮成长之路。

黎明笑了笑：后来，“宝钢二期该不该上马”、“宝钢三期有没有钱干”、“宝钢上钢该不该合并”，其实也都有过不少争议，可一拨拨宝钢人，早已慢慢学会在争议中看清楚、想明白，科学决策，大胆向前。

记者手记

学会面对争议

如同任何初生之事物一样，宝钢在建设初期经历很大波折，对于宝钢各种各样不同的评价、说法、争议，甚至非议，如影随形，也从侧面激励着宝钢人奋进。

回望改革开放 30 年，争议无处不在、无时不在：大到重点工程项目、政府举措，小到烫头发、穿牛仔裤、看国外影片，改革开放过程中走出每一步、出现的每一个新鲜事物，都可能饱受争议。

以什么样的态度去面对争议？宝钢的成长历程，让人能有所感悟。

首先，应该勇敢面对争议。改革开放要不断创新，凡是创新的举动，必定挑战固有的思维体系，触犯原本安稳的利益格局。因此，引起争议，甚至非议，是不可避免的。要创新，就应该对争议有心理准备，勇敢去面对，坚持自己的目标。如果一听到指责声，就马上退缩、全身而退，只能是懦夫。

其次，要学会科学分析，去伪存真。争议并不可怕，可怕的是你没有科学对待争议的态度。仔细想想，任何人、任何团体对于新生事物的任何批评，都有背后不同的原因。有时，仅仅是社会上一小部分人反对，大部分人并不了解、人云亦云。有时，新事物新举措初始阶段时并不完善，部分批评声有理有据，是一种鞭策和鼓励，有利于推进工作。因此，听到争议也不要塞住耳朵，听之任之，要学会科学分析，区别对待，要看清大势，着眼于发展。对于争议中有利于工作的意见和建议，虚心接受；不利于改革推进的负面言论，则在充分沟通情况下求同存异，坚持正确方向。

未来征途中，需要我们继续大胆创新、勇于开拓，形成新思路、提出新举措、推进新项目，也必然引发新的争议。学会面对争议，学会在争议中化压力为动力，不断完善自我，勇往直前，是我们未来发展道路上的一堂必修课，只有这样才能达到成功的彼岸。

此文刊登于 2008 年 12 月 17 日《解放日报》

作者　丁波　黎明　黄锦发　张民章　贾振福

宝钢用心缝制汽车“中装”

别克、帕萨特、奥迪 A6……

当你看到一辆辆光彩照人的轿车飞驰而过时，有没有想过，这些汽车的钢铁外衣，已经不是进口“西装”，而是国产“中装”。

2005 年，宝钢年产汽车板超过 200 万吨，国内市场占有率将近 50%，每两辆国产汽车中就有 1 辆采用的是宝钢钢板，让国内外汽车企业和钢铁企业刮目相看。可是要知道，10 多年前，缝制世界名车的“外衣”和“内裆”，对于宝钢人而言，还是“天方夜谭”。

靠的是什么？在短短 12 年时间里，宝钢的汽车板能从零起步，跻身世界汽车板“第一方阵”，答案在于——自主创新。

2006 年 1 月 9 日，宝钢的“高等级汽车板品种、生产和使用技术的研究项目”捧回国家科技进步一等奖……

肩负使命

可以想象，10 多年前，当绝大多数老百姓离汽车还很远的时候，瞄准汽车板一头扎下去，需要眼光，更需要魄力。

宝钢汽车板项目首席研究员王利博士清楚记得：

——上世纪 90 年代初，当宝钢老领导黎明在一次会议上展望：“未来汽车板市场巨大，到 2000 年，我们宝钢员工会自己买车，所有的建筑都有地下车库，我们要抓住这个市场。”听到这一句，不少技术人员偷偷地笑，“这可能吗？”

——1992 年，宝钢二期投产，当时引进的 2030 冷轧机组并不具备生产高等级汽车板的条件，一些国外专家泼冷水，“国外的汽车工业远远领先中国，汽车板水平有天壤之别，即使搞出来了，又有谁来使用？”

疑虑面前，宝钢人没有退缩。在 1994 年，当国内汽车钢板 90% 依赖进口时，宝钢开始实施“高等级汽车板品种、生产和使用技术的研究”。

宝钢领导深信不疑，按照全球钢铁工业和汽车工业的发展趋势，汽车板市场大有可为。

可宝钢进军汽车板刚刚有所起步时，就遭遇挫折。1996年，上海大众连续4个月不订宝钢O5型号汽车板。对于这个看似普通的市场失利，时任宝钢集团董事长的黎明立场坚定，愤然批示："这是宝钢建厂以来最大的事故，要在宝钢1996年大事记上记下一笔，以志不忘……"，一下子，宝钢人都震惊了。从集团公司党政主要领导到各职能部、处及有关生产厂的领导，在"O5板事件"发生后都主动扣了自己的奖金；宝钢研究院和热轧、冷轧厂的技术人员夜以继日，寻找缺陷的原因和整改办法。

哪里跌倒，就从哪里爬起。"O5汽车板事件"让每一个宝钢员工记忆犹新，更激起了他们研发汽车板的决心。宝钢人坚信，作为中国钢铁的领头羊，宝钢必须承担起对我国轿车自主供料的使命。

突破难题

肩负起使命，靠的不是空口号。差距如何缩小，需要创新。

针对高等级汽车板的力学性能、表面质量、尺寸精度和使用性能等技术难点，宝钢研究院选定了4个方面作重点突破，每一项都可以说是世界级水平：

要让汽车外板锃锃发亮，宝钢向"钢板表面无缺陷技术"发起攻关；针对汽车内部复杂零部件用钢，宝钢瞄准"超低C、N、O冶炼控制技术"；为解决大批量汽车板生产质量稳定性问题，"钢板组织性能均匀性控制技术"的研究被提上日程；而为了紧跟新一代汽车的潮流，宝钢技术人员把触角伸向汽车厂，在"使用性能与制造工艺一体化技术"上下功夫。

4个技术攻关方向，如四根立柱，牢固地支撑起宝钢汽车板的研发体系。在确立4大重点的同时，宝钢设立了43个子课题，采取产销研联合攻关的方

图为宝钢股份公司生产的冷轧汽车钢板。

式向前挺进。

起步之时是艰辛的，首先做的是学习和借鉴。北京高校在汽车板研究上有一定经验，宝钢技术人员就不远千里去请教，并以此为窗口，获取更多国外汽车板新动态；宝钢引进二期配套设备时，获取不少汽车板进口样品，技术人员就潜心分析，寻找差距。

更重要的是，宝钢技术人员大胆创新。

——宝钢在购买并集成国外的 RH 真空冶炼装置时，发现这个装置难以精确控制，汽车板中的 C、N、O 等含量时常达不到标准要求，如果批量生产，势必影响质量。于是，宝钢技术人员首创具有自动建模功能与高精度特点的控制模型，又开发出超低碳保护渣等配套耐火材料和技术，让 RH 真空冶炼装置

“一切尽在掌握中”。

——为了让轿车看上去光彩照人，宝钢技术人员对炼钢的 20 个主体工序、150 多个操作环节和 800 多个相关控制参数进行分析、比较，解决了超低氧控制、热镀锌粉化等技术难题，消除了产生表面缺陷的内在因素。精心研制的汽车板摸上去平滑如镜，宝钢人笑着说，“搬送表面无缺陷的外板，要像搬豆腐一样小心。”

——在钢板生产时，热轧带钢连轧机组对钢板质量是否稳定起到关键作用，宝钢技术人员在几年研究过程中，开发出终轧温度控制模型、冷却温度控制模型等，使温度控制精度远远超越原有设计水平，其效果跃居世界先进行列。

10 多年来，一项项技术攻关，让宝钢的汽车板的牌号从原有的 10 个增加到目前的 193 个，共形成专利 47 项，技术诀窍 102 项，发表论文 122 篇。

整体革新

汽车板研发，带动的绝不仅仅是宝钢的钢铁技术和工艺，也促进整个宝钢质量管理水平的革新：

作为“牵一发而动全身”的纲领性产品，汽车板的研发和提升，使宝钢生产、制造、销售等部门加快了流程再造和系统集成创新，促进宝钢炼钢、热轧、冷轧、包装、销售、储运、配送等各个环节更加浑然一体……

过去，宝钢是“关门”按自己的企业标准抓质量，而汽车板面对的是国内外一流汽车企业，宝钢人开始走出厂门，按不同用户、不断发展的需要来抓研发和质量……

如今，宝钢不仅编制了我国首个行业性汽车板技术标准，还开辟了具有中国特色的钢铁产品先期介入模式。宝钢通过对国内各大汽车厂的市场细分，分别制定了投产支持型、成本优化型、产品延伸型、设计支持型等等不同的介入方式，深入不同汽车企业，协助他们在新车型研制中使用更优质的钢板；宝钢通过在上海、长春、广州等全国重点汽车制造基地建立激光拼焊生产线，将自己的末道工序延伸到汽车厂的头道工序，打通上下游产业链；积极参与大众汽车公司降本 25% 的奥林匹克计划，通过技术服务，为用户降低成本。

正是这样，汽车板作为宝钢第一战略产品，10 年来已累计生产 817 万吨，仅 2004 年的汽车外板就达到 18 万吨，可以缝制 100 万辆轿车外衣。去年，宝钢新投建的 1800 冷轧板工程竣工投产，在这一基础上，宝钢已经有实力为世界最顶级的奔驰、宝马车型供货，开始向更高的领域迈进……

此文刊登于 2006 年 01 月 17 日《解放日报》

如何让发明人“吃肉”

今年 68 岁的高玉田，是宝钢教授级高级工程师，退休已有 4 年。

不久前，原单位——宝钢分公司冷轧厂给他打来电话，请他去领了一笔奖金——2 万元。

退休了，哪来这么大笔的奖金?

老高一问，才知道，这得益于他在职时申请的一个专利。这项专利让钢板轧机的“胃口”大了起来，轧制钢板的厚度从 2.0 毫米扩大到 3.5 毫米以内，功率提升将近 20%，创造利润可观。2 万元，就是给予高玉田的专利实施奖酬。

“尽管高玉田退休，但他是主要发明人，奖金就会发到他手上。”宝钢股份知识资产部部长黄启才告诉记者，今年上半年，宝钢有 889 人次的专利发明人得到奖酬，少则上千元，多的有近 10 万元，宝钢今年的专利、技术秘密奖酬发放总额可能会达到 1000 万元左右。

过去有种说法，搞职务发明，往往是“单位吃肉，发明人喝汤”，可在宝钢，一整套职务发明奖酬机制，让发明人感到“实实在在有肉吃”。

奖酬，流水不断

宝钢给发明人发奖酬，不是一年半载，不是时断时续，而一干就有 14 年。

早在 1992 年，宝钢就颁布了公司内部的《专利管理办法》，实施对专利发明人的一奖两酬——“一奖”是专利受理授权奖，“两酬”是专利实施后所得的报酬和许可、转让后所得的报酬。

当时，宝钢科研人员的月工资只有几百元，可一个发明专利的授权奖就有 2000 元，专利实施和转让的报酬则按比例提成，这就更可观了。1994 年，一项“穿孔顶头的热处理方法”的实施奖酬甚至达到 22.16 万元。

拿出这么多真金白银来兑现奖励，在国有企业中并不多见，宝钢哪来这么大的决心?

黄启才说，因为宝钢曾尝过技术专利的厉害，也算“上了一课”。

20 世纪 80 年代，宝钢一期建设时，要从日本新日铁进口设备，一谈判，感到对方要价太高，原来在成套设备报价中，除了设备费用外，还包含了一大块技术专利、技术秘密使用费，虽然日方未单独明码标价，但估计费用不下 10 亿元。当时，宝钢领导下了决心，“到二期、三期，宝钢要有自己研发的设备、自己的专利技术”。

要有自己的技术专利，就要鼓励创新。宝钢管理层明白，重大发明创造难以从工资待遇上反映其价值，要激励科研人员，就要依法给发明人奖酬。

记者翻阅宝钢《专利管理办法》、《宝钢技术创新体系发展纲要》等，发现宝钢对职务发明奖酬的实施作了具体而且操作性很强的规定，既有专利等知识产权的归口管理部门，各厂、部、分公司、子公司和技术中心都设立专职或兼职知识产权管理员，协助办理专利奖酬事务。

在宝钢，奖酬标准也在提升。2003 年，宝钢颁布新的专利管理办法后，专利受理和授权奖的金额比国家最低标准翻了一番，达到 4000 元，而如果发明专利在企业内部实施，发明人奖酬数额一般按照实施该专利当年取得经济效益的 2%—3% 来提取；如果专利对外许可，则可从许可收益中提取 20%—35% 作为发明人的报酬。

记者在宝钢的专利奖酬统计上看到，一项铁水预处理喷吹混合器的专利技术，2004 年给发明人颁发的实施奖为 42600 元，2005 年为 69520 元，2006 年为 67400 元，因为这项专利连续几年都在发挥经济效益。

宝钢股份负责人力资源的副总经理诸骏生解释说，“专利奖酬，我们不设天花板，给科研人员一个自由的天空。”

不为“吃肉”吵架

“不患贫而患不均”，一直是专利奖酬实施的一个难题。

不发奖金，平安无事；可一发奖金，发多少？科研人员之间如何分配？都成了麻烦事。

更何况，有的专利，实施后所产生的经济效益很容易评估，有的专利却很难量化，实施奖酬又如何发呢？

例如，宝钢的煤气管道很长，科研人员申请了“煤气管道排水器防泄露专利”，实施效果不错。可这样的专利，经济效益评估就碰到难题。因为专利技术主要是确保安全，并不能直接产生收益，怎么来给发明人专利评定奖酬呢？

对于这些问题，宝钢自有解析之道。

一些难以计算经济效益的专利，宝钢统一归为水平型专利。由实施专利所在单位组织评审，按照该件专利实施后解决问题的重要性、技术难易程度、实用性等予以评分，知识资产部最后确认报酬的额度。水平专利实施奖最高奖励可以达到 3 万元，一次性给予。

对那些能够产生经济效益的专利，一个专利到底产生了多少经济效益，也不是一个人说了算，先由专利技术实施区域所在单位的专家评审，之后再提交公司经济效益评审组，由财务部、研究院、科技创新部等部门的多位专家来终审，最后由知识资产部把关，让经济效益的评估力争做到客观公正。

评定规定如此细致，分配同样是这样。

海归博士杜斌是宝钢研究院自动化研究所负责人，他们这个团队有 6、7 名科研人员，往往开发一个新软件模型替代进口，就可以为公司节省资金 20 万美元。仅 2000 年，一次软件的转让收入就达到 300 万元，当年，他所获得的专利奖酬近 10 万元，而所在团队的其他研发人员也获得了从数千元到数万元不等的奖酬。“这么多年下来，我们从来没有为分配奖金而有过争执，一个项目，每个人做了多少工作，大家都心中有数。”杜斌说。

杜斌和他的同伴们和谐共处，既体现良好的团队精神，也体现制度保障。宝钢明确规定，专利实施报酬由该专利的公司第一发明人负责提出分配方案，再由部门主管审核，如果涉及多个部门的、自行协商不成的，最后由知识产权管理部门协调。同样，分配不是“大锅饭”，第一发明人或设计人的报酬分配比例一般不低于该专利奖酬总数的 50%，其余发明人或是设计人按对技术贡献的大小分配。

就这样，一个个看似瓶颈的奖酬评定和分配问题，在宝钢，却基本不成为问题了。

1 元钱产出 50 元

奖金发多了，会不会让成本增加呢?

去年，宝钢在专利和技术秘密上的奖酬达到 600 多万元，数目不小。

可同样是去年，宝钢自有专利所创造经济效益就达 2.89 亿元。

600 万元与 2.89 亿元，粗略一算，奖励 1 元钱，产生效益接近 50 元。

今年初，宝钢知识产权部更名为知识资产部。为何要换名字? 宝钢副总经理崔健如此解释，在宝钢，专利，更被看成是一种资产。专利管理是宝钢战略要素，各类专利奖酬和管理制度，不仅仅是为了激励和保护，更重要的是通过知识资产运作，多方面推动企业的发展。

专利一申请，往往能确保自己的市场主角地位。2000 年到 2003 年，宝钢申请了一种“微合金化塑料模具钢制造方法”的专利，生产非调质塑料模具钢 11000 多吨。当时，这类模具钢很吃香，市场火爆，国内不少同行也在介入，可一打听，宝钢已经申请了专利，就只能按传统方法生产，市场被宝钢独占了。

专利一授权，大大促进了技术贸易的开展。宝钢研究院的一项“钢管水淬火设备”，在宝钢实施几年后，经济效益喜人，国内一家大无缝钢管厂前来取经，宝钢前后两次许可其使用，许可费用高达 245 万元。到 2005 年底，宝钢对外签定的技术贸易合同额就达到 3.57 亿元。当然，专利的转让许可，让发明人得到了好处，“钢管水淬火设备”的第一发明人、高级工程师殷光虹，技术许可的奖酬达 10 万元左右。

宝钢创新的力量，更让国外知名企业佩服。宝钢电厂 0 号机组原本引入法国阿尔斯通公司的轻油枪，可轻油枪常常出现剩油结焦的难题，宝钢技术人员搞了一些小创新，用于防止剩油结焦，并申请专利，法国阿尔斯通专家一看，竖起大拇指，花费 100 多万元人民币将这项专利买了回去。

全方位的管理措施，让宝钢的专利申请数量不断增多，去年，宝钢股份申请专利 508 项，授权专利 269 项，几乎比上一年增长 37% 和 44%，公司内部评定的技术秘密更高达 1496 项，同比增 26%。专利的丰收，为公司带来的是更大的收益，宝钢股份过去几年专利累计产生的直接经济效益达到 16.23 亿元。

此文刊登于 2006 年 09 月 01 日《解放日报》

跨出钢铁业重组关键一步

昨晚，宝钢并购新疆八一钢铁集团协议在乌鲁木齐正式签署。

中国钢铁工业协会会长、宝钢集团原董事长谢企华表示，宝钢对八钢实施资产重组，标志着中国钢铁企业跨区域的资产重组取得了实质性进展。这次资产重组，符合八钢未来发展规划要求，也有利于宝钢进一步优化产业与市场布局，有利于双方发挥在资源开发、重大项目建设等方面的协同效应。八钢集团公司董事长赵峡表示，八钢由一个地方钢铁企业成为我国最大钢铁企业——宝钢的一个发展单元，从此翻开全新一页。重组后，八钢将深化企业改革，积极稳妥地搞好主辅分离，又好又快地建设好规划项目；同时，尽快与宝钢先进管理接轨，使企业更具市场竞争力。

根据协议，自治区政府和区国资委以价值约为人民币 3.3 亿元的土地使用权作为出资对八钢予以增资，而宝钢则向八钢注资人民币 30 亿元，控股八钢 69.61% 的股份。这是宝钢第一次完成对国内钢铁企业的重组收购。在国内外钢铁行业重组浪潮日渐高涨之时，宝钢对八钢的重组体现出了其灵敏的“嗅觉”，也彰显中国钢铁业未来发展之路。

宝钢出手“深谋远虑”

宝钢重组八钢，不少人看来是“深谋远虑”之举。虽然两个企业相隔千里，但八钢的地域优势、市场优势、资源优势等，对宝钢而言，都是不可多得的发展动力。

宝钢地处我国东海之滨，是目前规模最大、现代化程度最高的特大型钢铁企业，拥有成熟的现代化钢铁企业管理经验以及先进的生产装备和技术工艺，位列世界 500 强第 296 位。

位于天山脚下的八钢是新疆自治区最大的钢铁联合企业，“十一五”期间，将形成年产 600 万吨以上的生产能力，产品结构和企业实力都将达到一个新的水平。由于深处内陆，国内其它钢铁企业进入新疆的运输成本较高，天然屏障使得新疆形成了相对独立的钢材市场，也使八钢拥有了得天独厚的地域优势。近年来，八钢在兰新铁路复线、南疆铁路、宝兰二线、青藏铁路线和黄河上游青海公伯峡大型水电站等多项国家重点工程中连续中标，始终保持了在区域市场 70% 以上的份额。同时，新疆地处亚欧大陆桥，与中亚五国接壤，那里有丰富的石油资源，但钢材生产能力严重不足，以前大多是从俄罗斯进口。八钢的产品正好弥补了他们的不足，目前已开始向周边国家渗透。宝钢控股八钢之后，可以很好地利用这一地域优势，将产品运向中亚地区。

更重要的是，在资源紧缺的时代，新疆还是我国战略资源的最大储备区，这也是宝钢所看中的。新疆拥有丰富的铁矿、炼焦煤等资源，其中煤矿的探测量占到全国的 40%。此外，新疆铁矿石资源的开发潜力巨大。“十一五”期间，可形成 1000 万吨以上的矿石产量，届时，新疆钢铁业的铁矿石就可以完全自给。另外，与新疆接壤的吉尔吉斯斯坦也发现了几个巨大的铁矿，探明储量为几亿吨到上十亿吨。

目前，宝钢已经确定了到 2010 年进入世界钢铁业前三强的战略目标。业内人士认为，并购八钢，或许还仅是宝钢在国内重组的第一步，根据宝钢新一轮战略规划和发展定位，除新建钢铁生产基地外，宝钢还将在提高国内钢铁工业集中度方面有积极的作为，以实现更好更快发展，早日进入世界钢铁业前三强。

并购浪潮势不可挡

随着钢铁业规模效应的凸显，钢铁企业联合化、大型化的趋势越来越明显。近几年来，世界范围内的钢铁企业重组并购狂潮一浪高过一浪。去年年底，世界排名第一位的米塔尔和排名第二位的阿赛洛竟然合并，诞生了第一个产量超亿吨、占世界产量 10% 的巨型钢铁集团，让业内外人士瞠目结舌。

中国的钢铁市场是全球潜力最大、增长最快的钢铁市场，加上目前我国钢铁公司价值一定程度被低估，低廉的进入成本大大刺激了国外钢铁企业的并购欲望，世界钢铁巨头开始将触角纷纷伸向中国市场。米塔尔已经出资以 3.38 亿美元完成对华菱管线的正式收购，并一直“窥视”包括八钢在内的诸多中国二线钢铁企业。一旦外资完成了对国内多个企业的并购，国内企业可能丧失产业升级的主导权，直接影响我国钢铁业的结构升级和产业安全。

面对国际钢铁巨头的大举扩张，中国钢铁企业加快重组。从去年开始，武钢收购鄂钢、柳钢；承钢、宣钢和唐钢组建新唐钢集团；鞍钢与本钢合并成立鞍本钢铁集团，而山东省国资委酝酿在今年 2 月合并莱钢和济钢成立山东钢铁集团。作为中国最大的钢铁企业，宝钢自然在新一轮并购浪潮中当仁不让，此次并购八钢，对于应对国外巨头向中国扩张和重组国内钢铁行业有着重要的意义。按照 2005 年颁布的《钢铁产业发展政策》，到 2010 年，我国将计划形成两个 3000 万吨级、具有国际竞争力的特大型企业集团。对八钢并购之后，宝钢的总产量有望接近 3000 万吨的水平，增强了对垒国外巨头的能力。

此文刊登于 2007 年 01 月 17 日《解放日报》

作者　丁波　白彦平

图为 2005 年宝钢三座高炉远眺。

铁矿石之争

或许在过去10多年里，没有任何一种矿产资源像铁矿石这样备受媒体公众的关注。在2005—2008年这一段时期。铁矿石定价权的你争我夺，其实并非简单的中国钢铁巨头的成本问题，放在中国经济总量在不断上升并让西方感到不安的大背景下，这样的博弈在所难免。

三问铁矿石谈判

如果说去年的谈判还仅仅是就上涨幅度进行争论，那么今年的分歧显然更加原则性——是铁矿石价格到底是“涨”还是“跌”的分歧。作为全球铁矿石最大进口国的中国，在这场谈判中所面临的考验，不仅仅是如何提高谈判技巧，更是在整个钢铁产业领域寻求国际话语权的问题。

截至本月中旬的最新消息，2006年度国际铁矿石谈判已经进行了两轮，中国、日本钢厂与巴西CVRD、澳大利亚力拓公司、必和必拓公司等三大国际矿主之间，意见几乎完全相背，没有什么进展。

“这次谈判，起码要到明年3月份才会有个结果。”几位接受采访的钢铁分析专家预测相当一致。在他们看来，2006年度国际铁矿石价格的决定过程，将比2005年度更加漫长而艰难。

国际矿主为何漫天要价

明知道中国钢铁企业今年日子不好过，世界三大矿业巨头为何执意要再涨价？难道真的想落井下石吗？

统计数字显示，从今年 4 月份到现在，钢铁产品的平均降价幅度已经超过 20%。而且，从主要钢厂公布的明年第一季度指导价格来看，恐怕还要再降 15% 左右。政府有关部门也多次表示，我国钢铁业产能过剩明显。这些市场不景气的强烈信号，让中国钢铁企业感到了越来越沉重的压力。但 CVRD 等国际矿主似乎视而不见，从今年 10 月以来，他们多次声明，明年铁矿石价格应该再上涨 10%—15%。理由是，根据推测，矿石需求依然强劲，即使钢价下跌，也不一定意味铁矿石价格会同步下跌。

上海钢材网市场总监虞瑞泰研究员表示，国际矿主清楚中国企业在谈判中的软肋，这是他们敢于抬价的重要原因。在以往谈判过程中，中国企业本身太分散，300 多家钢铁企业很难抱成一团来谈判，这使得中国企业的话语权比较弱，一些进口矿石用量较大的国内钢铁企业，在 2004 年前采取附属于日本钢铁企业的办法，与日企联合组成谈判团。这样的印象在国际矿主中形成了惯性，感觉中国企业的呼声不能左右谈判大局，何况去年 71.5% 的巨大涨幅，中国最后还是被迫接受了。

上海钢铁产业预警专家小组成员贾良群认为，今年谈判还有特殊背景，那就是国际市场的钢铁走势价格开始与国内有所背离。他表示，虽然从 4 月份开始，国际市场和国内市场的钢铁价格同时下跌，但 8 月份之后，国际市场价格又有所反弹，这造成了目前国内钢铁价格与国际价格有一定差距。以热卷板为例，目前国内市场的价格每吨比美国市场低 300 美元，比欧洲市场低 120 美元左右。矿石巨头们以全球钢铁市场价格来衡量中国市场走势，认为铁矿石涨价有基础，自然使谈判双方的分歧进一步加大。

从国际矿主的本身利益而言，维持铁矿石价格的上涨，即使是小幅度上涨，也是相当重要的。铁矿石价格从上世纪 90 年代中期的每吨 14 美元，上涨到 1999 年的 18 美元，再到 2005 年的 39 美元，一直是持续不断上涨。对于这样的牛势，铁矿主是不想轻易低头的。不管今年结果如何，这个要价越来越高的姿态显然是不会变的。

中国能否左右谈判风向

这一次，中国钢铁企业行动特别早，从 10 月份起就开始与国际铁矿石三大巨头进行谈判前的“口舌战”，其重要的目的就是想主导谈判权。

行动早，源于过去几年的经验。其实，中国 2003 年的铁矿石进口量就达到 1.63 亿吨，超过日本成为世界第一铁矿石进口国，去年和今年更是节节攀升，铁矿石进口量已经超过 2.5 亿吨，占到全球铁矿石海运量的 40% 左右。但在与三大国际巨头谈判时，却始终没有多少话语权。去年，尽管宝钢作为中国 16 家大型钢铁企业的代表，首次单独参与谈判，可新日铁公司率先与巴西 CVRD 公司达成每吨铁矿石价格同比去年上涨 71.5% 的协议，使中国失去了先行主导价格水平的机会。

对于今年中国钢铁企业能否主导谈判，贾良群认为，应该说，今年将有可能主导谈判。他分析，今年中国谈判启动早，企业联手的力度要大于以往几年，去年谈判时，中国具备与国际铁矿石供应商签订长期合同的钢铁企业只有 16 家，而今年，在宝钢等龙头企业的带领下，已经上升到 70 家，占到进口铁矿石消耗量的 90% 以上，这无疑大大增强了中国军团的势力。

政府的支持，也将是谈判的话语权，在去年的谈判中，出面的仅仅是钢铁行业协会，但今年我国政府已高度重视铁矿石问题，出马为中国钢企撑腰。最强大的声音莫过于国家发改委。国家发改委工业司负责人直言，“目前是我们钢铁行业全面亏损、最困难的时候，你们不要再捅一刀子，否则记你一辈子。”对于政府的强硬态度，国际矿业巨头应该不会不考虑。

贾良群还认为，去年，日本之所以匆忙接受 71.5% 的涨价要求，重要原因是担心中国需求量太大，日本如果不先争取矿石供应量的话，会造成被动。而如今，对于明年中国钢铁产业下滑、铁矿石需求减少的局面，日本企业是十分清楚的，在这一情况下，他们的紧迫感没有去年强，没有必要贸然答应矿石巨头的涨价要求，会让谈判更多地由降价心情急迫的中国企业来担当。由中国企业来谈，如果价格降下来，对日本企业也是一件好事。

“马拉松式”谈判会持续吗

从今年 10 月到明年 3 月，整个谈判又要耗费近 5 个月时间，而去年的铁矿石谈判也耗费了三四个月时间，如此艰难的谈判，难道会持续下去吗?

虞瑞泰认为，这种现象不会长期持续下去，因为在市场经济过程中，价格传导机制会发生作用，一方面，铁矿石的暴利会使更多的资本投入其中，另一方面，下游钢铁企业的不景气会逐步减少对铁矿石的需求，从而使铁矿石主们低下高昂的头。要知道，钢铁行业如今的状况预示着铁矿石行业明天的不景气。2000 年开始，钢铁行业就全面看好，而铁矿石的大涨是在 2003 年之后，如今，钢铁行业在徘徊和下落，铁矿石价格的下跌应该也在 2007 年左右。

在寄希望于行业规律的同时，改进钢铁行业自身的薄弱，也是增强未来铁矿石谈判实力、提高话语权的内在因素。中国钢铁行业协会副秘书长戚向东表示，提高产业集中度是最紧迫的事情，只有大力实施国内钢铁企业的兼并和重组，才能减少在谈判中的内耗。按照钢铁产业发展政策，到 2010 年，中国前 10 家钢铁公司钢产量将达到全国总产量的 50%，2020 年达到 70%，而今年，这一比例还在35%左右。

有关专家指出，为什么今年国际市场依然会与国内市场出现价格脱节，让中国企业在承受原料价格变动时抵抗力更弱？其中重要原因还是我国钢铁产品的出口渠道不畅，品种不对路，而且中国企业对国际贸易规则的掌握不够，这导致多余的产品出不去，即使出去了，也常常被扣上倾销的帽子。如果我国的产品技术能级进一步提高，企业绕过贸易壁垒更加精明和主动的话，就能更好地融入国际钢铁市场，也就能更好地应对铁矿石谈判了。

此文刊登于2005年12月21日《解放日报》

思索，那19%带来的阵痛

前后5轮、整整6个月，备受关注的2006年度铁矿石价格谈判终于以这样的结果结束。

昨日，在三大世界铁矿石巨头中，澳大利亚的必和必拓集团和力拓集团两家企业，在自己的官方网站上正式公布：他们已与中国钢铁企业达成协议，今年铁矿石价格在去年基础上涨19%；而另一巨头巴西淡水河谷公司预计在今天也将公布同样的消息。

或许是由于谈判结果没有达到期望值，昨日，包括宝钢集团在内的国内大型钢铁企业和中国钢铁工业协会并没有正面公开这一重大消息，他们选择了沉默。

19%，与中国钢铁企业曾经的希望有不小差距。显然，“中国价格”最终没有主导这次谈判。

思索，这最漫长、最艰巨谈判的背后，那19%带来的阵痛……

首次“叫板”太艰难?

今年的铁矿石谈判，是最漫长、最艰巨的一次谈判。

亦是第一次，中国钢厂成为全球钢铁业的“主谈代表”。

却又一次，中国这世界最大铁矿石进口国和消费国“被迫”接受了别人定的价。

去年，首次正式参与全球铁矿石价格谈判的中国钢厂，是被迫“跟着别人走”——涨幅 71.5%。惊人的涨幅让政府高层、产业界和媒体广泛关注，也让中国企业开始酝酿在 2006 年度铁矿石谈判中主动“叫板”。

“叫板”，应该说，中国企业已经有了基础。2003 年，中国的铁矿石进口量就超过日本成为世界第一，2004 年、2005 年更是节节攀升，预计今年将占到全球铁矿石海运量的 40% 左右。既然是最大买家，当然要有话语权。从去年底开始，以宝钢为首国内 16 家企业组成联盟，通过多种方式对外透露中国要求铁矿石价格平稳甚至下降的呼声，力争在谈判中让“中国价格”起先发作用和决定作用。

今年初，正式谈判一开始，三大世界铁矿石巨头就提出进一步大幅度涨价的要求，淡水河谷公司最初甚至表示要涨价 24%。这样的要求，自然被中国企业坚决挡回。此时，国际其他钢铁巨头均持观望态度，并没有轻易与三大公司达成协议。在今年 2 月的第三轮谈判时，不少业内专家依然表示乐观，认为 2006 年度全球铁矿石首个主导价格将在中国产生，可能性是涨价 5%—10%。

但四轮谈判后，风向开始转变。三大铁矿石巨头丝毫不肯让步，而全球钢铁业的反弹和中国市场的复苏，让他们更加有涨价的底气。谈判陷入僵局，原本应该在 4 月 1 日开始执行的 2006 年度价格一直没能出来，而部分国外矿主开始限制对中国供货，中国企业感到巨大原料压力。

上月，三大巨头“反扑”。5 月 16 日，淡水河谷公司巧妙绕开亚洲主要谈判对手，与德国最大的钢铁企业蒂森克虏伯率先签订协议，涨价 19%。消息一出，中国企业顿陷被动：因为“德国价格”成了首发价格，钢铁巨头之间心照不宣的联盟开始松解。此后，韩国浦项、日本新日铁、欧洲阿赛诺等大钢铁企业相继接受了这一涨幅，只剩中国企业苦苦支撑，做着“中国价格”的最后努力。

本月初，记者采访诸多业内专家，他们认为到了这个阶段，中国企业已处于谈判的劣势，最终接受 19% 的涨幅可能性极大。不出所料，涨价 19% 成了最终结果。

顾客不再是上帝？

需求成为“软肋”。

上海社科院经济研究所所长左学金直言：“正因为我们是世界最大的铁矿石买家，所以我们才被人‘敲竹杠’。”

原中国五矿化工进出口商会副会长、现中国国际贸易学会常务理事周世俭教授告诉记者：涨幅 19% 首先归根于近年来中国钢产量猛增、需求量加大，而又忽视了对铁矿石的海外投资。“从上世纪 90 年代起，中国钢产量就开始猛增，去年突破了 3 亿吨。但长期以来，国内忽视了在海外进行铁矿石投资的重要性，对于涨价所带来的负面影响，只能全部吞下。去年的涨幅让中国多付了 397 亿元人民币，今年的 19%，可能又要多付 100 个亿。”周世俭指出：在海外投资方面，日本远远走在了前面，从上世纪 50 年代末起就开始投资国际铁矿石业，如今在主要产地巴西、澳大利亚等都有直接或间接控股。因此，铁矿石涨价，日本就能以股份中的盈利来冲抵进口时多付的外汇。

“其次，国内铁矿石消费企业不团结。”周世俭坦言：正当宝钢集合多家国内大型钢铁企业、为维护全国利益而苦苦谈判之际，有些中小型钢铁企业私下与外方达成“涨价也买”的协议，在背后捅了国内同行一刀。为此，谈判期间中国钢铁工业协会多次公开表示：要规范铁矿石进出口体制，对于私下与国际铁矿石巨头达成协议的钢铁企业给予警告。“今年 3 月，商务部还出台了有关措施以规范铁矿石进口秩序；国内拥有进口铁矿石资格的企业也将进一步减少，以便更好联合对外。在这点上，日韩企业做得较好，会紧抱成团。”

“当然，谈判的技巧和时机掌握也是重要因素。”淡水河谷公司在与中国企业谈判僵持时，突然与较为“亲密”的蒂森克虏伯达成协议，这无疑是个聪明的迂回战术。一位专家向记者透露：回过头看，对于中国企业最有利的时机出现在 2 月份，当时，大家对于今年中国钢铁市场的走势还不十分明朗，而且去年下半年中国钢铁市场十分低落，就有更多理由提出降价。很可惜，最好的谈判时机已经错过。对此，上海钢铁预警专家委员会成员、上海钢联电子商务公司副总经理贾良群表示：我们应该平和而辩证地看待这一结果，中国企业已做出了很大的努力，至少，我们已经开始发出自己的声音。“毕竟是第一次，对于中国企业而言，国际谈判经验的积累还需要一个过程。”

缘何“中国声音”不响亮?

“中国价格”在国际市场的受挫，更深层次的一个原因，还在于中国钢铁企业产业集中度太低，在全国各地都建钢厂的状况下，国内市场钢铁产品价格变动往往十分剧烈，也促使谈判中常有不同声音出现，不能形成完全统一的“中国价格”。

复旦大学世界经济研究所所长华民认为：“中国声音”不响亮的首要原因，就是产业集中度太低。

去年，全国钢铁总产量已经突破 3 亿吨，可宝钢作为全国最大的钢铁企业，产量尚不足全国总量的 7%。而韩国，仅浦项钢铁厂的钢产量就占该国钢产量的 65%；日本前 5 家钢铁企业的钢产量占该国钢产量的 75%；欧盟 6 家钢铁企业钢产量占整个钢产量的 74%；至于法国，阿赛洛钢铁公司更是几乎囊括了国内全部钢铁生产。

800 多家企业、3 亿吨钢，这样的情形为何能在中国长期存在？一方面，中国经济的高速增长，使国内市场确实拥有消化大部分产量的能力，建设、汽车、造船等下游领域行业常常是“东方不亮西方亮”，总能消化钢铁企业的销量；另一方面，由于地方支持，很多中小钢铁企业在一定区域范围内都足以“自给自足”，很难关门。对此，华民直言：“要想真正改变国际商品市场‘中国买啥啥涨、中国卖啥啥跌’的现象，就要真正让市场说话。”

我们要炼 3 亿吨钢？

“我们也不要老觉得自己吃亏了。价格原则上是由供求关系决定的，从自身角度好好反省，我们是不是真的需要消费那么多钢材？一年竟要 3 亿吨，这个数字太庞大了。”左学金说：中国必须走节约型社会之路，必须改变经济增长方式，将粗放型高耗能的增长方式转变成集约型低耗能的增长方式。

此外，周世俭建议：要鼓励国内有实力的投资公司和钢铁企业“走出去”，去海外合作开发铁矿资源，拓宽铁矿进口渠道；要像现在正加快建设的原油战略储备基地，对铁矿也建立适当的战略储备，从而在涨价时期发挥重要的调剂作用。“中国拥有大量外汇储备，不仅应及时转化为藏汇于民，更要加快藏汇于‘物’，即经济建设必需的战略资源，比如铁矿，比如铜、铝。”

周世俭还表示，国际铁矿石价格不可能一直这样猛涨。从前年开始，世界各国都加大了铁矿石的开发投资，澳大利亚和巴西去年都有一个年产量在

5000万吨的开发项目上马，我国国内的相关投资也在增加。“按照供求关系基本原理，明后年铁矿石价格不会继续猛涨，因此，价格前景还是乐观的。”

至于铁矿石涨价会否引起不少产业“应声而涨”，左学金也将其归于供求关系：“有直接影响的钢铁企业应该会涨，来消化成本的上升，但如果市场卖不动，也只得坐等冲击。至于汽车、家电、建材等下游产业，涨价与否就更是看市场了，市场需求趋淡，就只能等着利润受损。”

世界铁矿三巨头

通过大规模兼并和收购，国际铁矿业“天下三分”——必和必拓公司、力拓公司和巴西淡水河谷公司共掌握全球铁矿石70%以上的海运量。

必和必拓公司：由两家巨型矿业公司合并而成，是全球最大的采矿业公司。2003至2004年度名列澳大利亚十大企业名单之首。

巴西淡水河谷公司：成立于1942年，是世界第一大铁矿石生产和出口商，也是美洲大陆最大的采矿业公司，被誉为巴西“皇冠上的宝石”和“亚马逊地区的引擎”，铁矿石产量占巴西总产量80%。

力拓公司：1873年成立于西班牙。1962年起兼并了数家全球有影响力的矿业公司，成为在勘探、开采和加工矿产资源方面的全球佼佼者，名列2003至2004年度澳大利亚十大企业第9位。

此文刊登于2006年06月22日《解放日报》

作者　孙佳华　丁波　林环

↑9.5%：中国价格树起世界标杆

昨晚，宝钢集团对外宣布，继前天与巴西CVRD公司达成9.5%的铁矿石涨价幅度之后，宝钢集团昨又与另外两大铁矿石巨头——澳大利亚必和必拓公司与力拓集团哈默斯利公司达成一致：2007年度进口铁矿石价格都在2006年度基础上上涨9.5%，这意味着宝钢集团用迅雷不及掩耳之势，已经结束2007年度铁矿石整体谈判，也宣告了中国价格在2007年度铁矿石谈判中成为世界标杆。

上一年度，宝钢集团曾与三大铁矿石巨头的谈判长达6个月时间，最终无奈接受铁矿石巨头与德国钢铁企业率先达成的2006年度铁矿石19%的涨幅；而这一次，谈判才开始1个月时间，宝钢就在全球主要钢铁企业中率先拿下定价权，并将价格上涨幅度控制在合理范围。

为何能首先拿下最终定价权

如此迅速结束整个谈判，与宝钢集团的充足准备分不开。

据了解，早在今年10月的中国钢铁原材料国际研讨会上，以宝钢集团为首的中国钢铁企业就向铁矿石巨头透露出目前国内钢铁产能过剩、国内铁矿石自身产量增长迅速等信息，力求让它们感到大幅度涨价失去现实基础。同时，宝钢集团与全球铁矿石供应商提前沟通，深入谈判，其中与三巨头之一的巴西CVRD公司在12月初就达成初步共识——2007年度铁矿石价格将涨价5%至10%。

而随着中国铁矿石需求的不断增长，中国对进口铁矿石的需求量已经占到全球钢铁企业的40%以上。三大铁矿石巨头也认识到，与中国钢铁企业互惠互利十分重要，失去市场基础的大幅度涨价只是依靠垄断地位赚取短期利益，不利于长远发展。今年以来，三大巨头也纷纷开始在中国投资设厂，显示出对中国市场的浓厚兴趣。

上海钢铁业预警机制专家组成员贾良群昨晚接受采访时表示，在供求双方对2007年全球铁矿石市场情况日益清楚，对涨价幅度有大体判断的情况下，宝钢采取的策略也十分正确，那就是一定要首先拿下最终定价权，在全球钢厂中第一个结束谈判。在这样的谈判策略引导下，有利于解决谈判中的一些细节分歧，尽快达成一致。

专家表示，9.5%的涨价幅度来说，是中国钢铁企业可以消化的范围。

拿下定价权意味着什么

2007年度铁矿石谈判中，钢铁企业对定价权的争夺十分激烈，为了此次谈判，日本新日铁和韩国浦项已经宣布联手。宝钢此次拿下最终定价权，有利于在今后的铁矿石谈判中，树立起自己的风向标地位。

贾良群认为，中国从2000年起，就成为世界最大的铁矿石进口国，但作为最大的买主，却总是没有在价格谈判中占到半点优势，这样的局面自然对中国钢铁业的发展不利，2005年度就被迫接受71.5%的惊人涨幅。如今，宝钢率先签订9.5%的涨价幅度，这个幅度，不仅仅代表中国主要钢铁企业接受的价格，日、韩、德等钢铁企业，也只能接受这一涨价幅度，使得这一价格成为2007年度铁矿石的全球价格。

同时，随着中国钢铁业的发展，中国对进口铁矿石需求量在全球的权重还有可能增长，这样的话，本次谈判获得谈判主导权，在下一次的谈判中，以宝钢为首的中国企业就可以发出更强有力的声音，在具体价格水平谈判上有更大的砝码。

此文刊登于2006年12月23日《解放日报》

作者　丁波　白彦平

“疯狂的石头”？——铁矿石价格大涨的背后

进口铁矿石价格，再一次让国人瞠目结舌。

前天晚上，宝钢对外宣布，公司已与澳大利亚铁矿石巨头的力拓公司达成2008年度铁矿石价格协议：力拓的PB粉矿、杨迪粉矿、PB块矿将在2007年基础上分别上涨79.88%、79.88%和96.5%，创下近年来铁矿石谈判最大年度涨幅。

从去年10月到今年6月，2008年度铁矿石价格谈判可谓步履维艰。今年2月，巴西淡水河谷公司与中国钢企达成协议，铁矿石基准价格协议上涨65%，这个幅度已经不小。可与往年不同的是，澳大利亚两大铁矿石巨头没有跟随这一涨幅，如今力拓最高达96.5%的涨价幅度，比巴西矿的涨幅要高出30多个百分点。

为什么本年度铁矿石价格会如此高涨？铁矿石的价格上涨，会给国内严峻的通胀形势带来什么样的影响？作为全球最大钢铁生产大国的中国，怎样才能在原料定价中获得真正的话语权？记者走访了相关专家。

价格真的很离谱？

就与力拓签订的协议中，PB粉矿、杨迪粉矿、PB块矿的价格涨幅分别是79.88%、79.88%、96.5%，这其中，粉矿的价格最重要。在中国进口澳大利亚的矿石中，粉矿的比例最高，达到95%以上，因此，它的价格涨幅也最为重要。而PB块矿所占比例很低，对于整体价格影响不大。

记者翻看从2004年度以来的谈判记录：2004年，铁矿石价格涨幅18.6%；2005年，价格暴涨71.5%；2006年，价格上涨19%；2007年，价格上涨 9.5%。毫无疑问，即使单以粉矿算，今年力拓 79.88% 的涨幅，也超过了以往任何一年。

但价格真得很离谱吗？上海钢铁行业预警委员会专家贾良群表示，粉矿 79.88% 的涨价幅度，应该说是在预测范围之内，甚至可以说是稍稍低于预测值。因为在结束与巴西淡水河谷公司谈判之后，业内普遍认为澳大利亚铁矿巨头提出的涨幅肯定要高出一截，预计达到 85% 至 95%。

业内人士表示，从今年年初开始，全球和中国钢铁市场的火热，为铁矿石价格大涨打下伏笔。今年中国春节期间，全球钢铁产品价格平均每吨上涨 120 美元至 150 美元。上海兰格钢铁信息公司分析师尹燕峰表示，每年铁矿石谈判确定的是整年度的大宗协议价格，但在现货市场，中小钢铁企业 2007 年的进口现货铁矿石价格早已高出去年 9.5% 的协议涨幅，甚至同比增长 60% 至 70%，这成为铁矿石巨头们在 2008 年价格谈判时的重要参考。

贾良群表示，目前这个价格是中国钢铁企业进行艰苦的谈判和抗争之后取得的，由于今年双方在价格上的巨大分歧，加上全球各方对供需大势看法意见不一，本次谈判也成为近年来谈判时间最长的一次。

三大巨头步调不一？

在本年度的谈判中，最大的不同就是澳大利亚与巴西铁矿石巨头，首次在谈判中步调不一，与需求国达成了不一样的涨价幅度。这在过去若干年中尚是第一次。

原来，澳大利亚离中国、日本、韩国等钢铁大国的运输距离很近，而巴西离这些市场很远，同样的基准价，亚洲企业从巴西购买铁矿石的综合成本更高。澳大利亚铁矿石企业由此认为，自己应该卖得更贵。早在 2005 年，必和必拓公司就要求，在原本巴西淡水河谷公司涨价 71.5% 的基础上，附加每吨

7.5美元至10美元的海运费价差，不过没能实现。今年，随着全球海运费用整体处于高位，从巴西图巴朗港至北仑、宝山港平均铁矿石海运费最高超过了108美元/吨，远远超过铁矿石本身价格，加上2007年澳大利亚铁矿石在中国的现货价格上涨厉害，最终促使两巨头不再接受65%的价格上涨幅度。

贾良群给记者算了一笔账：尽管澳大利亚矿石此次涨幅高于巴西矿，但综合来看，澳大利亚矿在中国还是有价格竞争力。目前，巴西矿的离岸价大约为82美元/吨，从巴西到中国的海运费用为80—90美元/吨，因此到岸价格大约在170—180美元/吨；澳大利亚矿在涨价后，估计离岸价达到90美元/吨以上，可澳大利亚的海运费只有40美元/吨，因此到岸价格大约在130美元/吨左右。据了解，澳大利亚另一铁矿巨头必和必拓公司也很快将与宝钢签订2008年铁矿石价格协议，涨价幅度多数会与力拓公司一致。

贾良群表示，三大巨头步调不一的现象还将延续。从表面来看，铁矿石巨头过去统一价格涨幅的规律打乱了，但整个谈判的框架不会改变，三大巨头与中国、日韩、欧洲三大钢铁产地之间的谈判博弈，依然是铁矿石谈判的基本形式。

能谈下来就是胜利？

“这么高的涨幅，说明铁矿石卖方市场的垄断地位再一次加强了。”中国社科院经济研究所研究员袁钢明告诉记者，这种垄断地位的形成，主要原因之一是三大铁矿石巨头对生产的高度掌控，必和必拓、淡水河谷、力拓这排名前3位的三大铁矿石供应商掌控了世界铁矿石70%以上的海运量。另一个原因是中国对钢铁的需求总量惊人，目前已超过5亿吨，且对外依赖度超过50%，这导致中国企业处境被动。

不过，贾良群认为，这次中国企业能与澳大利亚铁矿石巨头直接对垒，从一定程度上说明，中国在铁矿石谈判中已经走到最前台，原本站在前面的日本、韩国企业反而退到了身后。至于价格涨幅，毕竟是由市场供需主导决定。

“这次铁矿石的价格体现了中国企业有一定的定价权。”中国钢铁工业协会副秘书长戚向东认为，虽然澳方得到了比巴西矿石更高的涨幅，但其原先提出的海运补偿要求，被成功拒绝了。可以说，双方在互相让步的情况下达成了一致，是一种双赢。

“能谈下来就是胜利。”“我的钢铁网”研究中心主任汪建华认为，虽然价格涨幅创下历史纪录，但如果谈判破裂，铁矿石生产企业将推出价格指数定价，到时铁矿石将会有期货与现货两种价格，这对于大多数受政策所限、无法进行套期保值的中国钢铁企业来说，到时可能会面对 200% 以上的涨幅，风险更大。这次谈判至少维持了稳定的定价体系，长期来看对中国是有利的。

怎样增加中国在铁矿石价格中的议价能力？袁钢明认为，短期博弈中方恐难以取胜，只能着眼长远，“一是加强对国内铁矿石矿的勘探和开采，在存量上下功夫；二是在更深程度上与铁矿石供应商开展合作，比如像日韩一样，参股铁矿石开采。”

价格拐点出现在明年？

铁矿石的价格已连续 5 年上涨，今年创下历史纪录的上涨幅度，令人对其今后的走势更加关注。

戚向东告诉记者，从储存量看，铁矿石不是短缺型资源产品，目前全球探明的可开采储量为 1400 亿吨，即便是静态开采也能保证使用 100 年以上，总体上供略大于求，因此向上涨价的动力不足，向下调整是趋势。多家国内外投行和分析机构认为，铁矿石价格可能在年内就会出现下调，依据是主要矿石供应商已宣布的产量计划出口量增长过快，而中国加大宏观调控力度带来的经济增速放缓可能导致钢铁需求下降，从而导致铁矿石供应过剩。

汪建华认为，“一年内，铁矿石价格仍将维持一个脆弱的动态平衡。”铁矿石维持高价的预期，一是澳大利亚两巨头必和必拓与力拓之间的并购交易已进入审查阶段，如果这一并购成功，合并后的公司将占据全球铁矿石市场近38%的份额，铁矿石的垄断将变本加厉。

即使必和必拓与力拓的并购不成功，三大巨头的垄断定价能力依然强劲。汪建华认为，为了维持目前的价格，他们甚至有可能放缓产能扩张。“对三巨头而言，最大的威胁是出现新的竞争对手，为进入市场占据份额而打价格战。”

铁矿石价格确实吸引了众多的新进入者。贾良群分析，2003年以来铁矿石的投资大幅度加快，从中国铁矿石的进口结构已经可以看出来，澳大利亚和巴西的比例在稀释。伊朗、印尼、菲律宾、俄罗斯等国家，开始向中国出口铁矿石，三巨头霸主的地位将逐渐不会那么重要。“2009年之后铁矿石价格的涨幅很可能会平缓，甚至会出现微弱的下降。”

对CPI影响不大?

铁矿石价格上涨，会否引起连锁反应，使严峻的通胀形势雪上加霜?

专家表示，目前，中国从澳大利亚进口的铁矿石，占进口矿总量的40%以上，大约每年进口1.6亿吨。参照与巴西矿上涨65%的幅度，澳大利亚铁矿石的价格将在此基础上再上涨8美元/吨，由此给国内钢铁带来的直接成本压力为12.8亿美元，就是将近90亿元人民币，按照今年预计全国突破5亿吨的产量，一吨钢的成本将多涨20元左右。

由于受铁矿石价格上涨预期影响，之前国内钢材市场已呈现全面上涨行情。前4月钢铁价格上涨达30%，5月份的钢价更是同比增长近40%，“钢材价格的上涨完全覆盖了铁矿石涨价带来的成本增加。”汪建华说，随着本轮谈判的铁矿石价格尘埃落定，未来钢材价格上涨将趋缓，甚至有可能小幅回落。

“原材料的价格上涨，最终肯定会传导至消费品。”中国社科院亚太研究所助理研究员高程指出，钢铁价格上升，汽车和建筑行业将是受影响较大的行业。高程分析，其实钢铁价格上升的影响已经显现，受能源与原材料价格上涨影响，5 月份 CPI 增幅放慢的同时，PPI（生产者物价指数）增幅继续增强。5 月份 PPI 同比上涨 8.2%，连续 5 个月创出年内新高，也创下近 3 年来的最大涨幅，这将增加宏观调控的难度，根本上不利于遏制通胀。

与高程持相反意见的是，袁钢明认为，汽车、房产等是耐用消费品，价格高了，老百姓可以不买，市场的压力会让生产企业加快科技革新、自我消化成本。而目前 CPI 上涨的主要压力来自食品等价格的上涨，“和钢材没有直接关系。我们国家的钢材 60% 是用在建设上，20% 至 30% 是用于制造业。所以我认为铁矿石价格上涨，对 CPI 影响不大。”

此文刊登于 2008 年 06 月 25 日《解放日报》

作者　丁波　尤莼洁

第三章：装备爬坡

大块头的故事

百万千瓦超超临界发电机组、LNG天然液化气船、燃气轮机、全自动化无人码头设施等等，这些专业术语叠加、老百姓听起来费力的大块头设施，是21世纪上海装备工业发展之中的明星产品，他们诞生的意义，不仅在于产品本身大块头和高技术，也在于对于装备工业体系的带动作用，“跳一跳摘到桃子，才发现腿脚更有力量了！”

图为2005年12月我国自主建造的第一艘液化天然气船（LNG船）在沪东中华造船厂下水。

全球最难造的船，上海来造

经历波涛骇浪，从澳大利亚将温度在－163℃以下的液化天然气安全运到珠江三角洲，这样的任务可不轻松，而执行任务的“海上超级冷冻车”将在上海制造。昨日，记者从沪东中华造船公司了解到，该公司春节过后不久将开始建造液化天然气 LNG 船，建造合同预计在今年 2 月底正式签约，这是我国造船企业首次建造这种全球建造难度最高的船舶。

春节这几天，沪东中华 LNG 船项目组的部分技术人员还在加班，对于可能在建造中遇到的难题进行商讨，对建造设备进行检修。据技术人员说，LNG 与豪华邮轮并称为世界民船建造中的两颗明珠，建造难度极高。天然气经液化后，其体积约缩小 620 倍，沸点为－163℃，LNG 船就是要保证在－163℃以下安全运输液化天然气。要建造这种“超级冷冻车”，舱壁内要使用大量的低温钢材，货舱的外壳须绝热，以控制 LNG 挥发速率及由温度变化引起的热胀冷缩，保护船体构造不受低温的损害。更神奇的是，LNG 还将在海上实现燃料自给，在海上航行中自然挥发的天然气经管路将输送到船内主机中燃烧，因而对主推进系统的要求也很高。此次建造的 LNG 船，是广东 LNG 项目的一部分，初步计划建造“2＋1”艘，运输能力达到每艘 14.7 万立方米的液化天然气。

作为我国第一个引进液化天然气项目，广东 LNG 项目中的接收站工程已经启动，LNG 船将液化天然气运到深圳后，安全输入接收站。按计划，这一项目将于 2007 年向珠三角及香港地区用户供气。与此同时，我国第二个 LNG 运输项目——福建项目也已经启动，沪东中华也已获得福建项目“1＋1”艘的 LNG 船的建造任务。沪东中华公司董事长顾宝龙说，为了打造这一精品，公司从 1997 年起就开始了对 LNG 船的预研，先后投入了 2000 多万元的科研费用，沪东中华引进了法国大西洋船厂和 GTT 公司的部分专利技术，在消化吸收的基础上，进行模拟分段的制作实践，为圆满“采摘这颗造船业中的明珠”提供技术支持。

此文刊登于 2004 年 01 月 28 日《解放日报》

迈向百万级超超临界巅峰

【题记】

迈向百万级巅峰，承载了沪产电站设备十几年，乃至几十年的梦想，更将成为上海装备制造业的新起点。

日前，上海电气股份有限公司与外高桥第三发电厂签订供货合同，提供两台 100 万千瓦超超临界发电机组。100 万千瓦超超临界机组，被喻为全球火电设备制造的巅峰——额定功率之大前所未有，高效、环保、节能多项指标都书写新纪录。

这是与外高桥电厂的第三次握手，每一次握手，沪产电站设备都实现跨越：

10 多年前，外高桥电厂一期，上海企业提供 4 台 30 万千瓦机组，在当时，30 万千瓦是了不起的功率等级，更何况一造就是 4 台；

5 年前，外高桥电厂二期，建设 90 万千瓦机组，领军人是德国西门子公司，上海电气凭借努力分得“一杯羹”，参与部分设备研制；

今天，外高桥电厂三期，任务更艰巨了，位子却换了换，上海电气当上主承包商，众多跨国巨头反而成了“配角”。

变化，得益于市场，更来源于实力。

底气，渐渐积蓄

“百万千瓦机组，在过去，简直是天方夜谭”，作为上海电站设备制造技术领域的泰斗之一，74 岁的王作民高级工程师掩饰不住心中的激动。

王作民告诉记者，上世纪 80 年代初，上海锅炉厂、汽轮机厂、汽轮发电机厂等与美国的西屋、CE 等公司“联姻”，开始引入国外技术生产大功率发电机组。但技术的消化吸收不容易，大量的问题摆在面前。

30 万千瓦机组的发电机、汽轮机一共 7 根轴承连接，加起来 30 米长，几百吨重，在每分钟 3000 转的高速旋转时，振幅不能超过 0.075 毫米。开始时，振幅要求难以达标，为此，只能进行大量的现场动平衡实验。发电机组安装好后，先测试 7 根轴承哪一根振幅大，再采取对策解决，再试，再解决，一次实验就得两三天。王作民深深记得，前几台 30 万千瓦机组做的现场动平衡实验起码 10 多次，人力、物力用了，客户宝贵的时间更被耽搁了。咋办？技术人员找原因、想办法，提高轴承的制造工艺、适当降低转速、一次次努力，发电机机组运行前的“折腾”少了，到了上世纪 90 年代，30 万千瓦机组基本上都能一次性试运转成功。

10 多年来，上海派出一批又一批技术人员到美国培训。在西屋公司总部的培训室，美国专家对中国学生有些头疼——“你们想得很细很具体，有的问题我们答不上来。”

不断消化、吸收国外先进技术，上海电站设备技术人员的底气也开始足了。

创新，不断涌现

有了底气，自主创新就多了起来。

第一台 60 万千瓦机组建造时，上海锅炉厂有限公司技术人员参考外方提供的设计方案，认为外方设计可能会导致炉膛出口燃烧不匀、过热器两侧气温偏差等，于是对炉膛进行重新优化设计，将炉膛加高、加深、加宽；上海汽轮机有限公司自主开发汽轮机转子末级长叶片，使机组热耗比引进技术降低2%，每年可节煤2.8万吨；上海汽轮发电机有限公司创新发电机冷却方式和励磁机永磁材料，让机组最大输出功率达到68万千瓦，每年可多发电504万千瓦时，超过同类进口机组。

从锅炉到汽轮机、发电机，第一台60万千瓦机组针对国际国内同类机组100多种缺陷，先后实施95项“二次创新”，完成技术攻关288项。西门子、GE等外国专家来参观考察，说：“你们有很多自己的东西，不容易！”

西部缺水，无法使用大量的水来冷却汽轮机，汽轮机厂自主开发出不会“渴”的电站——空冷机组，用空气来冷却。开始建了几台，发现成本高了一点，想借鉴一下国外技术，找到日本三菱，一问，对方愣了：“空冷机组，我们没搞过啊。”如今，30万千瓦、60万千瓦的沪产空冷机组，订单已有40多台，还远销中东等地的国家。

上世纪90年代后期，外高桥二期2台90万千瓦机组建设，德国西门子拿下总承包合同，尽管技术要求很高，沪上企业拿下了10多项分包合同，价值达7000多万美元以上，其中包括锅炉水冷壁、过热器，发电机定子等重要设备。

前进，在新起点

百万级机组，是巅峰，也是新的起点。

全国各地供电紧张，让电站设备订单排到了2008年以后。靠30万千瓦、60万千瓦的成熟技术，几年中吃饱喝足不愁。可电气高层未雨绸缪：“现在订单多不等于今后订单多，一旦市场不景气，我们吃什么？只有在技术和自身机制上不断提升，才能保证不断发展，真正与跨国巨头对抗。”百万千瓦超超临界机组，成为上海电气去年确定的电站设备“三大战役”之一，除它之外，还有燃气轮机和百万千瓦核电设备两大项目，上海电气正向超大功率、多品种机组进军。

细心的人发现，这次外高桥三期供货合同签约仪式上，代表上海电气签约的不再是锅炉厂、汽轮机厂、发电机厂等不同主机厂的多位负责人，而只有电站集团一位负责人。因为过去，生产一套发电机组，沪上三个主机厂和一些配套企业分别供货，品牌不同、维修服务各异，不仅成本高、而且市场形象也受影响。去年，上海电气整体改制成立上海电气股份有限公司之后，开始对电站设备进行一体化改革，设立电站集团，统一几大主机厂的采购、销售、品牌运作，“上锅”、“上汽”等分品牌不见了，产品都打上了上海电气的商标。成功的标志是：在全国现有的 8 台百万千瓦机组合同中，上海电气已经拿下 6 台订单，有着 50 多年历史的上海电站设备制造业，正在更高水平的市场竞争中迸发活力。

此文刊登于 2005 年 03 月 23 日《解放日报》

作者　丁波　邵剑平

“花甲”大厂再摘“皇冠明珠”

黄浦江上游的一座老码头，今年以来，每个月都会迎来盛大“节日”：桥下和码头上站满人，400 吨的重型卡车、上百个轮子隆隆作响，把崭新的燃气轮机从车间运上轮船，沿着黄浦江载向大江南北。

“再过一个月，我们制造的燃气轮机将第一次出海，远赴白俄罗斯。”上海电气电站设备有限公司上海汽轮机厂党委书记张光耀指着浦江东流的方向，向记者描述广阔的市场前景。

燃气轮机，被誉为制造业“皇冠上的明珠”，一直被西方巨头垄断。而今年 1—4 月，上汽厂实现月产燃气轮机一台，年内计划完成订单 13—15 台，这家60 年前曾诞生新中国第一台汽轮机的工厂，走上充满挑战的“再次创业”之路。

艰难抉择：忍受微薄利润

“最近码头用得多，就是因为燃气轮机火起来了。”正在编撰厂史的上汽厂宣传部长夏惠忠告诉记者，该厂与这座码头的故事几经起落。过去生产汽轮机，运输一般走公路、铁路，把零部件散装发运到电厂，就地组装；现在的燃气轮机精度要求更高，要整机发运，一台燃机 300 多吨，只能走水路。

运输方式的变化不难，而跨越燃气轮机的鸿沟，却历程崎岖。早在上世纪六七十年代，上汽厂曾尝试研制几个兆瓦的小型燃气轮机，可由于我国一直以来多煤、贫油、少气，烧天然气的燃机发电设备过去很难有市场，曾经的尝试一断就是近半个世纪。到了 21 世纪，论主打产品汽轮机，上汽厂已经与国外巨头平起平坐，成为全球产量最高的工厂之一。可换到燃气轮机，厂里的工程师坦言：“我们还处在‘小学生’阶段。”

重新进军燃气轮机市场，上汽厂经历抉择之难。2008 年—2009 年，上汽厂刚刚涉足这一领域，投入很大，可两年只拿到 4 台订单，最初的燃机技术人员跳槽转行了一半。“要放弃，随时都有可能。”该厂燃机部部长虎煜告诉记者，在当初一片“做燃机风险太大”的担忧中，上汽厂管理层却坚定地作出抉择：哪怕一年只做一台，哪怕去为跨国公司做利润微薄的零部件分包，也要保持燃气轮机业务不断线、人才不断档，因为，这是面向未来的产业。同时，上汽厂坚持进行专用设备和厂房投资，建设包括转子在内的全套燃机制造能力。

抉择、等待、坚持，上汽厂等到了曙光。随着国内节能减排要求日趋严格、天然气供应不断增加，去年至今，市场对清洁、高效的燃气轮机发电设备需求出现井喷，上汽厂的订单几何级增长，“今年一年产量，预计达到过去 6 年之和，这多亏了前几年的忍耐和准备。”上汽厂总经理陈学文说。

天价学费：攻坚核心部件

这两年，是上汽厂转型发展过程中最困难的时候。

难，不是因为金融危机，不是企业效益不好。相反，在“做强汽机、做精燃机”的新战略下，上汽厂去年销售利润继续向好。但是，随着核电建设放缓，许多国内客户为补电力缺口，纷纷找上门来，恨不能当场搬走台燃机马上发电。

真正的难，在于踏上燃机之路，一切从零开始。60 年造汽轮机经验中，以前正确的做法，放在燃气轮机上都可能变成错误。

最难的是知道出了毛病，却不知究竟错在哪里，对于将“一丝不苟、精益求精”作为座右铭的上汽厂，压力如山。前一段时间燃气轮机转子动平衡试验时，核心部件高温叶片的表面涂层总是剥落，这一块叶片，价格相当于一辆宝马轿车。“那时候非常头疼，试一次坏一次，新叶片都不敢用了，只能把坏掉的叶片装上去研究。”说起当时，做动平衡试验的老师傅至今“心有余悸”，“最后我们装上高清摄影头，又请来交大老师建立模型分析，才发现问题是肉眼难见的油雾所致。”

价比宝马的叶片不是唯一的学费。制造燃气轮机之初，上汽厂还不得不面对久违的延期交货尴尬。“不是不想快，而是实在快不起来。”燃机工程师介绍，第一台燃气轮机就因为制造中反复遇到的质量难题，触及每个燃机工作人员心中的痛。

学费一笔笔付出，收获的是质量与速度的双重提升。

现在的上汽厂里，燃机车间是最高、最先进的厂房，里头 24 小时空调控温，工人们用雪白棉布擦拭零部件，有无油污灰尘一目了然。

对标国际：拧好每颗螺栓

装配，不是最终目的，通过学习创新，真正掌握燃气轮机核心技术，实现关键部件本地生产，才能立于不败。

参与首台燃机总装的工程师写下这样的日记："拧螺栓，多简单的事，还要国外专家教？但是在燃机总装车间，却是每个总装师傅都被西门子专家灌输了如何拧螺栓的思想——决不允许用榔头敲打，无论预装还是最终装配，必须按次序用力矩扳手拧紧，每一颗还要涂防咬剂……"

"我们要参与世界竞争，必须从每一个细节做起。"工程师在日记中如是写，在每台燃机制造中也是如此"拧好每一颗螺栓"，近几年来，"螺栓精神"在每位燃机一线工人、燃机技术人员中传递，过去做不出的零部件一件件地被上汽厂接近"完美"地生产出来。

如今燃气轮机国产化率已经从全进口时代的"零"，逐步上升到 95%。目前除了部分原材料进口，整个燃气轮机所有部件均已实现本土化生产。就连宝马价格的陶瓷涂层叶片，也已开始在上海批量生产。明年 6 月，第二条燃机专业生产线将落成，届时转子年产能将达到 20 台。

当年，企业派技术人员去合作伙伴西门子总部学习时，西门子负责人曾展示过柏林燃机厂的两张"今昔对比照"，大家都认为：柏林工厂也有艰难的过去，后来却树立起世界工厂的最高标准，这是上汽厂的努力方向。

此文刊登于 2012 年 06 月 03 日《解放日报》

作者　丁波　徐蒙

船坞搬家

从陆家嘴到长兴岛崇明岛，从浦江两岸到长江入海口；江南造船、沪东中华、上海船厂等传统船舶企业的搬迁，是过去10多年上海制造升级中最明显的区域大挪移，也是城市转型谋变的最有力佐证。不仅造船吨位能级大幅提升，而且浦江两岸的大量空间让位于高端服务业，再见了，那些曾经见证浦江两岸百年变迁的船坞！

图为2008年中国最大造船基地一期工程在长兴岛竣工，江南造船厂胜利搬迁。
一些造船业老领导观看江南老厂区模型。

上海造船基地“大搬家”

有着“中国工业摇篮”美称的江南造船公司，将离别浦江两岸，迁往长兴岛，在那里打造世界顶级水平的“新江南”；与它一起“搬家”的，还有历经

140 年风雨、见证了浦东陆家嘴变迁的上海船厂。上海船舶工业公司总经理周振柏前天告诉记者，顺应世博会机遇，上海造船工业重心开始从浦江两岸向长江口转移，在“大搬家”过程中，上海造船工业总产能将增长 2 倍左右，预计到 2010 年，达到 800 万吨水平，进入世界三强。

船台、塔吊和浮船坞，陪伴着黄浦江走过无数个日日夜夜，而中国申博成功后，浦江两岸将崛起城市滨水特色区、高级商务区和住宅区，历史悠久的船厂必须告别旧址；与此同时，上海造船企业要成为世界同行的旗舰，就需要在更深、更宽阔的水域建造全新的造船基地，“大搬家”势在必行。

上海船厂搬迁崇明岛工作已经开始。在崇明岛南岸岸边，10 万吨级浮船坞悄然崛起，并形成了修船能力。上海船厂新基地面积为 151 万平方米，是陆家嘴老厂区面积的 3 倍，到明年 6 月，老厂区将完成所有的造船和修船任务，正式“退休”。按计划，崇明新基地一期将建造 1 个船台，形成 35 万吨造船能力；二期建造大型船坞，达到 100 万吨的造船能力。

在长兴岛，“新江南”的蓝图浮现。负责整体设计的中船第九设计院专家告诉记者，“新江南”的规划将是世界顶级水平。整个基地将包括两个大型船坞、5 个船台，最终形成 300 万—350 万吨的造船能力，成为我国乃至世界规模最大、现代化程度最高、技术最先进的综合性大型造船企业。

与此同时，耸立在长江口南岸的全新造船基地——外高桥造船基地建设正紧锣密鼓。投资 34 亿元的一期工程已于去年 10 月基本竣工，年造船能力达到 105 万吨；二期工程也即将开始，最终形成 200 万吨左右的生产能力。目前外高桥造船厂已经接到 9 条 17.5 万吨好望角型散货船定单，其中第 1 条将在今年 6 月交船。

位于黄浦江东段的沪东中华造船公司也加快产能整合，新船坞已经投入正常使用，使其造船能力达到 200 万吨的水平。

“大搬家”决不仅仅带来规模的提升，上海造船工业的技术水平也将冲向新高。沪东中华和江南造船公司，已分别瞄准世界造船两颗明珠——LNG（液化天然气）船和豪华邮轮进行技术攻关，而外高桥则以大型散货船和海洋工程为突破，形成各具特色的高附加值产品阵形。中船集团已提出，在 2020 年成为世界最大造船企业，上海四大造船基地占中船集团造船能力的 80% 以上，完成“大搬家”，将使上海造船业进入世界前列。

此文刊登于 2003 年 04 月 13 日《解放日报》

上海将崛起世界最大造船基地

中国船舶工业集团昨在京宣布，上海市政府已与该集团就上海地区船厂布局调整签署合作备忘录，其中明确：在长兴岛新开港下游 1 公里起，安排 8 公里岸线，用于中船集团船厂内部调整搬迁。中船集团总经理陈小津表示，这意味上海即将兴建世界最大规模造船基地。

据了解，长兴岛的这 8 公里岸线，位于长江主航道，水深坡陡，十分适合建造大型船厂。而这一岸线长度，超过目前中船集团旗下的江南造船公司、沪东中华公司、外高桥等骨干船厂现有岸线的总和，为上海造船基地实现从黄浦江到长江的大搬家、大变样打下基础。

陈小津表示，政府一次性划出 8 公里岸线用于发展造船，在中国造船史上是绝无先例的，在世界造船史上也很罕见。这是上海市与中船集团贯彻党中央、国务院领导关于大力发展船舶工业的一系列指示精神的具体行动，必将促进我国船舶工业的新一轮大发展。中船集团将按照一次规划、分步实施的原则，科学规划使用这 8 公里岸线，坚持搬迁重建与结构调整相结合，实现造船产量跨越式发展和产业结构的升级换代。记者从有关方面获悉，8 公里岸线中，江南造船厂新址将居重要位置，“新江南”总体规划已经“出炉”，它将打造成为世界最先进、规模最大的造船企业。

中船集团昨日同时宣布，计划在 2015 年，使上海的造船能力达到 1200 万吨，由此使上海成为世界最大的造船基地，并使中船集团成为世界第一造船集团。据了解，这一目标比去年曾提出的“2021 年成为世界第一”的计划提早了 6 年。中船集团目前主要骨干企业集中在上海，5 大造船基地中，江南、沪东中华、外高桥和上海船厂等 4 个基地都在上海。

此文刊登于 2003 年 08 月 13 日《解放日报》

作者　丁波　朱伟

图为 2005 年位于陆家嘴一侧的江南造船厂全景图。邵剑平摄

东进序曲

142 年的风雨。

浦东陆家嘴，那早已置身于高楼大厦之中的船坞与船台，终于迎来“告别演出”。

同一时刻，在上海的最东端崇明岛，一个新的造船基地正在崛起……

是珍重的别离，也是辉煌的开启。

我们记录这一刻。

见证初兴

记者走入上船澄西船舶有限公司时，其崇明新基地的第一条船，也是崇明岛有史以来建造的第一条船，5. 73 万吨的“嘉和山”号刚刚下水。

明年春天，陆家嘴将停止造船，而春天的崇明，将有更多的船下水……

这是一个时代的开始，也是一个时代的结束。

作为陆家嘴地区的第一个船厂，上海最早的修船厂之一，上船公司的历史，可以追溯到 142 年前，英商尼柯逊和包义德在陆家嘴开设祥生船厂，其时上海开埠不足 20 年，但上海已经取代广州成为远东第一大港，到港的船只不计其数。虽然尼柯逊和包义德，不过是赤手空拳来黄浦江的外国淘金者。所谓船坞，亦只是在江边挖个空槽罢了。但趁着到沪船只大幅增长的东风，该厂创办未满 3 年，已修理船只 17 艘，总吨量在 4000 吨以上，惶惶称为“东方修船设备最完备的企业之一”。

祥生船厂风光无限时，上海的外资修造船厂已有 14 家。外国工业的触动，振奋强国的梦想，终于，1865 年，时任江苏巡抚的李鸿章督办，中国第一家大机器生产的民族工业企业——江南机器制造总局江南造船厂诞生于虹口。“江南”的船坞厂房在农田之上的突兀崛起，宣告了这个古老国度农耕时代的终结，自此，走上了工业时代的漫漫征程。

同一年，英商伟男在外虹桥开设耶松船厂。十年后，1875 年，进出上海港的轮船已达 3854 艘，货运量 259 万吨。黄浦江下游的两岸，码头、仓库、堆栈等纷纷兴起，制造业和储运业促进了城市交通运输的发达和工商业的繁荣。

1884 年，耶松建成当时远东最大的商船、载重 2522 吨的“源和”号。

1901年，祥生船厂和耶松船厂合并成耶松有限公司，增资到557万两白银，拥有6座船坞、1家机器制造厂及仓库码头等各种附属设备，具有修理3000吨以上大船的能力，并建造过10艘千吨以上的汽船。1936年，耶松与1903年设立的英商瑞熔船厂合并，成立英联船厂，资本扩充到1400万元，成为上海最大的船厂。

1949年5月24日浦东解放，英联船厂被接管。1951年，工厂易名为上海船舶修造厂。

上船澄西船舶有限公司的董事会秘书钱稳柱总结说，如果“江南”是民族工业的代表，上船前身“英联”就是外国资本的典型，它们共同见证了这座城市初兴的童年时代，见证了黄浦江畔上海的近代工业之路。

难忘褴褛

“10年前，第一次说要搬家，许多老工人都想不通，大家对这里的每一个螺丝钉，都有着难以割舍的感情。”1966年进厂的老职工姜卫东说。

这一份深厚的感情，凝结于筚路蓝缕的艰苦创业中。

老姜回忆，他进厂不到3年，就遇上上船第一艘万吨轮“风雷”号的建造。没有足够的起重设备，为了起吊重量达100吨的船尾分段，工人们先借助水的浮力，用浮吊把船尾分段翻身，再用卷扬机拉上船台；没有冷弯机、油压机，为了弯制船体肋骨，硬是八个火工用大锤一锤一锤，把船体肋骨拷弯。最终，在一座50年代建造的3000吨船台上，造出了13000吨级的远洋船。

“大家一起动手，来治理一个残破不全的工厂。”这是解放时接管船厂的汤国良副军代表在全体职工大会上的号召，上船人始终没有忘记。从承修苏联万吨轮“食品工业”号，到自行建造第一条出口万吨船，从第一座半潜式海上钻井平台，到第一艘远洋冷藏船，从我国第一台专利柴油机，到世界第一台船用苏尔寿 5RTA52 机……经过几代人的努力，一个修船企业，终于发展成为近万人的造船造机、修船等综合大型现代化船厂。

多少艰难困苦，一起度过。1970 年 8 月，“风雷”号还没下水，就发生了火灾。全市 6000 多民兵前来救火。伤员被送到虹口中心医院后，上海手表厂、上海玻璃机械厂等纷纷组织献血队伍；1987 年，国际船舶市场萧条，船价大跌，国内物价上涨，恰逢上船厂接手了德国 8 艘世界全新概念冷藏船的建造，全体职工团结奋战，不计报酬顽强拼搏，终于准时交货……

经历过十年动乱的波折，攀爬过效益下滑的低潮，在世界海运市场的竞争中历练，上海船厂一路走来，始终屹立黄浦江畔的陆家嘴，终于与中国造船业一起步入伟大的复兴时期——自 1995 年起，中国造船产量首次超过德国，占到世界市场份额 5%，位列韩国、日本之后，成为世界第三造船大国，并一直将这个名次坚持到今天。

将风帆更高的扬起，2004 年，上船与江苏江阴的澄西船厂跨地重组，成立上船澄西船舶有限公司，崭新的发展历程，开启了。

孕育突围

当上海船厂孕育着新的腾飞时，黄浦江也迎来了史无前例的历史机遇。

2002 年 1 月 10 日，上海市政府向世界宣布正式启动黄浦江两岸综合开发，这是继浦东开发开放后，投资总额逾千亿元的世纪性宏伟工程。上海船厂区域开发作为浦江两岸综合开发四大重点地块之一，将利用黄浦江进入市中心区的地形优势，创造与陆家嘴中心区相得益彰、具有震撼力的城市建筑效果。

规模空前，举世瞩目。

新世纪初的上海，走出了工业时代，走向了美国作家贝尔笔下的“后工业时代”。经济学家华民如此描绘“后现代”：城市中心城区不再直接组织生产，而是组织知识；城市功能倾向娱乐学习和休闲，而不再是制造产品；传统工业衰落，服务业成为第一产业。哲学家赵鑫珊则觉得，这个时代的人们，注重品位文化，重温历史，追寻更高的生活。

这样一个时代，用科学发展观统领经济社会发展全局，成为共识。城区功能提升的着眼，使承担了一个多世纪城市工业经济命脉责任的黄浦江，面临着角色的转变——告别生产的拥挤局促，回归为靓丽的生活家园。

黄浦江的未来需要更从容的空间，若没有船厂的万吨巨轮出入，单单江上的桥，就不必像杨浦和南浦那么高，塞纳河上的美丽人行平桥，也不再是奢望……而以造船业起步的黄浦江，对今天的船厂而言，也日显窘迫。专家告诉记者，由于水深和水面宽度受到影响，黄浦江陆家嘴段能建造的最大吨位船舶是 5. 7 万吨，再大就驶不出黄浦江了。但当今世界，这一重量级产品仅仅是一位小弟。30 万吨以上级的油轮才是石油运输的主角，15 万吨以上的散货船则在矿砂、运输中大显身手，无论是石油、矿砂，还是集装箱、海洋工程，大吨位、大规模的船舶在远洋运输中都能带来更高的效益，也成为全球航运巨头争相建造的对象。

更迫切的是，现代造船向模块化、数字化发展，一条大船，并非是把所有部件放在船坞船台内“搭积木”，而是分成几大模块，大型模块都在生产车间内完成，再进行最后组装，这样就要求有大型船坞、船台，还有高大宽敞的生产厂房和车间。上船在陆家嘴现有的两个船台，一个仅 4 万吨级、一个为 6 万吨级，规模都太小。

没有良好的水面条件只能先天不足，没有规模化生产就失去了市场竞争的优势。

必须突围。

走向重生

东进崇明，寄托着的是上船人在新世纪腾飞的梦想。

当上船人把眼光投向长江口，欣喜的发现，那是造船的好地方。崇明岛岸边的水面宽度是黄浦江的数倍，其腹地宽阔，适应于建造大跨度、大起重量的联跨生产厂房，在这里，最大的船也能建造，最复杂的造船工艺和模块制造有了基础。按照新成立的上船澄西船舶公司的规划，崇明新基地面积为 151 万平方米，是陆家嘴老厂区面积的 3 倍，崇明新基地一期将建造 1 个船台，以及 10 万吨级和 4 万吨级的浮船坞，达到大规模修船能力和 35 万吨造船能力；二期建造大型船坞，将要建造的船坞将有 530 米长、110 米宽，这个有几个足球场大小的巨坞，能让崇明基地达到 100 万吨的造船能力。

前景是美好的，但全新的创业更是艰辛的。2001 年，初春乍暖还寒，上海船厂的一队拓荒者，在崇明岛茅草丛生的荒滩上安营扎寨，夏秋蚊叮虫咬，冬天海风肆虐。立项、批文、征地、搬迁，多少报告、谈判、审议，都是棘手难题，但上船人在延续百年光荣历史的坚强信念下，挺了过来……

今天，上船的船台和船吊即将离别陆家嘴，这仅仅是序曲。要成为全球造船中心城市，黄浦江畔船厂“大搬家”是必然的，在上船搬家之后，同样有着百年历史的江南造船厂，也将踏上东进之路，它的新家将安在长兴岛，岸线长度约为 4504 米，腹地深度 1100 米，占地面积 326 公顷。按规划，“新江南”将成为世界一流、全国最大的综合性造船企业，年生产能力达到 300 万吨。同时，外高桥、沪东中华造船公司，也将在长兴岛 8 公里岸线上建立新的船台、船坞，届时，长江口的长兴、崇明两岛，将成为世界上最大的造船工业基地，在 2015 年，上海的造船总量将达到 1200 万吨，是目前的 4 倍。

陆家嘴的造船史将彻底画上句号。那些已经古旧的船坞厂房，也将要告别车床炉火，走向重生，走向再造，等待在城市生活中扮演全新的角色。钱稳柱告诉记者，搬迁后，陆家嘴将保留两个车间和一台船吊，改造成时尚标志和创意会馆，让现代时尚和历史完美结合。

142 年，一个船厂的光荣与梦想。

142 年，一个城市的昨天与今天。

142 年，中国造船工业的沉浮与复兴。

我们正在路上，东进……

此文刊登于 2004 年 12 月 20 日《解放日报》

作者　丁波　尤莼洁

江南造船厂在修旧如旧中脱胎换骨

图为 1918 年江南造船所建造的货轮下水。走过 150 多年的江南造船是中国近代工业的摇篮。

黄浦江西岸 1. 35 平方公里的世博园区，原本是江南造船厂的厂区，这里的船坞与码头，曾经记载 140 多年中国近代工业的发祥与变迁。

如今，走进这块区域，在各式造型新颖别致的主题展馆和企业展馆周围，有几幢正在“述说陈年旧事”的历史建筑或许会吸引你的眼球。它们的历史，少则有 70 年，多则“年过百岁”。负责历史建筑修缮工作的江南造船（集团）有限责任公司副总经理邹元晶介绍说：经过去年第四季度的紧张施工，每一幢建筑都已经“脱胎换骨”、“修旧如旧”，项目总投资近 1 亿元人民币，让这些老建筑在世博会期间能尽量“原汁原味”地展现在游客面前。

老建筑里挖出“新”历史

清水砖石，铸铁栏杆，8 幢老建筑的历史，与“近代中国第一厂”的江南造船厂的发展密不可分。

自 1865 年，晚清洋务派以“自强”、“求富”为目标，在上海创办了中国第一个大型官办企业——江南机器制造总局，140 多年以来，“江南”代表了中国工程技术和工业产品的绝对领先水平：中国第一艘近代机动船舶、第一艘万吨级运输船、新中国第一艘护卫舰、第一台万吨水压机等等，统统出自“江南”之手。

一个半世纪的岁月洗礼，使江南造船厂累积了相当丰厚的历史文化遗产，一幢幢老建筑，是一辈辈“江南人”心中永远的记忆和牵挂，是珍贵的历史见证者，更是诉说者：

“盖翻译一事，系制造之根本”，翻译馆毫无疑问是江南制造局的骄傲。在中国第一个由政府创办的翻译西书的机构里，徐寿、华蘅芳、傅兰雅等中外译者先后翻译了各类书 160 本，涵盖格致、化学、兵制、医学等 20 多个种类，为当时的人们打开了学习西学的一扇大门，为中国近代科技发展史作出了奠基性的贡献；

2 号船坞是江南制造局建局后，于 1867 年开挖的第一个船坞，见证了“官府号”等 4 艘中国最早万吨级轮船的诞生；

飞机库建造于 1930 年，是为大型军舰舰载水上飞机的摇篮；

……

即使时至今日，老楼依然还在孜孜不倦地“更新”着历史故事。去年末，在整修海军司令部大楼时，工人们原打算把南立面的两扇窗卸下来进行修缮，竟意外发现了“宝贝”：两块高约 2 米的石碑，静静地立在窗后，碑文清晰地表明，海军司令部于 1931 年改建为医院，由时任江南造船所所长的陈绍宽提笔立碑纪念。尘封了近 60 年，石碑终于重见天日，也为一段原本模糊不清的历史，提供了回溯的证据。

修砖墙请来园林巧匠

“江南造船厂历史上名气很大，但真正能够进入厂区、近距离感受的市民却不多，”江南造船（集团）有限责任公司副总经理邹元晶告诉记者，“因此在历史建筑的修复过程中，我们遵循‘修旧如旧’原则，为观众们解密、还原一个真实的江南造船厂。”

“修旧如旧”说起来容易，实施起来却比盖新楼还难。一方面，楼房外立面、结构和格局基本不能有变动，这样才能保证老建筑“有味道”；另一方面，由于年久失修，这些老楼又普遍存在不同程度的安全隐患，必须按照 21 世纪的标准重新整修。

去年 3 月建筑整修项目启动后，8 栋历史建筑就接受了来自专业团队的全方位检测、勘验，近十本厚厚的报告堆满了办公桌。项目负责人张稀龄说，“有了这些科学的数据，我们才有底气着手设计可靠的修复方案。”10 月中旬动工以来，8 栋历史建筑的修复工作全面铺开、齐头并进，截至目前，已全部达到现代建筑安全标准，并配有空调设备。其中，飞机库的空调系统采用了地源热泵，成为实践绿色世博的节能示范建筑。

建筑安全达标了，项目组又开始从楼房里里外外的各处细节入手，最大程度保留江南造船厂的“原汁原味”。

飞机库的外立面以砖墙为主，近 70 年来，有的砖石表面附上了又厚又硬的砂浆，有的则出现了严重的风化现象。为了还原飞机库最具特色的清水砖墙，项目组想尽了办法，用化学药剂洗、用沙子磨、用工具锉等等，甚至从苏浙请来了搞园林建筑的老行家，总算是摸索出了一条门路：

针对凸起的砖石，采用不同的凿子清理出原有的清水红砖墙面；针对豁口，使用砖石修复粉料进行修复；对于破坏严重的砖石，则进行整块替换。砖石间的墙缝，同样有严格要求：灰缝要平直，并做成内凹平缝，内凹约 4 毫米，采用专用嵌缝材料勾缝砂浆。

“调制每块砖石的颜色时，我们特意调得有深有浅。不然整面墙清一色，太‘新’就不‘真’了。”张稀龄得意地说。

正是在细节上的精益求精，让不少专家由衷赞叹：“勾缝效果非常少见，远看极具历史沧桑感，近看又不失精美。”

清水砖墙，还只是“还原历史”的一处细节。在 8 栋老建筑的修复过程中，铸铁栏杆是根据设计复原的，在上海已极为少见的垂直推窗找来木匠师傅专门订做，而更多的细节设计，则将通过比对历史照片得以重现。届时，7000 万世博观众将通过这一砖一栏，踏上中国近代工业的寻迹之旅，聆听原汁原味的上海故事。

面朝浦江一个半世纪后，江南造船厂如今在长兴岛踏上新的征程。从搬迁到整修，邹元晶指挥并亲历着从“江南”到“世博”的演变。谈到离开，邹元晶心里也有不舍，他开玩笑说：“140 多年前，李鸿章建立起江南制造总局，如今，江南厂搬走了，真是人世沧桑，但毕竟，江南厂的根留下来了！8 栋历史建筑，能够以更美好的姿态融入世博，让越来越多的人通过回望历史了解上海。江南工人虽然离开了，但更多的世博会观众来了，'江南'的人气更旺！"

此文刊登于 2010 年 01 月 28 日《解放日报》

作者　陈盈娱　丁波　尤莼洁

振华之气

振华港机（后称振华重工），无疑可以成为世纪上海制造的一面旗帜。从注册 100 万美金开始起步，到年营收 300 亿人民币，港机全球占有率高达 70％以上，振华港机在港口机械领域一骑绝尘。奇迹的背后靠的是什么？最重要的是企业创始人管彤贤带领下企业团队那种敢抓机遇努力拼搏的振华精神！管彤贤 59 岁受命创立振华港机，之后逢山开路，遇水架桥，一直干到 76 岁才卸任，老骥伏枥的故事，在中国当代企业家历史上应该无出其右了！

图为 2006 年由振华港机生产的大型吊车耸立在洋山深水港二期码头。张海峰摄

振华之气——振华港机“软实力”报告

环球不同凉热！金融危机中，振华港机如梅傲立，只把春来报：短短 2 个月，4 笔大单，总价值近 6 亿美元。

2月17日一单签下8000万美元，9台大型散货装卸设备将竖立巴西淡水河谷矿山上；之前，2月5日拿下5000万美元合同，22台轨道吊将成为高雄新港区的“钢铁卫士”；而就在1个多月前，迪拜港一口气揽下价值3.4亿美元的87台振华设备，台湾地区阳明公司预定了1亿美元的8台振华桥吊。

外界不禁要问，难道这事发生在“市场的冬天”?

“都说全球海运进入寒冬，可我们不怕，我们有绝招、办法多，每年都要拿世界第一，让世人看看‘中国制造’的本事。”每次订单签约会上，振华港机公司总裁管彤贤总是话语铿锵，慷慨激昂——“2009年，我们要完成350亿元产值，同比增长25%”。

有人不解：靠什么，振华能够御寒保暖，大步前进；靠什么，这个当年用百万美元注册的小企业，如今独占全球港口机械78%的市场；

有人赞叹：振华港机，让中国“钢铁巨人”屹立世界各个角落；振华人，有胆有识。当“振华四号”碰上狡诈凶狠的索马里海盗时，船员们使出智勇双全的振华式招数，令荷枪实弹的海盗落荒而逃。这样的企业，太难得。

真正了解振华的人知道，赢得市场的青睐、赢得社会的尊重，振华港机靠产品、靠服务，更靠的是一种优秀的企业文化，一种振兴中华的昂扬士气。

这，便是企业的软实力。

王者之道与强争锋

每一个来到振华港机参观的人，都会感到一种“气场”，不服气、不认输、不懈怠，憋着一股劲在不断创新，从不轻言退缩。

“如今市场是冬天，可我们早已在多年打拼中磨练出来了，习惯了市场的变化、对手的招数。我们有自己的独门武器!”振华人这样告诉记者。

所谓独门武器，都是振华洞悉市场需求、真正自主创新的成果，每一项，都很管用，能够领袖群伦，能让对手汗颜。

例如双 40 英尺集装箱起重机。本世纪之前，无论是三菱、三井、现代等国际机械巨头，所制造的集装箱起重机都是一样，一次只能抓起一个集装箱。为什么不能是两个、三个呢？振华人想到了，看准了，大胆地试，大胆地闯。于是，在振华，双 40 英尺集装箱起重机横空出世，投产两年，接订单就有 200 余台，使得码头装卸效率提升 50% 以上，这样的产品，何愁没市场。港口客户们蜂拥振华，“赶集”订货。

在振华港机，管彤贤思考时的表情印在每一个员工的脑海中。“一看到老管沉思，就知道他在琢磨新点子，一有金点子，就会请科研人员马不停蹄地研发。”振华港机的员工们如是说。

“企业生活在市场竞争的漩涡之中，随时有灭顶之灾。依靠什么求市场、求发展？依靠什么与强争锋？除去产品的质量、价格、售后服务外，就只能是不停的自主创新”——在管彤贤眼中，创新，是企业持续发展、彰显王者风范的不竭动力。

于是，在振华港机，新点子、新办法、新思维总是不停地冒出来。

从英文比赛、打字比赛到“找产品毛病论文”评优——一个个公司内的评比，不落俗套；

符合欧、亚、非各国各地区要求的多用插头转化器，包含纳米科技的擦眼镜布——连送给客户的小礼品，振华都动足脑筋；

为了鼓励创新，企业内每年用于奖励科技创新的总金额超过千万元，单项大奖超过 100 万元，一批批科技人员获评“振华功臣”，大照片配上红花，挂在公司进门处的大堂内。

正是在这样的创新环境下，“高矮两只小车”的双小车岸桥、能吊起 3 个集装箱的桥吊、八绳防摇系统、跨箱搬运车，诸多新产品层出不穷。平心而论，并非每一个产品都是市场的宠儿，有些产品推广并不顺利，可从未听到过公司内的责怪声。对创新中的失误，振华从上到下都比较宽容，因为，只要 5 个、10 个新品中有一个被广泛运用，振华就开拓了市场新边疆，引领全球港机新潮流。

用人之道不拘一格

到振华采访，有一点让所有媒体记者印象特深：刚与满头白发的公司副总裁聊好，下一位被采访的高层竟然换成“毛头小伙”，头衔一样。怪了！

原来，公司高层有的年逾古稀，有的仅及而立，群贤毕至，少长咸集。

公司总工程师邬显达，年近八旬，爬到桥吊顶端没问题。公司遇到什么技术疑难杂症，邬总大多会冲在前头，“火线”作业。这样的“老大哥”，确是一宝啊！

但如果谁说“老管喜欢用老同志”，公司上下都会摇头。

看一看振华 24 人高管团队，平均年龄 47 岁。公司副总裁中，主管开发的田洪 40 出头，主管质检的黄庆丰才 35 岁；公司一些重要的开发、管理的中层岗位上，竟然有“80 后”。“只喜欢用老同志，谁说的！创新离不开年轻人。”

振华用人的标准到底是什么？说起来很简单，就是 12 字“真经”：肯操心，能着急，有办法，出手快。在这用人标准的四句话中，找不到“资历”、“学历”、“年龄”的字眼。

振华的技术创新团队中，既有科班知识分子，外语、计算机样样在行，又有充满热情、动手能力强的“行伍出身”。有意思的是，作为全球同行的龙头老大，振华招收的并不全是名牌大学毕业生，也大量录用中专生，来担任工程师助手。这样，工程师就从事务性工作中解脱出来，实际上“解放了生产力”。近年来，已有 250 多名中专生在振华安家，使得整个人才队伍梯度分明，根底扎实，“生丑净旦”和“跑龙套”相得益彰。

振华对于人才的关心备至是沪上出了名的：白领买房，公司提供无息贷款；买车，公司出面拍买牌照额度；春秋两次出游，从国内景点延伸到欧洲；每次上海有国外知名乐团的演出，公司总是包下大量座位，出资一半，请员工观看，而不少场次上，管总裁还手持大把演出单，站在门口迎候，一张张递到员工手中。有一次，在请员工观看马友友的大提琴演奏前，公司还专门请专业提琴手到公司上课——如何欣赏大提琴，管彤贤坐在最前面，细心地记着笔记。

据说，国外常常有猎头公司找到振华的技术骨干，动辄开价年薪 10 万美元以上，得到的回答却是众口一词：不！

爱国之道振兴中华

产品创新、人才战略，都是振华取胜的奥秘。而在振华，有一股昂扬士气，更是这个企业不断进取的原动力，这就是“振兴中华”的激情。

先看这样的故事：

2008 年 4 月，美国有线电视新闻网（CNN）主持人卡弗蒂发表辱华言论，在中国企业中，振华港机第一个高调站起来，严词声明，壮怀激烈：“把中国高质量、高技术产品说成‘垃圾’。我们看来此人是集无知、傲慢、愚昧于一身……我公司无比愤慨”。“如果卡弗蒂‘敢在铁证面前再次叫嚣（来自中国的大型集装箱机械）是‘垃圾’，我们会立即到美国请律师以诽谤罪起诉他。”振华港机公司官方网站上在这则声明旁配上原文影印件，落款为“上海振华港口机械（集团）股份有限公司四万职工”，并加盖“上海振华港口机械（集团）股份有限公司”公章。声明一出，在网上网下引起热议——是啊，美国东西海岸都在用振华的设备，振华的话语有分量！

还有，管彤贤每一次自己撰写讲话稿，不可能漏掉这样的话："我们打败了国外对手"，"让世界瞧瞧'中国制造'"。

这股士气，这般壮语，自然是干出来的。这并不是简单狭隘的民族主义感情，而是一种让世界听到中国声音的市场动力。

其实，早在16年前，振华100万美元注册，在机械行业籍籍无名，可他们提出的目标惊世骇俗：要让全球的集装箱港口都用上我们的桥吊！当时，"大话"没人信。可振华港机就是硬碰硬，一开始就到高手如云的国际市场闯荡。刚进入时，振华备受冷落，对手谗言相向，可振华人咬咬牙，偏向虎山行。到1992年末，加拿大温哥华港终于决定将一台集装箱起重机产品交给振华做，机会来了，拼了命都要做好，振华像做工艺品一样来建造这个"庞然大物"，不求利润，只求客户满意，就这样，振华第二年又拿到温哥华的订单，之后几年接连抢占加拿大、美国等东西海岸的港口市场。

正是在"振兴中华"的口号下，振华要求每个干部，特别是高管都"身先士卒"，不拿高薪，不配秘书，办公室布局十分简朴。管彤贤的办公室和总裁办合在一起，连个屏风都没有，一个屋子10多号人，老管坐在最里面，打个电话整个办公室都听得到。而记者也曾注意到管彤贤腕上的手表，上面印着ZPMC，价值顶多100元。

高管垂范，一心谋发展；员工士气旺，紧紧瞄准世界第一。这样的企业精神，让振华港机始终破浪前行，直挂云帆济沧海。面对仍未见底的国际金融海啸，他们智慧应对，谋划长远，在"以钢为纲"的前提下，积极向海洋工程市场进军。2009年产值预计增长70亿元，将以350亿元创历史新高，不仅如此，还将提供8000个就业机会，并持续让4.5万名职工收入保持两位数增长。

大风起兮云飞扬，振华港机走四方。

此文刊登于2009年03月02日《解放日报》，有所删改

作者　尼银良　丁波　张海峰

图为 2008 年欧洲最大的鹿特丹 euromax 开港仪式，其中大部分使用上海振华港机生产的高效率桥吊。

“无人码头”效率提升 50%

昨天，在长兴岛岸边，振华港机全新的“无人码头”集装箱装卸系统揭开面纱：偌大的示范区里几乎看不到操作人员，一个个集装箱从船上转移到特定的水平分配机构，再被神奇地自动运送到堆场任一指定位置，一切显得轻松而井然有序。振华港机公司总裁管彤贤表示，这是全球首创的新型全自动化集装箱码头装卸系统，其生产效率至少提高 50%，而且运行费用和污染大大降低。

来自全国各大港口的技术专家目睹了这一“无人码头”精彩演出，对于一个个集装箱的被自动转移表示出浓厚兴趣。在整个系统之中，最大的亮点是一个与岸边平行、以钢筋构筑的低架桥水平分配机构，该机构上方有起重小车，下面有平板车。而起重小车、平板车，以及堆场里的轨道吊等都在特定轨道上运行，通过中央控制室控制，现场不需要装卸工人。据了解，目前整个“无人码头”系统经过 3 年时间的开发，目前已申请了 8 项专利。

与国外的全自动化码头系统相比，振华港机的无人码头系统有着独特的优势。首先，它不再依赖 GPS 导航定位系统，而是采取更方便、更为准确的轨道定位。技术专家介绍，因为在港口多年的试验中发现，由于环境条件和障碍物影响，GPS 导航定位难以做到十分精确，这使得在集装箱装卸过程中，每一次集装箱的吊起、放下的定位耗时长，影响效率，但振华港机的无人码头采取更有效的轨道定位，其低架桥、平板车等都通过设置轨道来精确定位，速度更快了。其次，振华港机的无人码头中，所有平板车通过电驱动，在轨道上运行，改变了传统码头和国外自动化码头用内燃机驱动的地面水平运输方式，环保省油。此外，由于采取双 40 英尺集装箱起重机做配合，桥吊对应的装卸路径各自互不干涉，使得它的效率有很大提升，原本，一个桥吊 1 小时可以装卸 35 个集装箱，在此类“无人码头”上，一个桥吊 1 小时最高效率可以装卸 70 个集装箱以上。

深圳赤湾码头副总经理熊海明告诉记者，如果振华港机的这一“无人码头”系统在完善后得到推广，集装箱码头的一条作业线的操作人员，可以由以前的每天 40 人以上减少到 10 人以下，大量的地面水平运输人力节省下来；同时这套系统的成本不高，适用于老码头技术改造。要知道，在国外，以 GPS 导航的自动化码头系统价格昂贵，平均一台平板车的成本也要 10 万美元以上。

管彤贤表示，无人码头系统的研制，是振华港机从港口集装箱机械生产商向整体集成方案提供商发展的重要一步，下个月，来自全球六十几个港口的专家将到上海来观摩这一系统。目前，振华港机的集装箱桥吊、轨道吊等产品已经占据全球 70% 以上的市场份额，而无人码头系统的开发，能使振华港机在更节能、更环保、更具效率的未来码头开发市场中抢得先机。

此文刊登于 2007 年 11 月 25 日《解放日报》

作者　丁波　张海峰

“港口巨人”胜似“闲庭信步”

在“欧洲门户”鹿特丹，刚过去的这个周末格外热闹，蒙蒙细雨中，1400 多位全球海运和港口业界的头面人物聚集在这里，见证世界最先进、规模最大的自动化码头——Euromax 码头正式开港。“它一年能够完成 230 万标准箱装卸，可员工只需 50 人。”码头管理方 ECT 公司总裁杨・韦斯特胡德表示，码头起重设备都采用了上海振华港机的产品，这是实现高效率的重要保证。

真的很神奇。在码头旁，高高的岸桥将集装箱从船甲板吊装到平板车上之后，一切似乎进入无人之境：先是自动行走车“闲庭信步”，将集装箱运到堆场；堆场前无人操作的轨道吊如同一只只机械手，将集装箱吊装到指定位置；这之后，大量箱子将被自动吊装到铁轨上，通过火车运往德国以及欧洲其他地方，整个过程井然有序。来自振华港机的 16 台岸桥、58 台轨道吊和 2 台铁路吊车，成为整个码头上的主角，76 台“港口巨人”如同搭积木一样，将每一个集装箱快速自如地移动到指定位置，声音还很轻。

“这是全球自动化码头第一次全部使用振华港机的设备，与普通码头相比，操作人员减少 70%。”振华港机总经理管彤贤兴奋地告诉记者，目前，全球自动化码头屈指可数，而 Euro max 码头无论在效率、环保和适应性等方面，都超过了目前在汉堡和迪拜的自动化码头，它能够适应全球所有型号集装箱船的装卸任务，包括尚未露面的巨型 15000 箱集装箱船。

研制自动化的“港口巨人”，让振华港机费了不少心血。在过去 5 年中，他们根据 Euromax 的规划，充分提升产品自动化功能，在位置自动检测、安全冗余性、信息化对接等方面，加大研发力度，从而对原本成熟的轨道吊等产品实现全新革命，能采用电脑控制进行无人操作，也赢得 Euromax 码头方充分信任，订单从 1 亿多美元追加到近 3 亿美元。

开港仪式上，鹿特丹以别具一格的方式来庆祝全新码头的启用，他们在集装箱堆场搭建起绚丽的舞台，伴随着激情四射的踢踏舞表演和中国焰火，轨道吊将一个集装箱自动放置在无人驾驶的平板车上，在嘉宾欢呼声中完成了象征性的“第一吊”。鹿特丹市长埃沃·奥普斯特尔的欢喜溢于言表：Euromax 的开港，象征着鹿特丹开启又一扇未来之门，更有竞争力、更加环保和高效。

今年以来，尽管人民币升值、钢材价格高涨，大幅挤压了振华港机的利润空间，但凭借不断创新的产品和成熟的品牌效应，振华港机签订的订单有望突破 45 亿美元，比去年提高 25% 以上，完成产值有望突破 250 亿元人民币，同比增长 20% 以上，上半年公司净利润也实现了同比增长近 4 个百分点。

管彤贤表示，在长兴岛基地，公司已建立了更为先进的自动化码头示范区，它的革新在于以钢筋构筑的低架桥水平分配机构，快速分配集装箱。这一技术应用开来，效率将更加提高，码头操作再次焕然一新。

【点评】

面对人民币升值、原材料涨价等因素，大量出口制造业企业陷入困境，但对于上海振华港机而言，发展速度丝毫没有减慢，靠的就是产品和技术不断革新。无疑，要像振华港机这样树立起产品和技术的领先优势，需要长时间不懈努力。不管经济形势好坏，根据本行业的特点和企业实际，深入研究市场，勇于自主创新，逐步培养产品和技术核心竞争力，是亘古不变的企业取胜之道。

此文刊登于 2008 年 09 月 14 日《解放日报》

一代传奇掌门人解甲归田

管彤贤卸任了，今年 76 岁高龄。

2009 年 12 月 8 日，振华重工公司正式发布公告称："由于年龄原因，管彤贤先生提交辞呈，不再担任公司总裁职务，董事会审议同意管彤贤先生辞去公司总裁一职。"

公告中一句话让所有熟悉振华的人有着共鸣——"公司董事会对管彤贤先生十七年来为公司的创立和发展壮大做出的卓越贡献表示由衷的感谢和崇高的敬意!"虽然是一句官样文字表达，但此时，对于管彤贤而言，这样的表述可谓字字真金。

1992 年，创办振华港机时，他 59 岁，已近耳顺，从交通部的处长位置退下。

17 年来，在人家享受晚年天伦之乐时，他只身在到上海，带领振华大步发展，威震全球，从最初注册资本 100 万美元的小企业，发展到年产值 300 亿人民币的世界级公司。

近几年来，企业和企业家开始在股市、地产、期货上追求财富的迅速扩张，一夜暴富，可他，眼光却从未离开过实业、脚跟从未离开过港口和滩涂，每年几十亿的企业利润，从不设想在金融和地产上来实现翻倍；自己身处上海，从来未想过安家置业，购房升值，为晚年安稳积累财富。

在他的眼中，振华只干实事，不玩虚活；自己曾经沧海，金钱财富，更是身外之物。

蝉联多年中国上市公司最年长的总裁之后，年岁已高的管彤贤，何时卸任都在情理之中，因为他卸任之时，也就是中国国企掌门人的年龄新纪录的诞生之日；然而，功勋卓著的他却总依然壮志未名，占领全球 80% 的港口集装箱

与老管的合影，这位 60 岁开始创立振华港机，16 年造就世界第一的老人，一身都有着传奇色彩。

份额之后并不满足，今年 3 月，他力主的振华港机更名振华重工，开始向更为广阔的海洋工程市场进军，这被称为振华的二次创业。

二次创业伊始老帅离任，让人感到一丝悲情。

有趣的事，曾经一直不肯谈退休二字的老管，在离任之后，似乎看的很开。12 月 8 日，振华重工发布公告之时，记者致电管彤贤时，他却笑声爽朗，称“功德圆满”。对于离任的原因是否因为年事过高，老管说，“去留在天，原因也就不用深究呢！”

媒体的人都知道，对于何时退休，以往管彤贤总是回答：“如果我爬不上振华港机高高的桥吊，那我就要退休了。”如今，76 岁的他是否因为爬不上桥吊而辞职，不得而知。

可有一点可以肯定，17 年，管彤贤开始慢慢成为一个标杆，他的传奇经历足以成为申城企业家的典范，也让国有企业家退休年龄的界限越加模糊起来……

童心老头

管彤贤今年 76 岁，却一直保持着一颗童心，他的办公室里，挂着一幅大大的图画，既不是名画，也不是伟人像，而是一只米老鼠，“看着它，我很开心”，管彤贤总是这样说。

掌管年产值 300 亿元，利润数十亿元的上市公司，管彤贤丝毫没有老板的习性。迄今为止，他连独立的办公室都没有，他的办公室与总裁办在一个房间，办公桌之间连个屏风都不设，一个屋子 10 多号人，老管坐在最里面，打个电话整个办公室都听得到；他手上戴的，总是印有振华港机字样的手表，价值只有百余元，看起来有些寒碜；他戴着大大的眼镜，因此常常会把他擦眼镜的布拿出来“炫耀”，“你也戴眼镜，我这块擦眼镜布好，纳米技术的，送你一块”，让人意外，却很亲切。

熟悉振华的媒体都知道，如果管总以自己的标准来要求下属，估计振华港机搞不好。尽管他曾长年住在单位旁的招待所里，但他对于下属的福利却丝毫不含糊。振华的待遇，在上海可谓“鼎鼎有名”：买房——公司提供大额无息贷款、买车——公司出钱拍卖牌照；春秋两次出游，从国内景点延伸到欧洲；每次上海有国外知名乐团的演出，公司总是包下大量座位，出资一半，请员工观看，而不少场次上，管总裁还手持大把演出单，站在门口迎候，一张张递到员工手中。有一次，在请员工观看马友友的大提琴演奏之前，公司专门请专业提琴手到公司来上课——如何欣赏大提琴，管彤贤坐在最前面，仔细记着笔记。

老管的童心，还表现在他的激情上。无数次的签约仪式上，面对各位政府官员和来宾，他总是慷慨激昂，从不说官话套话，所有的讲话稿都是自己拟定，其间总是充满“把欧美对手给打趴下”、“让他们知道中国制造的厉害”等话语，让人心潮澎湃。

2008 年 4 月，美国有线电视新闻网（CNN）主持人卡弗蒂发表辱华言论，在中国企业中，振华港机第一个高调站起来，发出严词声明，壮怀激烈：“把中国高质量、高技术产品说成‘垃圾’。我们看来此人是集无知、傲慢、愚昧于一身……我公司无比愤慨”。“如果卡弗蒂‘敢在铁证面前再次叫嚣（来自中国的大型集装箱机械）是‘垃圾’，我们会立即到美国请律师以诽谤罪起诉他。”振华港机公司官方网站上在这则声明旁配上原文影印件，落款为“上海振华港口机械（集团）股份有限公司四万职工”，并加盖“上海振华港口机械（集团）股份有限公司”公章。声明一出，在网上网下引起热议当时，出这样正规声明的中国企业，只有振华港机一家，而熟悉振华的人一看就知道，这样的话肯定是老管的风格，只有他，才敢喊敢叫，因为美国港口都在用振华的产品，也因为，他 70 多岁了，还怕啥?

童心、激情，从何而来，不得而知。无疑，对于曾经在北京机关工作多年的老管而言，要保持这种青春般的冲劲，确实不是常人能够做到。

老管很少在熟人或媒体前谈及他的前 59 年，有人说，他文革时受到磨难，仕途一直不顺，早已看淡官场荣华，来到上海只为决心展示一下自己的能力。

从老管的经历来看，他 24 岁从北京工学院毕业后，管彤贤被意外下放到了黑龙江农场。大荒野的生活锻炼了他很强的自我管理能力。他形容，那时“自己的生命像小草般卑微，但旺盛并坚强”。“文化大革命”结束后他被调回交通部并一直工作到 1992 年。在水运司、中港总公司船机处担任处长的他时年 59 岁，“公司也没有规定必须要退休，但总觉得自己还需要干点什么，于是请求组织将我调往上海。”

或许，之前的磨难和北京机关里的工作的乏味，一直压抑住老管天生的激情和童心，在上海，在一家全新的小企业中，却意外地被激发。

一激发，就是整整 17 年。

书写传奇

童心、爱国、激情，这些企业家的个性，或许还不足以带领振华港机成为全球巨无霸。而振华港机的成功，还归功于管彤贤在关键时刻的关键性决策。

在 1992 年，管彤贤到了退休年龄，从北京交通部的处长卸任，来上海创办振华港机公司，当时的注册资本只有 100 万美元，管彤贤却大胆提出，要让全球每一个码头都用振华港机的产品。

上世纪 90 年代，全球桥吊企业都没有自己运输船队，也很少从事整机运输。桥吊、轨道吊，都是大家伙，高的将近 100 米，造好了，如何运输？过去，这种活都交给专业运输公司，可对方要价高，开口就是百万美元，而且时间说不准。管彤贤一狠心，决定自己造船、自己运输。于是，从 1994 年起，振华第一条整机运输船成功投运，时间完全自己掌控，客户们惊叹方便省时。而且，振华港机对高近百米的桥吊进行整机远洋运输时，还能够起到意想不到的广告效应，在欧美许多码头，造成万人空巷，也让许多老华侨看着流泪，“中国制造”牛了。

本世纪之前，三菱、三井、现代等国际机械巨头，所造的集装箱起重机都一样，一次只能抓起一个集装箱。管彤贤想，为什么不能是两个、三个呢？看准了，就大胆地试，大胆地闯。于是，振华双 40 英尺集装箱起重机横空出世，投产两年，接下订单 200 余台，码头装卸效率提升 50% 以上。这样的产品，何愁没市场，港口客户蜂拥振华，“赶集”订货。

这些，都成为振华港机在市场上的经典之战，在一轮轮这样的战役中，振华逐步垄断了全球桥吊市场。

而即使取得垄断地位，管彤贤在新领域的开拓也丝毫没停步，每年公司的科技大奖都能创下“上海纪录”。今年初，振华港机为公司 2007—2008 年度自主创新项目研发人员颁发大额奖金高达 1800 多万元，其中，每个特等奖项目的研发人员获得 100 万元奖励，12 个特等奖项目共计 1200 万元，成为上海企业奖励科技创新的最大一笔奖金。其实，振华港机重奖科技人员的奖金额度每年都在增长，从 2004 年 376 万元到今年 1827 万元，增速不小。但记者翻阅公司年报看到，公司高管薪酬的年增长速度并不高，10 多位高管年薪多维持在二三十万元左右，远低于对科技人员的奖励。

正是在这样的创新环境下，“高矮两只小车”的双小车岸桥、能吊起 3 个集装箱的桥吊、八绳防摇系统、跨箱搬运车，诸多新产品层出不穷。平心而论，并非每一个产品都是市场的宠儿，有些产品推广并不顺利，可从未听到过公司内的责怪声。对创新中的失误，振华从上到下都比较宽容，因为，只要 5 个、10 个新品中有一个被广泛运用，振华就开拓了市场新边疆，引领全球港机新潮流。

有个故事，彰显振华创新中的大气。前两年，振华港机曾把全球 10 余家同行请到上海，参观长兴制造基地，可以任意拍照，若需要还可以奉送图纸资料。不少欧美竞争对手一看吓一跳，直叹这基地太厉害，有的干脆就此关门。

这就是振华攻略之一：走自己的路，让竞争者无路可走。

解甲归田

在振华，老管的威信相当高，76 岁的他，事无巨细，把公司安排地井井有条，每天，最早上班、最晚下班，经常都是他自己，常常晚上 8、9 点钟，遇到急事，再把下属叫到公司处理，而他却不曾离开公司半步。

老管的用人也颇有风格，在振华，尽管有董事会，但几乎所有的重要人事任命，过去都是老管一人说了算，哪怕是副总的提名，董事会十分尊重他的决定。

到振华采访，有一点让所有媒体记者印象特深：刚与满头白发的公司副总裁聊好，下一位被采访的高层竟然换成“毛头小伙”，头衔一样。怪了！

原来，公司高层有的年逾古稀，有的仅及而立，群贤毕至，少长咸集。

公司总工程师邬显达，年近八旬，爬到桥吊顶端没问题。公司遇到什么技术疑难杂症，邬总大多会冲在前头，“火线”作业。这样的“老大哥”，确是一宝啊！但往往，邬总的在位，也常常被认为是老管不愿谈及退休的一个盾牌。

“谁说我年纪大，你看邬总，比我还大三岁，不一样干的很好”

这样的解释是否成立，无人知晓，但主要负责人的高龄，并没有影响到公司对于年轻人都提拔。

但如果谁说“老管喜欢用老同志”，公司上下都会摇头。

看一看振华 24 人高管团队，平均年龄 47 岁。公司副总裁中，主管开发的田洪 40 出头，主管质检的黄庆丰才 35 岁；公司一些重要的开发、管理的中层岗位上，竟然有“80 后”。“只喜欢用老同志，谁说的！创新离不开年轻人。”

振华用人的标准到底是什么？说起来很简单，老管说的“真经”是 12 个字：“肯操心，能着急，有办法，出手快”。在这用人标准的四句话中，找不到“资历”、“学历”、“年龄”的字眼。

用管彤贤的话来解释：很多事情操心不操心，大不一样；但是有些人光操心不着急也不行，很多智慧是“着急”出来的。我们有些事情，也是逼到一定程度，才急中生智。再就是遇事要拿得出办法，有些管理者，组织纪律性强，遇到事情就请示汇报，觉得这样就行了，即使有想法，也是没办法，结果很多问题就积聚在那里，这不行。在振华，遇到事情必须要拿出办法，才算你的本事。最后是出手要快，公司发展日理万机，必须“今日事今日毕”。

正是由于老管在企业发展之中的引领作用，许多人在担心，离开了管彤贤的振华重工，是否会受到影响？还能如以前那样快速发展吗？

毕竟，振华在传统业务集装箱起重机的市场占有率已经达到 80%，再重复 2003—2005 年快速增长的可能性不大，因此，快速打开海洋重工市场，也被认为是振华的第二次创业，这也是年初振华港机更名为振华重工的直接原因。

记者昨天电话询问管彤贤，离任后是呆在上海，还是回北京。管彤贤告诉记者，公司帮他在附近购置了一套房，主要考虑到年纪大了，能有所照应，但他个人还是喜欢北京，估计以后回北京住的时间会更长一点。

振华 17 年发展，让管彤贤和振华密不可分，让人肃然起敬的是，10 多年来，管彤贤从未对外提过要股权、期权激励的要求；而记者在多年采访中，也从未听到过管彤贤想在上海置业、安家，甚至从未提过买房、发财。

在股市、楼市飙升多年的时代，这样的企业家真的已经很少了。

此文刊登于 2009 年 12 月 9 日《解放日报》，有所删改

作者　丁波　张春海

第四章：民机涅槃

ARJ21 之路

ARJ21 从最初的“超重难产”、“寒门子弟”；到后来的“登坛入室”、“完美首飞”，诞生时曲折过程的背后，深层次是中国航空工业沉寂多年之后是否有必要再次出发的徘徊与纠结。无论从产品形态、技术储备，还是生产体系、协同模式、市场认可等等，对于当时积贫积弱的中国航空工业而言，都是重新开始，处处都是难题，处处需要奋进。“不经历风雨怎么见彩虹”，8 年磨一剑的 ARJ21 最终走出争议迈向市场，无疑是极大增强了信心。在 21 世纪初，对于中国民机工业而言，信心，比黄金更重要。

图为 2007 年 12 月 ARJ21 支线飞机在上海总装下线。

ARJ21：八年磨一剑

【题记】

金融危机的寒潮中，当上海迈过 2009 年的门槛，未来经济的发动机何在？不是一个容易得出的答案。

汽车、钢铁、造船为主的重化工业跌入最深的谷底；纺织、服装、玩具、轻工为主的出口贸易，短期内难以恢复往日的繁忙；而资本市场带来的灾难，要让人重拾信心、再燃热情，唯一的有效办法其实是等待，等待受害者抚平伤痛、等待新生代成长起来；以房地产为最大支柱的都市经济发动机，依然在不停的质疑和争论声中，寻找着一个正确而稳定的发展频率……

谁，能成为上海未来 10 年，甚至更长时间新一轮经济增长最直接、最有效的全新发动机，有人把目光投向航空工业。

这是现实的必然，更是多年来的梦想。

2008 年底，ARJ21 飞机以近乎完美的方式完成首飞，也一扫过去笼罩其上多年的重重阴霾和疑问，大型客机项目型号论证已经开始，数百名全国各地的专家集聚上海，为这架未来中国的波音、空客确定最初的模样。

温家宝总理“让中国的大飞机飞向蓝天”的呼声，如今响彻在每一个航空工业技术人员的耳畔，这声音，似乎是如此熟悉，而又多年来不曾听到过。

从 ARJ21 开始，真正振兴中国航空工业，这条路将是漫长而曲折的，但无疑，中国和上海的航空人已经迈开大步……

这一刻，让在场所有人动容。

2008 年 11 月 29 日，位于宝山大场的上海飞机厂旁，3000 米的试飞跑道格外干净整洁，中国航空工业的新生儿——ARJ21—700 飞机在数千研制人员的注目下第一次冲上蓝天。

它的起飞速度超过了想象，伴随发动机阵阵的轰鸣声，拥有蓝白相间机身的 ARJ21—700 飞机开始提速，只见它快速滑过指挥塔台，机头翘起，起落架离地，似乎长长的跑道仅仅用了 1/3 不到，就如雄鹰展翅般腾空而起，飞上蓝天。

它轻盈爬升，姿态优雅，一次、两次、三次，它以不同地高度掠过人们的头顶，最低的一次只有 200 米的高度，让人能够清楚地欣赏它蓝白相间的美丽机身。在天空翱翔 61 分钟后平稳着陆，

“太完美了，ARJ21—700 操控自如，性能优良。”首飞试飞员赵鹏在 ARJ21 走下机舱后，掩饰不了心中的激动：“这是我驾驶的第 30 种机型，我能够很明确地告诉大家，它的性能可与市场上任何成熟机型媲美。”

或许他的话语带些感情色彩，毕竟，ARJ21 还是中国航空工业的初生儿，与波音、空客等老大哥相比，应该说尚有差距。

但，对于那些伴随 ARJ21 成长的所有航空工业战士们而言，赵鹏的话语激荡人心，8 年了，ARJ21 度过了许多不平坦的日日夜夜，有争议、有蔑视、有不懈、更有突破障碍的坚定力量和孤注一掷的必胜决心。ARJ21 的完美首飞，让其中的许多疑问和不解烟消云散，也让中国航空工业未来自主创新的有了更多的底气。

平心而论，8 年来，ARJ21 遇到过的困难和曲折，不完全是过去时的，也是现在时和将来时，无论是 ARJ21 还是已经开始启动的大飞机项目，未来的挑战依然很多，我们回顾 ARJ21 八年来的波折与不易，更是试探着展望中国和上海航空工业未来的发展之路。

世纪抉择

对于 ARJ21 的起步，比较官方的说法是：2000 年正式启动。

具体的动作有如下几个：

2000年2月15日，国务院总理办公会议决定支持研制和发展我国新型涡扇支线飞机。明确要求，国家要在政策上引导和支持民用飞机工业发展。民用运输企业要积极开拓市场，支持国产民用飞机生产，加快发展支线航空运输。

2000年11月6日，国防科工委在珠海航展期间发布了《中国民用飞机发展报告》，对外宣布中国将按照国际适航标准研制具有自主自识产权的新型涡扇支线飞机。

2000年11月7日，中国航空工业第一集团宣布，组建按市场规则运作的新支线飞机项目公司，负责研制和发展我国新型涡扇支线飞机。

对于为什么在此时启动新型涡扇支线飞机，当时的媒体上并没有大肆宣传，也没有太多关注新型涡扇支线飞机，或许这一专业性较强的名称，远没有世纪之交诸多大事那样光彩夺目。

无疑，世纪之交，对于逐步走向国际舞台的中国经济而言是灿烂的。财富年会刚刚在上海举行、加入WTO的步伐日益加速、中国在钢铁、汽车、石化等诸多重化工业上大步向前，作为航空工业的同门兄弟的航天工程，更在1999年完成了神舟1号无人飞船的首发成功，荣耀倍增地迈向新世纪。

恰恰，在2000年，或许是中国民用航空工业最冰冷、最失意的时刻，几乎在所有的工业类部门中，民用航空工业陷入低谷，甚至一定程度被人遗忘。

整个上世纪90年代，由于麦道公司被波音公司并购，原本在上海制造了35架麦道82之后，准备启动的20架麦道90的计划戛然而止，麦道90仅仅生产了两架，由于航空公司担心麦道飞机停产后缺乏延续的售后服务，而没有人敢买上海制造的麦道90，把这两架飞机正式卖出去时，已经到了世纪之交。此时，上海代工麦道82时的热闹场面早已不再。包括上海飞机厂都陷入困境，连工资都发不出来。“我们曾经为上海飞机厂写内参，请求上级资金支持，保全航空工业的技术班底”，一位长期报道航空工业的新华社记者曾告诉记者，

“世纪之交，上海的飞机工业确实很苦”。

更重要的，作为中国航空工业最大代工项目的麦道项目破灭后，中国民用航空工业未来驶向何方，是一个最受争议的问题。上海从 70 年代到 21 世纪近 30 年的路上，可以分为两个阶段，这两个阶段，也可以说是中国航空工业的两个阶段：第一阶段以自主研制为主，干运十飞机，一干就是 10 年，1980 年运十首飞成功，但接下来却遭受厄运，被迫夭折，当时一个言论是：运十是文革时领导人工程，早就赶不上波音飞机了，机型已经落伍，航空公司不肯买，只能作废。在运十飞机不了了之之后，中国选择了对外合作，从 1985 年正式开始与麦道公司合作，一干又是 10 多年，直到 1997 年，麦道被波音并购，麦道代工项目终止，这又从另一个角度证明：对外合作，主动权始终被外方所掌握，我们没有任何主动权，简单的代工，不能成为中国民用航空工业未来的发展方向。

两条路走下来，在世纪之交，30 年的疯狂奔跑后又回到起点。中国，到底需不需要干民用航空工业，需不需要自己造飞机？如果需要，我们要从那里突破呢？

迷惘中，有人看到了支线飞机市场——这一块还没有被广泛关注的处女地。

撇开航空人为国争光的豪言壮语，在当时，选择支线飞机市场，瞄准新型涡扇支线飞机，有着很现实的意义。这是因为在干线飞机领域，波音和空客已经垄断了几乎全球的市场，中国要马上以干线为突破，风险大，赶超的困难更大。相比之下，支线飞机虽也有庞巴迪、巴西航空等高手存在，但当时他们与波音、空客相比，还是好对付得多的高手，何况中国的支线飞机市场尚没有成长起来，与干线飞机的“红海”相比，支线飞机市场尚为“蓝海”市场，有更多便利于另起炉灶，重新崛起的条件。同时，由于支线飞机的尺寸要小于干线飞机，从外行人看来，其投入也就小于干线飞机，投入小、风险相对小一些，以它为突破口，或许受到的外界阻力和质疑声较少，是一个比较实际，也能避开更多的风言风语，让研发工作扎实推进的突破口。经历过两次失败的中国航空人知道，要真正让中国的客机飞上蓝天，需要勇气，更需要务实的智慧。

于是，瞄准支线航空领域、我国自主研发的新型涡轮飞机，就这样起步了，它生于乱世之交，肩负着振兴中国航空工业的重任，却又是谨慎的、试探性的迈出第一步。正因为如此，也注定从 2000 年开始，ARJ21 的起飞之路不可能是平坦的。

图为 2003 年在上飞厂房内，上飞第一批 ARJ21 飞机零件诞生。张春海摄

艰难前进

2003 年 12 月 21 日，是 ARJ21 支线飞机正式开工的日子。在此之前，它进行了将近 3 年的预研。

然而，在记者的记忆中，当时的开工现场，却无法让人将这里与中国民族航空工业最重要项目联系起来。主会场设在上海飞机制造厂偌大的厂房里，略显简陋，在一批飞机翼肋从飞机厂看似有些陈旧的油压机生产线上缓缓流出时，时任中国航空工业第一集团负责人宣布，拥有我国自主知识产权的新型涡扇支线飞机——ARJ21 飞机正式开始零部件生产。

场地布置相对简陋和有些陈旧的设备，难以让在场记者感到，这是在造新一代的支线飞机。开工的现场，也找不到国家相关部委和上海市任何一位领导的身影，对于一个与中国航空工业未来命运攸关的航空工业项目而言，似乎有些不太匹配。

在许多业内人士看来，ARJ21 在起步阶段确实有些尴尬，因为它不像是国家战略、地方战略，而更像是企业战略，尽管中航第一集团坚信走“从支线飞机到干线飞机”的“渐进式道路”，但这条道路无论是技术上的过渡，还是运作模式，开始时似乎没有得到中央高层的首肯。毕竟，真的要造干线飞机的话，决策权在中央最高层。

何况，自主开发支线飞机的道路，依然受到合资、合作道路的挑战，后者在商业化上明显有着优势。

其实，对于 ARJ21 项目起步时的艰难，记者在多个场合都可以感受到：早在 2003 年 6 月，ARJ21 还没有正式开工之前，在上海举行的我国最具实力的两家飞机设计所——西安飞机设计研究所和上海飞机设计研究所整合仪式上，虽然时任中航第一集团老总再三提到 ARJ21 飞机，但出席会议的上海相关部门领导在讲话中却没有一句提到 ARJ21 飞机，仅仅是在讲话中表示“上海是有能力造大飞机的”。显然，在当时而言，对于 ARJ21 支线飞机项目而言，上海方面似乎兴趣并不大。

或许先天不足，ARJ21 项目开工之后始终不太顺利。在开工后不久，即 2004 年初就有设计“超重”的传言出现；所谓超重，是指最初整体设计时的重量，与之后各部件设计、实验时再汇总的重量相比，后者重了。飞机如果超重幅度较大，就意味着飞机在整体设计时，存在一些不足，重量减不下去，将来飞机的有效载荷将降低，难以满载起飞，之后，又出现了“开铆时间将有所推迟”的传言。尽管当时中航商用飞机制造公司负责人出面正式辟谣，并让开铆事件准时兑现，但无疑，ARJ21 飞机确实无法按照预想中的时间表推进，开工近 3 年过去了，ARJ21 这个自主知识产权飞机项目甚至很少在公众媒体上露面，仅仅在巴黎或者珠海航展上，才看到它的巨大的模型。

记者深深地记住了 2003 年底开工时所公布的时间进度表，在那张时间表上，ARJ21 各类零部件的生产将经历 2 年时间，到 2005 年底左右完成，所有零部件将运到上海进行总装，首架飞机将于 2006 年中试飞，2007 年底取得适航证，2008 年初交付使用。

然而，在随后的两、三年中，ARJ21 没有能够按照这一计划上的时间稳步推进，无论是中航第一集团还是作为项目公司的中航商飞，对于 ARJ21 的研制进展也很少向外披露，让新闻媒体一度将 ARJ21 遗忘，或者在猜疑是否遇到了巨大困难。而对于时间的推迟，包括上海飞机厂等负责人给出这样的答复：“飞机研制是一个复杂的过程，在研制过程中，时间节点的推迟是正常现象。”

不少业内人士当时的推测，ARJ21 研发时间的推迟，一方面是由于设计方案在细化过程中遇到了许多难题，解决需要一定时间，另一方面，由于 ARJ21 的部件在上海、成都、沈阳、西安四地生产，制造分工为：上飞为主制造商，负责总装和平尾；成飞负责机头和登机门、服务门；西飞负责前机身、中机身、中后机身、机翼、应急门；沈飞负责吊挂、机身尾段、垂尾、方向舵和全机电缆制造。这样的分工有好处，也有坏处，特别是在生产的协调统一方面有难度，如果没有强大的中央力量的支持，就会让地方难以协调。由于四地政府仅仅在 ARJ21 的生产过程中分得一杯羹，谁都没有主导权，也使得地方政府缺乏一定的积极性。加之中航第一集团当时在中央企业中，并非位重势大一类，因此在协调地方关系上并不容易。因此，在 ARJ21 研制过程中，也曾传出西安飞机厂准备与德隆集团一起收购德国仙童多尼尔的生产技术，虽然之后因为德隆问题的曝光和中航第一集团的反对而不了了之，但由此也看出，当时对于 ARJ21 的推进上，相关各方还没有做到完全的“心齐气顺”。

从 2003 年开工一直到 2006 年年中，将近 3 年时间内，ARJ21 的研发进展似乎很少向公众透露，这也让更多的人为这一支线飞机产品而担忧。这种状况一直持续到 2006 年下半年，突然之间，ARJ21 开始全面提速。

全面提速

ARJ21 的突然提速，与中航第一集团高层的调动有关，更与中国大型客机项目立项通过紧密相连。

从媒体的角度看，2006 年 6 月开始，一直很沉寂的 ARJ21 项目重大消息一个接一个：

2006 年 6 月，在国防科工委领导下，第一航空集团全力以赴，按实际情况调整进度时间表：新调整的时间表将总装时间定为 2007 年，所有 ARJ21 工作人员庄严誓师，一定按期完成总装。这个动作当时甚为高调。

整个研制全面提速，2006 年 9 月首架飞机前机身部件在一航西飞实现交付；之后，各大部件都提前完成交付，到 2007 年 3 月 7 日，新支线飞机中制造最为复杂的大部件——首架 ARJ21 机翼和中机身部件在一航西飞成功交付；3 月 13 日，首架 ARJ21 飞机尾段在一航沈飞实现交付。至此，各大部件均已到位，ARJ21 全面总装蓄势待发。在整个生产过程中，从第一个部件的交付到 2007 年 3 月 13 日最后一个部件的顺利交付仅仅用了 185 天，开创了我国民用飞机制造历史的纪录。

振奋人心的消息一个一个传来，而且每一次，让人感到场面宏大、心潮澎湃，通过广泛的媒体报道，也消除了外界对于 ARJ21 的质疑。

有人说，当时中国航空工业第一集团的新任总经理林左鸣，是 ARJ21 飞机项目全面提速的推动者之一，在外界看来，他巧妙地整合了各方力量，积极争取中央部委和地方上对于 ARJ21 的支持，高调推进 ARJ21 的总装和下线，也激起了媒体对于 ARJ21 的热情和关注。林左鸣长期在成飞、沈飞等一线企业干过，对于飞机制造的全流程比较熟悉，值得注意的是，林左鸣的上任时间是 2006 年 5 月，无疑，ARJ21 之后的高调提速，从时间上是与他的上任吻合的。

在媒体眼中，变化是明显的：

2007 年 3 月，ARJ21 新支线飞机在上海正式总装，与当年开工时的寒酸相比，总装的启动显得盛大。在出席的各方领导中，两位正部级领导的出席让人关注，一是国防科工委主任张云川，二是上海市委副书记、市长韩正，在媒体的公开报道中，这两位领导是第一次公开出现在 ARJ21 项目推进的重大仪式上，也给媒体透露了一个重要的信号，ARJ21 不仅已经得到了国防科工委的全力支持，更得到上海市的全力支持。

变化背后的原因何在，似乎很难说清楚。一位原本在上海飞机厂工作 20 多年的同志告诉记者，“干飞机，是一件大事，在中国，不得到中央和地方政府的鼎立支持，要让 ARJ21 干好，是很难的。中航工业第一集团意识到这一点后，在取得各方支持上下了不少功夫。”

但或许，促成各方从“同床异梦”到“携手共进”的更重要更根本的原因，还在于大型客机项目的正式立项和公司组建。值得注意的是，2007 年初，ARJ21 总装之时，大型客机项目刚刚通过立项。

2007 年春节一过，温家宝总理主持召开国务院常务会议，听取大型飞机重大专项领导小组关于大型飞机方案论证工作汇报，原则批准大型飞机研制重大科技专项正式立项，同意组建大型客机股份公司，尽快开展工作。其中，温总理的几句话让人记忆犹新：“必须充分认识这项任务的艰巨性，充分估计可能遇到的困难和风险，以百折不挠的决心和意志，坚持不懈地努力，完成这一光荣的历史使命。”“要加强组织领导，集中力量，合力攻关。各方面要牢固树立全局观念，大力协同、密切配合，各种资源统筹安排、合理整合。”

“充分估计可能遇到的困难和风险”，这样的表述，在国务院常务会议对于未来产业项目的布局判断上，记者是第一次看到，这也充分说明了，党中央和国务院，看到了大型客机项目的艰难和曲折，也看到了力求协同各方力量集中攻关的决心。

业内知情人士曾告诉记者：大型客机项目的立项之后，能从两个方面刺激 ARJ21 飞机制造加速：一方面，大飞机立项后，中国航空工业的整合无疑将加快，中国第一航空工业集团和第二航空工业集团的合并箭在弦上。谁要能在合并过程中争取主动，一定程度要看各自的表现与实绩；另一方面：大型客机项目立项之后，上海也看到了希望，上海航空工业沉寂多年，前几年也在争取空中客车 320 项目落户，甚至曾经一度被认为是最大热门，但最终空客 A320 项目落户在天津，让上海航空人一度又有所失落，而大型客机项目立项后，在这个自主研发的大型客机上，上海是最为合适的研发和总装基地候选者，因此，上海不愿放弃，也看清楚了其中的脉络，全面支持 ARJ21，把 ARJ21 办好，将是承接大型客机项目的基础。

很显然，ARJ21 不再是一个单独的支线项目，而是一个有望与大型客机项目捆绑在一起的前奏型项目。

2007 年底，首架 ARJ21 昨天在上海飞机制造厂完成如期总装。这一次，与 2006 年定下的时间表是一致的。

总装下线的现场，格外隆重而光彩，确让人感到了中国民机工业重塑辉煌的激动。国务院副总理曾培炎，中共中央政治局委员、上海市委书记俞正声共同启动了新飞机总装下线装置。耀眼灯光下，首架 ARJ21—700 从蓝色幕板后“破壳而出”，展示出动人气质和优美身段，让现场的 1000 多名国内外嘉宾折服。当 ARJ21 从总装厂房缓缓驶出，长长的机翼在嘉宾坐席上掠过时，全场沸腾了。许多人站立起来，用手触摸机翼，争相感受这个中国民用飞机工业新生儿的体温。

到这一刻，ARJ21 似乎重新回到了中国民航工业一号工程的位置。

图为 2007 年 3 月 ARJ21 在上海启动总装。张海峰摄

飞向未来

当时间跨过 2008 年，ARJ21 等待首飞的日子里，更大的调整，更确切地说，更高的使命接踵而来，不仅对于 ARJ21，更对于整个中国航空工业而言的。

那就是：大型客机项目公司——中国商飞公司的成立。

其实早在 2007 年 8 月 30 日，胡锦涛总书记主持中央政治局第 192 次常委会，听取并同意大型飞机重大专项领导小组副组长、国务院副秘书长张平代表领导小组作的《关于大型飞机重大专项有关情况汇报》，并决定成立大型客机项目筹备组，中央任命国防科工委主任张庆伟为筹备组组长，金壮龙、林左鸣、张洪飚为副组长，项目开始进入筹备阶段。

在 2007 年 12 月 30 日，温家宝总理视察西安阎良西飞公司、一飞院、试飞院等航空企事业单位，并作了重要讲话，勉励大家以百折不挠精神，钢铁般的意志挑起大飞机研制的重担，让自主研制的大飞机早日飞上蓝天。

到了 2008 年，大飞机项目公司的步伐越来越快：3 月 13 日，国务院正式批准组建中国商用飞机有限责任公司。

就这样，在中国商飞公司的领导下，ARJ21 进行着首飞前的最后冲刺。

ARJ21－700 飞机首飞试飞员座谈会上，张庆伟董事长、金壮龙总经理强调，确保首飞圆满成功责任之重大、使命之光荣，大家一定要保质量、保安全、促进度，科学合理地安排好首飞前各项准备工作。“坚决完成首飞和试飞任务！”全体试飞员异口同声地响亮回答。公司根据研制工作需要，及时调整和加强 ARJ21 型号总师和指挥系统，重新聘任了 ARJ21 新支线飞机总设计师、副总设计师，并对上海飞机设计研究所、上海飞机制造厂、中航商用飞机有限公司等单位领导班子进行了调整，充实了力量。

在公司领导的周密部署下，围绕决战 ARJ21 飞机首飞成功，各项准备工作有条不紊地展开了。

不仅仅是完成首飞，有了更强有力的中央企业牵头，ARJ21 在多个方面出现更加快速地突破：在原本获得 171 架次订单的基础上，ARJ21 在首飞前又获得了一个最重要的出口大单，美国 GE 金融服务公司订购了 25 家 ARJ21 飞机，这让 ARJ21 打开北美市场。对于一个还在进行首飞试验的机型而言，如此的市场推广力度，不能不说是十分成功的。

在 2008 年 11 月 29 日的首飞仪式上，中国商飞公司金壮龙总经理的致辞让人印象深刻：“此次 ARJ21－700 新支线飞机实现完美首飞，是我国探索民机发展模式的一次新突破。通过 6 年多的研制，我们在指挥协调、产品研发、部件制造、总装制造、产品支援、适航取证、市场营销和客户服务体系建设等方面积累了大量宝贵的经验。这对建立我国民机研制生产体系，推进大型客机项目的实施，具有十分重要的意义。

“此次 ARJ21－700 新支线飞机实现完美首飞，是实现体制机制创新的一次新尝试。ARJ21 新支线飞机项目从顶层开始就严格按照国际适航标准和中国民航适航要求进行设计和研制，在管理上探索出了一条‘主制造商—供应商’模式的新路，通过实践培养了一支能够进行国内、国际系统集成、攻克核心关键技术的科研队伍，培养了一批优秀人才。”

无疑，这一席话，既是对 8 年艰辛完成成功首飞的肯定，也是 ARJ21 未来之路上依然要努力的方向，民机发展模式问题、体制机制的创新问题，“国内国际系统集成”和“攻克核心关键技术”的关系问题等等，将如影随形，伴随着 ARJ21 和已经开始启动的大飞机项目，更完善、更圆满地解决这些问题，中国的大飞机才能更早翱翔在蓝天……

【相关链接】

国产飞机 ARJ21
求解三大问号?

到底算不算是自主创新。

什么是自主创新？国家知识产权局局长说：“简单地讲，有这样几个关键要素：一是属于自己的；二是创造出来的；三是新的东西。怎么样才能算属于自己，只有形成自主知识产权；根据什么创造，根据市场需求；为什么能获取利益，因为是新的，是别人没有的，同时又是市场需要的，是有知识产权保护的。”

什么是自主知识产权？为什么要实现自主知识产权？这些问题叩问着 ARJ21 项目，叩问着中国的民机产业。

作为世界民机产业强国的欧美国家实行技术垄断、控制着世界市场的重点产业，政府对技术转让的严格控制是其一大特性，要获得先进的民机核心技术和自主研发能力，必须强调自主创新，拥有自主知识产权。唯有如此才可能打破西方国家对民用航空工业技术的垄断，争取更有利的竞争地位，才可能形成系列化发展和规模化生产，为民机产业的持续发展提供坚强保障。

ARJ21 飞机目前已经拥有了飞机制造的三大核心技术：气动力设计、结构强度设计、系统集成。“这三大能力的具备，意味着中国民用飞机终于可以按照自己意愿自主选择，可以以主制造商的身份按需要实现配套。”中国商飞公司市场营销部部长陈进无不自豪地告诉记者。

为什么这三方面最能体现飞机制造的核心价值?

据航空专家叶沛介绍，飞机的气动力设计决定着飞机的升阻力、起落距离、飞行高度、飞行距离以及油耗。ARJ21 飞机采用了世界上最先进的超临界机翼设计，就是为了获得更大的升阻比和更高的巡航速度。

飞机结构强度的设计直接影响着飞机的使用成本。飞机强度设计中有一对矛盾：安全性与经济性。飞机重量与有效商载，如何取得最佳平衡是困扰大部分民机制造商的重大问题。一方面飞机结构强度要能撑住重量，在飞机高速运转的同时抗颠簸；一方面还要充分考虑经济性。因为从航空公司的角度而言，结构强度设计直接影响航空公司的投入产出比，最佳的经济收益取决于安全性与经济性的最佳平衡。

“飞机的系统集成能力是体现自主知识产权的一个重要指标。飞机是由动力、航电、飞控、液压等多个系统组合而成，正是靠这个组合才得以最终实现最初的设计目标。其中包括可靠性指标、维修性指标。”中航商飞运行中心主任高喜军告诉记者。

但业内外对于 ARJ21 飞机自主知识产权的质疑声仍不绝于耳。难道只有自力更生、实现飞机各零部件全部国产化才称得上自主知识产权吗?

非也！国际民机市场是个开放的市场，国外民用飞机制造商都是通过民机零部件转包生产实现全球采购，也经常采用国际合作的研制方式，但飞机设计和制造的关键技术和研制项目的知识产权始终掌握在主制造商自己手里。例如在波音飞机上，由自己设计制造的零部件比例也不到 30%。

当今世界市场一体化、经济全球化已势不可挡，要与世界接轨，就不能闭门造车，而要以我为主，全系统开放，在立足于国内科研生产力量、掌握自主知识产权的基础上，广泛开展国际合作。通过与国际一流供应商、配套商进行技术、产品和服务的交流与合作，加速我国民机工业自主创新的进程。

“正是因为 ARJ21 飞机拥有自主知识产权，我们才获得了在世界范围内选择供应商的地位。”陈进这样诠释国际市场采购与自主知识产权的关系。

在中国的民机发展史上，ARJ21 飞机是空前的——它是世界上第一架完全按照中国自己的自然环境来建立设计标准的飞机，特别针对中国西部地区相对简陋的机场条件和航线上障碍物很多的特点，充分考虑了地理落差和气候差异等复杂因素，充分满足中国高原、荒漠等极端环境要求；它是中国民机里唯一的全电传飞机；它首次从初步设计开始就采用无纸化设计理念……

ARJ21 飞机第一次实现了真正意义上的自主知识产权，而拥有自主知识产权就意味着具备了产业化的基础。

ARJ21 飞机的成功研制，为大飞机的自主创新打下了基础，为最终建立起拥有自主知识产权和自我创新发展能力的中国民机产业打响了头炮，但航空人知道产业发展不会一蹴而就。

如何处理好协作生产

为何要进行体制机制创新？专家表示：“从产品本身的差异来看，ARJ21 原有的组织模式难以驾驭这个产品，因此体制机制创新应运而生。”

民用客机从产品定位到确定预算都需要进行大量的市场调研，而且在批生产阶段的大量资金也都需要自己考虑。

ARJ21 项目，第一次专门组成项目公司，实现了公司化管理，这就意味着按照市场化来运转。

ARJ21 项目，第一次实现投资主体多元化，将中央、地方的资源整合在一起，而非过去以一厂一所单纯靠国家投资开展飞机型号研制的模式，这本身就在一定程度上分散了集中在航空企业体系内可能带来的风险，也符合国际通常做法。

ARJ21 项目，第一次采用了国际通行的主制造商—供应商管理模式。第一次作为主制造商面向全球招标，吸纳国际一流的航空产品制造商参与，尽可能地利用国际现有优势资源，形成推动项目研制成功的合力。

体制机制创新带来的好处是显而易见的，但也有担忧。

“体制创新就目前来看只是开了一个好头，事实上产品可以有更好的定位。我们可以自主寻找客户、销售飞机，但接下去的批生产需要后续资金，而我们现在没有融资条件，还没法从资本市场获取后续研发资金，很大程度上制约了发展。如果把后续资金不足反映到产品中去，产品就没有竞争力。”有关专家向记者表示出自己的焦虑。

一位业内专家也表示，未来的融资将在一定程度上分散大飞机的商业化风险，而风险的分散也会反哺技术的突破，加大核心凝聚力。

作为自主研发与国际合作的产物，ARJ21 项目管理的复杂与艰巨在中国民机发展史上前所未见。“我们是摸着石头过河。”作为运行中心的负责人，高喜军的感受最为深刻。

ARJ21 项目管理涉及 9 家国内研制单位和 19 家国外供应商。为更好地推进项目，2005 年成立了中航商飞运行中心，作为新支线项目研制计划管理与指挥协调的业务主管部门，不仅为设计、制造、试验、试飞各参研单位提供直接协调的平台，也是项目管理指挥中枢。ARJ21 飞机调动起全行业的优势，利用国际 19 家供应商的优势，推进 ARJ21 项目进展。

中国民机研制生产第一次实现了大规模联合、有序衔接。西飞、成飞、沈飞、强度所、试飞院、特种所、通用电气、霍尼韦尔……因为 ARJ21 飞机走到了一起。运行中心通过群管理的模式，科学的计划，成功地解决和协调了各参研单位管理方面的问题，化解了质量、进度、成本上的矛盾。调动了各方面的积极性，组织强有力的设计和研制队伍，形成高度统一的力量。

实践证明，全新的运作机制和管理模式成就了 ARJ21 的自主创新。这种项目管理模式是适应我国自主知识产权民用飞机研制需要，也符合以我为主、开展国际合作研制民机的需要。

会得到市场认可吗

项目研制成功只是 ARJ21 迈出的第一步，商业成功才是检验 ARJ21 项目成功的试金石。

“从整个中国民机产业化发展来说，要取得商业成功必须实现产业化，实现产业化必须形成一定规模，占领一定的市场份额。仅几架飞机得到市场承认是不够的，批量生产并让市场接受是奋斗的目标。现在我们在生产组织、市场开发、产品持续改进方面都还有很多艰巨的工作需要做，产业化是一个漫长的过程。”专家表示，已经做好打硬仗的准备。

在市场用无形的手调配航空资源的时候，政府这只有形的手对航空市场特别是支线市场的发展又加一把力。据悉，“十一五”期间，中国将投入约 1400 亿元人民币用于机场建设，未来五年兴建的新机场有望超过 40 个，到 2020 年中国民航机场数计划增至 250 个。“东部提升、中部加强、西部加密”的政策方针，为区域航空运营环境的改善投下一粒“定心丸”。

尽管 2006 年海航向巴西航空订购的 100 架商用机让中国航空市场哗然，尽管 ARJ21 还未正式出炉就开始遭遇同类产品的短兵相接，尽管许多人担心国外这些大品牌的民机制造商先行一步抢占了国内的市场先机，但市场营销部的部长陈进却“乐观其成”。他说：“让别人来激活国内这座级机型的市场，最终我们也能‘坐享其成’。”

如今，获得206架订单的成绩已经开始为ARJ21的未来构建美好的前景，而其中与美国GECAS公司签订的25架构机协议更成为了中国民机工业市场上历史性的突破，因为这是西方发达国家第一次向中国公司集中购买民用飞机这样的高科技产品，是世界成熟市场对中国这个新入者的认可。

ARJ21项目第一次坚持以市场需求为导向，以满足国内市场需求为主，积极开拓国际市场；第一次实现在立项阶段就把概念传达给客户，赢得认同，获得订单……对于这些在中国民机发展史上的创举，业内专家表示：“这只不过是还中国民机市场本来的面貌。”

八年卧薪尝胆，即将换来民用飞机产业新的跨越。我们有理由相信：自主创新的ARJ21飞机可以自由地翱翔在世界上任何一片天空！

【延伸阅读】

绕不开的“运十”情结

在ARJ21的首飞现场，几千名观众情不自禁地欢呼。一位白发老人满眼泪水，一把搂过身旁一位老者，“老王，你看，咱们的飞机又飞起来了。当年可是你在上面，飞起了中国人的第一架大飞机啊……”老者王金大，当年，我国首架拥有完全知识产权的大型喷气式客机“运十”的首席试飞员，此刻笑得如孩子一般。

同样是在这个上海大场机场，甚至连跑道也和当初一样，28年前，“运十”在此冲上蓝天，28年来ARJ21－700，再次首飞成功。

如今，无论是ARJ21还是正在展开的大飞机项目中，不少人谈起“运十”，总是有些遗憾、伤感，或者莫名的不解。如何正确的看待运十的历史，或许是未来中国航空工业继续前进的一块基石。

作为运十首飞员的王金大，在 ARJ21 首飞现场感慨良多：人变了，机场周围的房子、设施，都比那时先进了好多。不过，那种我们自己的飞机上天后的高兴，今天和当年一样自豪。记得当年试飞的时候，给我最异样的感觉，就是特别安静，以前飞行这么多次，和那天都不一样。在这个时候，驾驶舱里掉一根针都可以听到，就安静到这种程度。试飞成功下来后，全场欢腾，当时我们有些人就呆了，怎么这么热情。后来想想也不奇怪，毕竟为了自己的事业，大家千辛万苦，有群众从内心里说出来，说你们是英雄。那时候的感觉真比较自豪，终归我们中国人自己也进入了喷气时代，“运十”开创了这个历史。

回顾运十的全过程，1970 年 8 月 21 日，国家计委、军委国防工业领导小组向上海市下达了大型旅客机及其发动机的研制任务，这就是运十客机，代号“708 工程”。根据毛泽东主席的提议，708 的研制和协调总装基地放在上海，因为上海工业基础好，要充分利用。1970 年 9 月，三机部首批支援人员到达上海。

当有人提出买英国的 VC 大型客机专利进行试制时，周总理在 1974 年 2 月批示：“同意不买这种专利，我们进口飞机品种已够多了”，从而保证了自行研制运十不受干扰。

在发展社会主义科技事业路线的指引下，在“两弹一星”成功经验的鼓舞下，从全国各地各部门调集的 500 多名技术人员，发扬独立自主、自力更生、革命加拼命的创业精神，协作攻关，历尽艰难，终于在 1978 年完成了飞机设计。1980 年 9 月 26 日，运十客机首飞成功，从立项到首飞用了不到 10 年的时间。运十客舱按经济舱布置是 178 座，混合级布置 124 座，最大起飞重量 110 吨，最大巡航速度 974 公里小时，实用升限高达 12000 米，最大航程 8300 公里，与波音 707 是同一量级。运十飞机的研制采用了近百项新材料，一百多项新标准、新工艺，获得了研制组织工作的宝贵经验。机体国产化率 100%，运十共试制了 2 架，1 架做静力强度试验，完全符合设计要求；1 架从 1980 年 9 月首次试飞上天后，先后飞到北京、哈尔滨、乌鲁木齐、郑州、合肥、广州、昆明、成都，7 次飞到拉萨。至 1985 年 2 月停飞为止，总共累计试飞 150 架次、170 飞行小时，没有发生过问题。运十的系列化发展设想也曾着手考虑。运十的研制费用总计 5．8 亿元人民币，而西方研制一架民用大型客机的费用一般是 15 亿—20 亿美元。

然而，在第一架运十飞机成功飞行之后，这个耗时 10 年的国家项目却没有继续下去，对于其原因，似乎很难说清楚。有的称运十的技术不过关，有的说是没有经费支撑，有的称是没有市场客户，有的则把运十说成 J 了“文革”的烙印，加上当时麦道、波音公司大步进入中国市场，就这样，一个关乎国家战略实力与地位的重大项目，竟然连一条能摆到桌面上来的理由也没有，甚至连一个决定下马的正式文件也没有，就在首飞大功告成之后就被终止了。

当年运十的元老之一航空工业专家胡溪涛，在 2007 年接受中央电视台采访时有这样一段对话发人深思。

当主持人问到：“当年运十飞机一波三折，还是让人感觉到这里边的争论始终存在，立项之后还是因为资金的问题会把它停下来，是不是说明现在我们立项以后也有可能出现类似的情况?”

胡溪涛回答铿锵有力：“我们要警惕这个，但是现在比以前好多了，这一次我对我们的国家，我就觉得很有希望，我们国家领导人已经宣布了，不管如何换届，不管谁来接下一个班，我们定下来这个飞机就一直要干下去，这就很不简单的了，这一句话一说，将来换了谁来干，谁要说上一届领导就这么说的，我怎么能动摇呢? 现在就有人担心，将来是不是翻烧饼，就是你刚才说的，他翻烧饼，他干干又把它丢了，这回已经不是那样了，我们已经深刻地吃了这个翻烧饼的苦头了”。

这句话，不是仅仅对大飞机未来说的，或许也是站在运十的悲壮命运和中国航空工业多年曲折历程上发出的肺腑之言。

此文刊登于 2009 年 02 期《新沪商》，有所删改

大飞机圆梦

“不干则已，干就干好，干就干成”！当年，在中国商飞的成立仪式上，时任副总理张德江的一番话言犹在耳。对于这家21世纪以来我国新成立的层面最高、影响最大的制造业企业而言，肩负的是中华民族的航空梦想。对于上海这座以制造业为荣的城市而言，带来的则是全新高度的产业攀登之路。这条路，对上海，对中国，任重道远！

图为2017年5月中国首款国际主流水准的干线客机C919实现成功首飞。

大飞机：不干则已，干就干好，干就干成

昨日，上海国际会议中心大厅，500人的会场座无虚席。

万众瞩目。国家各部委、地方政府、大型央企以及知名高校的掌门人齐

聚，共同见证这必将载入中国航空工业史的时刻——10 点 50 分，中国商用飞机有限责任公司成立。

大飞机，中国人已等待了太久。从国产“运十”的曾经梦想，到麦道 90 项目的曾经提议，中国航空工业一直在为生产制造自己的大型客机而上下求索。昨日，中国商用飞机有限责任公司的铭牌揭开前，张德江副总理的一句话引起全场雷鸣般掌声——“大型客机项目，不干则已，干就干好，干就干成!”

第一步，做些什么

作为大型客机项目的研制和运营载体，中国商飞公司的构成框架成为最令人关注的焦点。昨日会上，工业和信息化部部长李毅中详细介绍了目前公司的资本构成：中国商飞公司注册总资本达 190 亿元人民币，作为总部设在上海、国家控股的有限责任公司，其中，公司最大股东为国务院国有资产监督管理委员会，出资 60 亿元，占股 31.58%；上海市政府投资成立的上海国盛（集团）有限公司出资 50 亿元，占股 26.32%；中国航空工业第一集团公司出资 40 亿元，占股 21.06%；中国航空工业第二集团公司、中国铝业公司、宝钢集团有限公司、中国中化集团公司分别出资 10 亿元，各占股 5.26%。

昨日公布的股东名单中并没有此前热议的民营企业身影。但中国商飞公司董事长张庆伟表示：公司将统筹自主创新同利用全球航空资源的关系，将“深化国际国内合作，实现互利互惠双赢，把研制攻关与实现产业化有机结合起来，把‘引进来’和‘走出去’有机结合起来。”他说，在公司组建中，得到了美国波音公司、欧洲空中客车公司、美国通用电气公司、美国霍尼韦尔公司、美国铝业公司、加拿大庞巴迪公司、巴西安博威公司等国际合作伙伴及国际供应商的支持与关注。

中国商飞公司目前的资产包括上海飞机设计研究所、上海飞机制造厂、上海航空工业有限公司等，值得注意的是，负责 ARJ21 飞机研制的中航商用飞机公司也整建制地归入中国商飞公司，使 ARJ21 项目与大型客机项目实现管理上的统一。

公司成立后，第一步工作是什么？中国商飞公司总经理金壮龙透露，新公司刚刚成立，而培育人才、科研攻关都需要长时间的探索。因此，现在确定大型客机研发的时间表或者发展战略，都还为时尚早。新公司近几年的目标，一是完成 ARJ21 的首飞、交付、适航取证，实现商业成功；二是尽快建立研制民机的运行体制、管理体系；三是加快培育民用航空业人才。据称，“近期将要开展的工作是推进项目的论证，比如大型客机选取什么形状、样式、标准，投入市场后有没有同类型竞争者等方面的研究评估，从而确定大飞机研制的具体方案。”金壮龙表示，在对外开放的条件下，中国将充分利用全球资源研制大型客机，敞开大门欢迎国外同行参与合作研制。研制大型客机不会对空客和波音等外国飞机制造商构成威胁。

未来，中国商飞公司将“努力完成大型客机和支线飞机研制并取得商业成功，努力成为拥有自主知识产权和具有国际竞争力的民机制造商，让中国的大飞机早日飞上蓝天！”张庆伟说。

有差距，并不可怕

中国商飞公司的成立，引起了民航业、供应商等的共同关注。

“用！我们的大飞机到时成功了，我们当然用！”作为民营航空公司的代表、鹰联航空有限公司代表高先生说得恳切，“我们很期待。从产业的角度讲，今天绝对是我们民族航空业的大事，而对我们公司来说，如今我们引进飞机，需要经历很长时间，花费不菲的费用并签订许多繁琐手续，民营企业发展受此影响尤甚，但今后当我们有了自己的大飞机，那就不一样了。”

作为 ARJ21 机身材料的主要供应商，美铝亚太区总裁陈锦亚表示：中国启动大飞机项目的时机已经成熟。“大飞机项目有自己的特点，光有技术创新不行，光有市场网络和商业运作也不行，必须把两者高度结合起来。虽然目前中国在原材料、动力系统等方面还有差距，但并不可怕。只要有很好的体制机制，把自主创新和市场意识结合起来，这些问题都将迎刃而解。”

普惠航空发动机公司客户经理于树宏告诉记者：“我们很看好中国大飞机项目，中国政府决心大，并将采取自主创新同利用全球资源相结合的方式，这样有利于大飞机公司突破体制和技术上的瓶颈。”

上海国盛集团是中国商飞公司的第二大股东，其董事长施德容博士介绍：以 50 亿元的资金参股中央企业，这是上海国资在实业领域参与央企的最大一笔投资，反映了上海对大飞机项目的支持和配合。“同时，大飞机项目有着巨大的带动作用，对于新材料、仪器仪表、电气设备等产业，都将产生巨大的推动作用。上海国有资本投入这样的大项目，将很好地拉动上海本身升级，促进结构调整。”

“我们上海交大已经先行啦。”上海交大党委书记马德秀满脸喜气，“上海交大早在 1935 年就创立了航空航天学科，为推动我国航空航天科技发展做出了贡献。前几年，交大又成立了空天科学技术研究院，专门培养航空航天类高端人才，如今国家的大飞机项目正式启动，正是用人之际，也是高校的发展新机遇啊。”

兵马未动，粮草先行

这样的消息也许颇值得注意：不久前，宝钢集团宣布，日前成功研制出了大型飞机起落架用钢和钛合金结构用钢。此外，宝钢表示，他们正在跟踪大飞机的研发需求，不断细化“大飞机”项目所需特种板、型材、连接件、发动机用材等关键材料的研发，将力争上半年完成科研立项，并启动有关预研课题及关键材料的前期生产投入，为中国“大飞机”项目提供支撑。

这是一个响亮的信号。作为拥有数百万零部件、横跨几乎所有工程学科的大飞机项目，是世人皆知的“工业之花”，大飞机项目的启动，必然会带动整个产业链和相关行业的发展，从金属原材料到加工业，再到物流配送和服务产业，只要你想得到的环节都会有所帮助。

当然，对大飞机落户的地区也是好处多多，美国的林顿镇就是一个很好的例子，它是波音公司原总部。该镇一半以上的就业皆由波音提供。更无需说，飞机制造业本身就是国家安全和经济独立的重要保证，大型飞机是喷气时代航空科技高度集成的制高点，是国家保持军事威慑能力和国际影响力的关键战略技术。

正所谓兵马未动，粮草先行。张庆伟对此也表示认同：“我国的航空工业已经发展了 50 年，航空相关产业需要新的大发展，而大飞机项目的启动，给了我国的民机发展一个新的方向，并对新材料、飞机动力系统、信息控制、电子信息应用化等行业，至少在未来 10 年的发展中起到引领推动作用。”

张庆伟说：“为争取研制时间，中国商飞公司根据大型客机研制需求，已经启动飞机总体设计、系统集成、总装制造和适航取证四大领域近二十项关键技术科研攻关。积极促进大型客机与相关的发动机、机载设备和原材料三方面科研工作的协调，确保大型客机项目顺利实施。”

“今年，我们将确保 ARJ21－700 新支线飞机首飞成功。”张庆伟表示，“中国商飞公司是大型客机项目的主体，也是统筹干线飞机和支线飞机、实现中国民用飞机产业化的主要载体。公司将重视并处理好干线飞机与支线飞机的科研生产管理，统筹安排科研、生产和条件保障。”

航天精神，“嫁接”大飞机

在昨日的成立大会上，两弹一星精神和载人航天精神被多次提到，对于刚刚落成的大飞机项目而言，提倡这两种精神的意义明显——大飞机的研制将是漫长而艰辛的，需要百折不挠的决心和钢铁般的意志。

值得注意的是，从中国商飞公司的领导人员构成来看，国家正有意将载人航天精神发扬到航空工业领域。

中国商飞公司董事长张庆伟和总经理金壮龙之前分别为原国防科工委主任和副主任，再早些，则都是航天领域赫赫有名的“少帅”。从气象卫星到神舟飞船、嫦娥工程，张庆伟和金壮龙都曾担当过重要领导职务，有着丰富的管理经验和技术背景，对于艰苦条件下创造我国载人航天丰碑作出过贡献。如今执掌大飞机公司，无疑有利于借鉴航天的宝贵经验，克服困难。

金壮龙在接受采访时表示，研制大型客机项目，同载人航天、绕月探测工程一样，都是一项十分复杂和艰巨的系统工程。在国际航空界，无论波音公司还是空中客车，它们的成长都经历过长时间的努力，遭受了不少波折。因此，中国商飞的成立，仅仅是万里长征的第一步。

翻阅空中客车公司的成长史，其 1970 年成立之初，全球市场 97% 已被美国公司垄断，直到上世纪 90 年代中期，公司 20 多年一直处于亏损状态。但度过艰辛岁月之后，空中客车凭借日益成熟的产品和市场网络最终崛起，成为与波音并肩的世界航空巨头。有趣的是，金壮龙在阐述中国商飞目前现状时，与空客成立伊始面临的形势惊人相似。目前全球市场已经被波音和空中客车雄霸，无疑，从研制到试航，大飞机初生的岁月必定是艰辛的。

例如，人才的瓶颈就是目前存在的困难，我国民用飞机设计人才由于长期没有项目实践培养，总量远远不够。要研制一流的飞机，必须有一流的人才，目前，考虑一方面从现有航空队伍中选拔一批优秀人才，同时，将抽调一批有发展潜力的设计师出国培训，也将利用上海优越的环境，向国外航空和相关专业张开怀抱，一同克服人才方面的瓶颈。

金壮龙还告诉记者，公司远期的目标只有一个，就是大飞机的商业成功。商业成功并不是国家给一笔钱，公司完成技术突破、造出飞机、飞上蓝天，就万事大吉了，而是要接受市场的检验，逐步实现民机产业化，提高国际竞争力。

记者算了算："两弹一星"，从提出到完成，花了12年时间；"载人航天"，从正式立项到神舟五号上天，也经历了大约12年时间。大型客机项目不仅技术难度高，而且与以上两者有所不同的是，它是面向市场的项目。不仅要研制成功、完成首飞，更要让中国造飞机真正在市场立足，让航空公司和乘客首肯，从这个意义来看，航天精神不仅要发扬，还要创新。

此文刊登于2008年05月12日《解放日报》

作者　丁波　梁建刚　许青天

奋斗20年，打造大客机"中国心"

在上海航空工业发展史上，昨天又是一个重要的时刻。中航商用飞机发动机有限公司在上海正式成立，目标直指150座级的大型客机发动机。

众所周知，飞机发动机被公认为航空工业皇冠上的明珠，对于民用航空工业尚不发达的中国而言，如何来完成这一艰巨任务呢？

30%股权全球招标

目前，全球航空发动机市场被通用电气、罗罗和普惠三大公司高度垄断，从波音、空客等大型飞机到国际诸多支线飞机，大都采用这三大公司的产品，前不久在上海成功首飞的 ARJ21 飞机，也是采用通用电气的发动机。由于飞机的用户航空公司常常对飞机发动机有直接的指定要求，因此，中国自主研制航空发动机要想取得大的突破，无论在技术上还是商业上，都将是一个高难度的动作。

记者注意到，中航商用飞机发动机公司注册资本为 60 亿元，其中中航工业集团公司为大股东，占股比例为 40%。而中航工业公司是去年底由中国航空工业第一集团、第二集团重组整合而成，下辖 200 多家子公司，拥有总资产 2900 亿元。代表上海市出资的是上海电气集团和上海国盛公司，一家为装备产业龙头，一家是国有投资公司代表，两者各占 15%。在昨天的发布会上，几位股东方代表表达了坚定的决心："打造中国人自己的航空发动机，是国家战略的体现，发动机公司致力成为我国大飞机发动机的主力供应商。"而大型客机项目公司中国商飞公司总经理金壮龙也表示："将全力支持和配合国产发动机的研发生产。"

值得注意的是，发动机公司另外 30% 的股权还"虚席以待"。中航工业集团公司副总经理谭瑞松表示，预留 30% 股权，希望能吸引国内外有志于中国航空产业发展的公司合作，一同打造中国的航空发动机。

采取多元化的股权结构，也是为了抛开过去航空发动机研制方面较浓的军工色彩和计划体制，从一开始就面向市场，采取灵活的现代企业制度来完成这一历史使命。谭瑞松告诉记者："目前表现出投资意向的国内外企业不少，公司将择优合作。同样，将发动机公司设在上海，也是要借助上海良好的商业氛围和开拓务实的作风，为未来市场拓展打下良好基础。"

新任中航商用飞机发动机有限责任公司总经理张建说，将从六个方面着手，加快我国商用飞机发动机的研发工作：一是在上海建立负责项目总体设计的研发中心；二是与国外具有飞机发动机研制能力的制造商开展技术领域、产品领域的合作，与国际合作者组建跨国项目研发团队；三是同国内外高校和研究机构组建基础技术研究中心；四是在行业内外建立发动机单元体的设计制造"优异中心"；五是聘请国内外专业机构开展技术和商业咨询支持；六是向全球招聘有志于航空发动机研发事业的专家加盟。

完成目标分两步走

航空工业专家、中国工程院院士刘大响表示，中国航空发动机产业近年来取得了一些进展，成为我们研发大型客机发动机的基础。他介绍说，中国自主研制的第三代军用发动机——太行发动机，已经运用于歼十战斗机，性能不错，它的许多经验可以为大型客机发动机所借鉴。

据了解，军机和民机发动机技术 60%—70% 可以共用，但是民用发动机还有很多特点，如低污染、低噪声、低油耗、长寿命、高安全性等。对于未来的发展趋势，刘大响表示，由于发动机的研发是一个长期过程，新公司将瞄准 150 座级的下一代发动机来展开。从国外来看，大型客机一般不可能立即使用自主研制的发动机，而是分两步走：先是用比较成熟的发动机来装备新研制的飞机，然后再用新研制的发动机和高水平的发动机进行替换。也就是说，将来在上海研制的大型客机，在首飞和前期商业运行阶段，或许依然将引进成熟的发动机，之后，再逐步启用国内自主研制发动机。

刘大响说，对于大型发动机公司而言，具体工作也分为两大阶段，第一阶段是要把验证机研制成功，这是最关键的。第二步就是型号研制到适航取证，完成这个过程就可以装机使用了，根据外国的经验，这个过程可能要 10 多年甚至 20 年的时间。

助力上海航空工业

航空发动机项目的落户，使得上海航空工业在短短两年中，呈现出诸多大项目齐头并进的良好局面。

去年，大型客机公司中国商飞公司在上海注册成立，大型客机的预研工作正式启动，ARJ21 飞机实现完美首飞。而昨天航空发动机项目落户，又使得发动机等核心零部件产业在上海生根。上海市经济和信息化委副主任金兴明表示，航空发动机项目的落户，使上海航空产业布局更加完备。其中，紫竹科技园和张江地区，将分别成为大型客机、商用发动机等项目的设计研发基地，商用发动机的制造装配将放在临港基地。ARJ21 飞机依然立足于宝山大场的制造和试飞基地；未来大型干线客机的总装和试飞，将落户于浦东机场附近，并利用浦东机场第 5 条跑道进行试飞。张江的研发基地和大型客机的总装试飞基地，将有望在 2009 年正式启动建设，上海由此将成为大型客机、ARJ21 支线飞机和航空发动机的制造重镇，也将计划引入更多的关键机载设备项目。

作为上海装备产业龙头的上海电气董事长徐建国也表示，航空发动机研制任务落户上海，将对上海装备产业有新的促进。例如，上海电气旗下的无锡叶片厂，过去只能生产汽轮机叶片，两年前开始在航空领域加大研发力度，为将来航空发动机的研制进行技术储备。

此文刊登于 2009 年 01 月 19 日《解放日报》

C919 客机模型亮相亚洲航展，项目全面进入预发展

昨天，在香港开幕的 2009 年亚洲国际航空展览会，中国商飞公司首次展

示了1∶10比例的C919大型客机模型，这是我国大飞机项目启动以来展示的外观模型“处女秀”，其蓝绿相间的机身条纹、优雅流畅的身型，引起了业内外专家的广泛关注。中国商飞公司总经理金壮龙表示，目前C919大型客机项目全面进入预发展阶段，总体技术方案、机头工程样机研制、联合概念定义、国内联合设计、国外供应商选择、可研及研保条件建设、质量和标准化及适航管理等方面取得了新突破。

作为中国民用航空工业的头号工程，大型客机项目从去年正式启动以来，一直快速推进。中国商飞公司确定了大型客机首个机型代号为“COMAC919”，简称“C919”，其中，“COMAC”为中国商飞公司英文名称简写，简称中的“C”既是COMAC的第一个字母，也是中国的英文名称CHINA的第一个字母，体现了大型客机是国家的意志、人民的期盼；数字“919”则充分体现了中华民族文化，利用数字9的谐音和含义寄托“长长久久”、“圆圆满满”的美好愿望。

中国商飞公司相关负责人表示，C919大型客机总目标是，为8年—10年后的民用航空市场提供安全、舒适、节能、环保、具有竞争力的中短航程单通道商用运输机。在市场地位上，以中国国内市场为切入点，同时兼顾国外市场，提供系列化发展型产品，以适应不同航空市场。按照之前透露初步技术方案，C919基本型全经济布局168座，混合级布局156座，并可根据航空公司的具体要求调整，设计经济寿命为9万飞行小时。

目前，C919的各项预发展阶段都在快速有序推进，其中，机头工程样机研制已于上周在成都启动。今年1月，中航商用飞机发动机有限公司在上海成立，目标直指150座级的大型客机发动机，今年7月，C919大型客机项目动力装置及主要机载系统/设备全球供应商选择工作正式启动。

与此同时，核心能力建设也有重大进展。7月6日，中国商飞设计研发中心奠基浦东张江，全力打造我国民机研制的强力“引擎”。中心规划用地1200

多亩，总体规划建筑面积约 60 万平方米，可容纳 3500 人到 5000 人集中办公，一期工程预计 2012 年完成并投入使用。建成后，设计研发中心将满足当前大型客机和 ARJ21 飞机两大项目并行的设计研发要求，并为新支线飞机发展型的研制和未来双通道大型客机研制预留发展空间。

此文刊登于 2009 年 09 月 09 日《解放日报》

作者　丁波　陈盈娱　周磊

第五章：轻工之变

回归与重生

如何让当年红极一时的老品牌重上巅峰，一直是上海产业元老和行业专家们挂在嘴边的话题，也是老一辈上海市民挥之不去的情结。应该坦然承认，10多年来，尽管通过放小搞活、体制创新、品牌提升、灵活激励等等多元方式，各方都力求振兴老品牌，但付出的努力尚没能达到人们的预期，真正复兴依然前路漫漫，同志仍需努力！

图为2006年上海手表厂自主研发“手表制造技术皇冠上的明珠”——裸露在表面上的陀飞轮机芯，力求“上海牌”手表这个老品牌再次打响。邵剑平摄

放虎归山

在上海国资重组、国企改革走向纵深之时，轻工控股集团的改革拉开了帷幕。对这一拥有众多上海名牌，曾经承载上海工业辉煌的国有控股集团而言，

改革本身是艰难的，需要勇气来创新。轻工集团采用的改制方式与百联、锦江、电气、农工商等集团完全不同，“放小”便是其中重要的一步——把下属22个实力不俗的二级子公司下放到7个区县，是上海国资重组中全新的探索，也是上海依据各控股公司自身实际，“一司一策”推动控股集团改制的具体表现。

“如今，我们接到上级文件不到过去的1/2，内容也不再是‘要你如何做’，而是告诉我们‘区里在做什么’”——红双喜公司董事长黄勇武在记者面前打开文件柜。文件柜中，最后一份来自轻工控股集团文件的落款日期是今年7月24日，而第一份来自金山区文件的落款日期是今年7月21日。

造成如此变化的原因是——红双喜公司的“老板”已从过去的轻工集团变成了金山区国资委。

红双喜公司仅仅是22个下放到区县的轻工集团二级公司之一，从今年4月开始，与它一起排在“下放”名单中的，还有许多耳熟能详的名字：海鸥照相机公司、老凤祥公司、中铅股份、上工股份、轻工装备公司……短短几个月内，22家企业被整建制地划转到7个区县。

这是上海轻工行业一场史无前例的改革，在这之后，承载着无数历史荣耀的上海轻工企业站上了新的起跑线。

思索求变

22家二级公司国有资产总额达88亿元，占轻工集团资产总额的51.7%，对于轻工集团而言，这次放小如同让轻工“分家”。

“1997年轻工也曾放小，但当时放到区县的更多是生存有困难的小企业，而这次的22家二级企业，都是集团在几年结构调整后留下的骨干，无论是资产规模、品牌效益、技术能级等方面，都有着较强竞争力，个个算是‘小老虎’。”轻工集团党委书记史丽雯告诉记者。

企业效益不错，为什么还要放下去呢？答案很明确，为了发展。

市国资委负责人告诉记者，从上世纪 90 年代开始，轻工产品市场竞争日益激烈，国内其他民营、外资企业蓬勃发展，让上海轻工在不少领域丧失了优势地位，尽管目前轻工所保留下来的二级企业算是“小老虎”，但他们多数是纯国有体制，产权结构上缺乏活力，在将来更为激烈的市场竞争中“倒下”的可能性很大。要谋求长远的发展，必须在体制、机制上加快改革，不断创新，在资源整合优化上给予更大的空间，使现在的“小老虎”归山后更加生龙活虎。

二级企业要搞活、要改制，就要迈过“婆婆 + 老板”的传统国有控股公司这一条大坎。在国有控股集团的管理体制下，二级企业不仅仅在投资决策、管理人员等方面没有自主权；而且条块分割、多元化的管理体系，使下属企业在经济创收的同时，承担了过多的社会化职能，削弱了企业的市场竞争力。

市国资委负责人认为，在轻工之前，电气、农工商等控股集团已进行整体改制，与它们不同的是，轻工集团让下属众多二级企业下放到各个区；不仅有利于突破条块界限，使国有资产在更宽领域实现重组，也能使区域经济在更大范围的布局中得到发展。

“不能等到我们的优势全部丧失了，才想到改革。在良好的形势下走出关键一步，更有利于企业的发展。”史丽雯这样表示。

步步迈进

短短时间里，将自己的“孩子”放走，并不容易。

2 月 11 日，当轻工拉开新一轮改革的决定传达下来时，不同的意见不少。

“调整几年后留下来的好资产品牌，就这样放走，太可惜！”

“集团去年年底还说销售收入要向 500 亿元冲刺，今年就要‘散伙’，这也太突然了。”几次座谈会上，不少老干部和职工流泪了，有的老同志听了传达后一夜未眠。

在这场急转弯中，统一思想，是最重要的一环。

“放小，不是要解散这个产业，而是通过放虎归山，把轻工企业放进市场，更好地释放生产力”——为了让大家的思想统一到这一点来，市委、市政府和国资委领导深入公司，帮助大家分析形势、开阔思路，集团主要领导们与子公司促膝长谈，帮老干部解开心结；集团还专门编写大量宣传提纲，在各种场合把上海轻工深化改革的背景、思路等原原本本地告诉党员、干部和群众，为“大变革”作好最扎实的准备。

就这样，轻工的改革开始一步步向前推进：

集团层面 80 多名管理人员中，15 位中层干部被抽调出来，成立资产财务、人事劳保、党群老干部、发展规划、稳定工作和信息简报等 6 个专题工作组，近 40 人直接参与放小工作……

上海包装造纸公司等 6 家企业成为先锋，被整建制转到普陀区，探索出“领导见面会”、“情况介绍会”、“协议签约会”、“双方迎送会”等 4 个会议的放小节点，让后面的“大部队”有章可循。

改革不是拉郎配，尽量做到“两厢情愿”。22 个企业，根据它们的自身特色，充分与区县经济对接——以包装产业为特色的普陀区，迎来了上海包装造纸公司、上海塑料制品公司等，而上海工艺美术总公司、老凤祥公司等则下放到首饰业繁荣的黄浦区。

区里接受这些“小老虎”们，并不是被动的。普陀区在接受时，向轻工提出 10 个方面的具体问题，要求“口径更明晰、情况更清楚、原则更统一”；金山区在接收过程中，专门成立协调小组，为下放企业与区府各部门牵线搭桥……

“放小”之后

22家企业放小，是整建制的下放，轻工没有任何的保留。划转企业净资产40多亿元，划转地块约166万平方米，划转企业党组织约327个。从4月份正式启动到7月底，短短118天内，22家企业基本做到“四落地”——资产落地、税收落地、党群关系落地、稳定责任落地。

放下去，还要“送一程”。轻工集团积极做好与各区县的衔接工作，让放下去的麻烦、难点少一点，能够把更多的精力放在改革、发展上；对已在重组中的上市公司，轻工帮助推进方案设计、改制实施等前期工作；为确保老干部隶属关系的平稳转移，轻工在相关部门的支持下，快速完成了资料、资金的准备；明年春节，轻工还将看望这些已下放的二级企业中的特困职工，使“送一程”的送温暖，直接温暖到特困职工的心里。

放下去还没多久，22家企业领导和职工的感觉就不同了。黄勇武告诉记者：金山区多次向我们明确，企业内部管理的事，我们不会管。现在，红双喜将精力全部投入企业经营上去，过一段时间，也要开始多元化改制……

此文刊登于2004年11月10日《解放日报》，有所删改

“回力”重生

初夏时节，远在安徽芜湖无为经济开发区的双钱集团（安徽）回力轮胎有限公司，崭新的车间里，第一批回力轿车胎正在紧张试制。再过1个多月，回力牌轿车胎有望正式量产。

对于80多年历史的回力品牌而言，这是一次“重生”。

过去10多年中，回力“寄人篱下”，由外资品牌米其林控股，产量锐减近八成。如今，安徽的这家新公司中，中方重新掌舵，占据60%的股份。米其林占股40%，甘当小股东，在它全球67家工厂中，还是第一回。

轿车胎还没投产，大众中国的轮胎经销商大会就对“回力”高度关注，约谈了这家还没有进入供应商候选的企业代表；而通用、东风等汽车企业，也相继抛出了橄榄枝。

“说到底，这是对老品牌的信任。”双钱大股东华谊集团董事长金明达坦言：“回力历经80多年风雨，对于华谊而言，是一种财富；让它重焕青春，踏上新征途，是市场的召唤，更是一种责任。”

再续80载的情缘

双钱和回力，是中国近代橡胶工业的双子星座，分别由大中华橡胶厂和正泰橡胶厂创立于1926年和1927年。在双钱公司的陈列室里，摆着抗日时期中国空军轮胎唯一供货商的荣誉证书，泛黄的纸张，透出的是民族品牌的骄傲。新中国成立之后，两家企业、两个品牌持续发展，到上世纪90年代初期，大中华与正泰合并，双钱主攻载重胎，回力侧重轿车胎，一度都成为市场的佼佼者。

然而2000年，拥有“双钱”、“回力”两大品牌的上海轮胎橡胶（集团）公司（双钱集团的前身）经历了亚洲金融危机，又因为销售、管理和对外投资失误等原因，陷入前所未有的低谷：产品严重积压，轮胎库存超过220万条。无奈之下，公司忍痛拿出民族品牌“回力”与法国米其林公司合资，成立上海米其林回力轮胎股份有限公司，由米其林公司持股70%，“回力”商标归合资公司使用。中方丧失了对“回力”品牌的话语权。

合资后，由于“水土不服”，加之对“回力”品牌定位把握不准，回力市场遭遇萎缩。2010 年，回力轿车胎产量也从最高峰时的 700 万条缩减至 120 万条。最可惜的是，这 10 年，中国轿车市场迎来黄金时代，年平均增长率超过 30%。

市场在扩容，“回力”却消沉了，国内市场成了国外品牌轮胎的天下。尽管“回力”的亲兄弟“双钱”品牌于中方掌控下，在载重胎领域依然稳步发展，但看着“回力”的寂寞，华谊集团和双钱公司惋惜之余心有不甘。

“回力，不能就这样沉沦”，“80 年的品牌，市场号召力还在，感情还在”……在华谊集团和双钱集团的高层，收回“回力”的声音日渐清晰。

先退出，再谋进。2010 年 2 月 1 日，双钱集团发布公告称，转让上海米其林回力 28. 49% 的股权，并宣布将重新拥有和使用回力品牌。

再牵手时不一样

退出、收回，并不意味着彻底分手，因为，在全球开放的格局中，外资的技术和管理优势依然明显。

“回力”重生，需要借力，更需要合作共赢的胆识和技巧。

2010 年，米其林集团总裁盛纳德先生来沪。面对浦江的美景，在世博会法国馆顶层餐厅里，米其林和华谊集团的双方高层相向而坐，刚刚在上海米其林回力项目上分手，大家相互寒暄，心情却很微妙。

此刻，华谊集团总裁兼双钱集团董事长刘训峰的心里下着另一盘棋：回力回家，必须中方主导，但米其林技术优势是否可以借用？

这，对于目前全国轿车胎市场的开拓尤为重要，毕竟，全球轮胎业老大的企业信誉和技术功底摆在那里！

米其林集团总裁盛纳德也在琢磨，“难道就这样分手吗？中国市场在增长，回力 80 年品牌影响还在，母公司华谊和双钱集团日渐强大。回力回归，米其林仅仅是冷眼旁观者，还是找到新方式合作，实现共赢？”

觥筹交错之间，盛纳德把刘训峰拉到一边，单独交谈，在座高层们面面相觑——“难道，后面还有大动作？”

这一刻，对于双钱和回力而言，一个很大的转折！双方决策者达成一致——再度携手！

从那天起，谈判整整持续一年多。每次谈不下去的时候，刘训峰给大家理思路：我们的底线是主导回力重生，占大股，其他，该让步也必须让步；合资，不是先争各自利益，而是共赢，一切先从合资公司的利益出发。

最终，一套强强联手的方案出炉：让“回力”影响力，与米其林的技术质量结合起来，再次合资成立双钱集团（安徽）回力轮胎有限公司，中方持股 60%，米其林占股 40%。米其林不仅出资 6 亿元真金白银，还无偿提供技术、管理支持。

消息在法国一经公布，不少人打电话来问：“真的吗，米其林真的甘愿做小股东？”

释放品牌的力量

回力重生，不能再多耽搁一天。

签约之后，安徽工厂的建设速度十分惊人，建设者“5＋2”、“白＋黑”，从奠基到落成，仅仅用了 11 个月。派驻安徽指挥的华谊和双钱员工憋着一股劲：80 多年的品牌重新归来，一定要有点范儿！

中方的执著和干劲，惊动了外方。米其林方代表、安徽工厂财务总监米歇尔先生说，“我真切地感受到回力的速度，这在国外是完全不能想象的。”米其林亚太区工程总监在工地兜了一圈，有些不好意思地私下问，“我是否可以拍一些照片，带回全球总部去，这里太惊人了。”要知道，米其林在外地的工厂有的历时 3 年还没完全建好。

回力重生，一开始就借助优势资源。回力新家位于安徽华谊生态产业园内，它的邻居就是华谊煤基多联产基地，可共享供气、供水、制氮等公用工程系统，共享已建码头、铁路等基础设施。200 公里范围内，是中国汽车生产企业重镇，奇瑞汽车、江淮汽车、上汽南京、上海通用和上海大众等都有工厂分布在附近。

回力重生，采取最佳的精兵强将组合。安徽公司 8 位高层，中方派出总经理、生产、采购及人事总监；米其林派出质量、技术、销售及财务总监，能尽力展现两者优势。合作方案一出，国内“回力”牌轿车胎已经被不少著名汽车品牌所考虑。国内轿车市场老大——大众公司刚刚召开的轮胎供应商大会，座上宾都是供应商，而安徽回力公司是唯一一个还没有通过认证就与会的代表，大众抛出一句话：“老品牌 + 一流技术，让人放心。”按照一般流程，轮胎供应商先要用样品检验和试用，两三年后，才有可能采用。

未来蓝图已经描绘：“回力”牌轿车胎今年产能将达 110 万条，明年将突破 500 万条；“回力”轮胎也将瞄准轿车胎领域的中高档产品，特别是节省燃油、性能优异的绿色环保轮胎。

如今，在安徽回力工厂的大门两侧，一边是“手拉手”的图案，象征着华谊；一边是 MM，代表米其林。老外开玩笑说，MM，第一个是米其林，第二个 DOUBLEM，既蕴含着“双钱 DOUBLE COIN”的意思，又意味着 MAKE MONEY……

此文刊登于 2012 年 05 月 15 日《解放日报》

作者　丁波　李蕾

“英雄进退”留下怎样的思考

春暖花开，柳绿草长。老品牌“英雄金笔”，刚刚从冬日的那场“风暴”中缓过气来。

从去年 11 月到今年 2 月，英雄金笔厂挂牌转让部分股份受到社会高度关注，引发对国有资产流失的误解和质疑。重压之下，历经近 2 个月的等待和沟通，英雄集团没有等到适合的受让方，最终停止了股权转让交易。

“谁人相惜英雄心”——这是普陀区国资委曾传给记者的一份材料的标题，一切尽在不言中。作为上海老品牌的代表之一，“英雄”能否重振昔日雄风，通过改制走出困境，对各类“没落贵族”式的老品牌都具示范意义。然而，从英雄部分股权转让所遇的“进进退退”波折来看，老品牌的复兴，常常举步维艰。

专家表示，老品牌国企由于承载过重的历史包袱和社会期望，改革创新实为不易，这既需要相关各方大胆创新开拓，也期待社会各界给予包容和理解。

“过度关注”引发转让“流产”

外界对股权转让标价的曲解，至今仍让英雄集团甚为无奈。不少知情人表示，舆论压力是导致此次股权转让流产的重要原因之一。

去年 11 月 19 日，上海英雄（集团）在上海联合产权交易所公开招标，底价 250 万元转让生产英雄金笔的上海英雄金笔厂有限公司 49% 股权。公告中明确表示，本次 49% 股权转让资产，不包括该企业现址祁连山路 127 号房地产，也不包括集团持有该企业现使用的全部“英雄”、“博士”等中、英文字和图案商标。

按照原有设想，“51% 的股权在手里，也保证了对企业的控制，商标权不转让，能让‘英雄’沿着本来规划的方向发展”，集团董事长史惟康表示。由于当时股权转让涉及金额较低，英雄集团事先没有邀请媒体说明情况。

然而，一纸转让公告出炉后，引起高度关注。随即有媒体质疑“英雄钢笔 250 万转让 49% 股权而公司总资产曾超 7 亿”，认为英雄此举涉嫌“贱卖”。一时质疑、讨伐之声不绝于耳。

对此，英雄集团大呼冤枉。这次挂牌转让的是英雄金笔厂的部分股份，仅相当于英雄集团下面的“一个生产车间而已”，250 万元的挂牌价也不到集团资产总额 1%。集团副总经理潘宏介绍，除去厂房和商标，权威部门对英雄金笔厂的评估显示，截至去年 7 月净资产约 208 万元，49% 的股权转让挂牌价应为 100 万元出头，所以说还是溢价挂牌。然而，由于近年来英雄集团发展不快，外界容易混淆“英雄金笔公司”与“英雄股份”、“英雄集团”的关系，认为 250 万元就是转让整个英雄集团资产 49% 份额的估价。

上海企业文化与品牌研究所所长周元祝认为，媒体和社会的关注至少证明“英雄”品牌的价值。但此次连占集团总资产 1% 都不到的小改革刚出头就“夭折”，实在让人遗憾，这从一个侧面也给老品牌改制留下思考，说明老品牌备受关注。虽然资产转让金额不大，但社会地位和关注度很高，若改制前应向社会坦诚布公说明情况，打消各界疑虑，可能更利于改革推进，避免横生枝节。

缺乏“华山一条道”的决心

此次股权转让未果，也有其他方面原因。

在转让挂牌后，立信会计师事务所曾对 3 家意向受让方进行过评估，评估意见表示：“从资产总额来看，这些企业都属于中小型企业，而英雄金笔厂的注册资金本身就超过 7500 万，3 家企业最大的也没有金笔厂多；从盈利能力来看，有的企业自身盈利能力不高，报表显示，其经营的毛利率较低，有的企业甚至亏损……这 3 家意向受让企业的条件不符合英雄金笔厂股权挂牌转让条件。”

潘宏告诉记者，在英雄金笔厂转让股权挂牌后，先后有 10 多家企业询问情况，产权交易所的公告点击率也超过 1500 次。那么，为何英雄金笔最终却没有真正的“实力派”参购呢?

这其中，出售资产吸引力实在有限也是重要因素。毕竟，如今的大公司收购股份时都尽量力求控股，而且大多数是看中英雄的知名度和品牌影响力，在大公司看来，这次出售，或许如同“鸡肋”。

周元祝认为，出让方和受让方需求不对等。本次转让要求受让方必须是制笔企业，但受行业所限，国内制笔行业真正的实力派乏善可陈；同时，由于不涉及品牌转让，国际大牌如派克、万宝龙等不可能参与竞购，将英雄培育成自身对手。他还表示，现在英雄需要的不是产业资本投资者，而是战略资本运作方，能够帮英雄建立先进的管理、销售、技术、品牌等体系。

在上海家化董事长葛文耀看来，国企改革、老品牌的发展，关键在于能否打破思想束缚。“如果可能，借改制实现国资完全退出，因为国资退出反而能增加财政收入，比如上海家化，改制后企业经营更好了，2012 年税收要比前年多缴 1 亿多元。”反观本次英雄股权转让，还可大胆突破一些。既要拥有品牌，还要绝对控股，确实难以找到好的受让方。

英雄集团也承认考虑事项不周。“挂牌比预想的要复杂，方案也不够周详，就当作一次试水吧。”

就在英雄金笔厂停止股权转让之后，普陀区相关部门计划以英雄集团为母体，先将区内包装集团、塑料公司委托英雄集团管理，再逐步将 3 家企业重组整合。同时，对于市场竞争型的生产经营板块继续本着开放性、市场化原则，以品牌和主要生产经营资产引入战略投资者和财务投资者。这种外界看来“谨慎前行”的发展方式，能否给英雄带来巨变，有待时间考验。

激活老品牌体制要有真突破

“英雄”的尴尬，是不少上海老品牌当下的缩影。

上海交通大学品牌研究中心主任余明阳建议，一些老品牌完全可卖给有活力的民营企业，只要品牌留在中国，做大做强就是成功。针对当前遇到的“卖掉老品牌存在国资流失”的诟病，余明阳认为，老品牌价值不好评估，不能按照辉煌时的影响力测算。现实状况是，如果再拖下去，所谓的品牌价值将只成为理论价值。

周元祝认为，经过多年改革，国企走出困境。但一些老品牌国企的生存却日益艰难，适应新环境难度很大。同时，对于国有企业负责人来说，不改革有风险，但风险可能较小；如果改革振兴，却可能面临更大风险，导致很多品牌就在踌躇不前中销声匿迹。他建议，与其让老品牌“等死”，不如真正“放出去”。

上海社会科学院部门经济所所长杨建文认为，推进股权结构改革，无疑是当下国企特别是老品牌企业走出困境的捷径。政府部门应走出“国有的，才是我的”的认识误区。股权改革后所有制发生变化，但是从产业角度看，品牌的发展对整个社会经济的发展有利无弊。不可否认，由于部分老品牌包袱较多，顾虑重重，改革的有效性和风险性让企业掣肘难行。他建议，应该给国企改革建立“容错机制”，对改革过程中发生的问题及时纠正，不“揪辫子”、“打棍子”。

“部分国有老品牌企业领导都带有官员级别。任期内，不太愿意冒着风险去创新投入，这可能会将业绩弄得很难看，划不来”。余明阳认为，如果在体制上实现老品牌企业领导“去官员化”，将是推进当前老品牌国企改革的一大动力。

记者从市国资委获悉，鼓励创新、推进上海国资改革的相关方案已提交市人大常委会审议，新方案将通过“容错机制”为国资改革等改革创新提供制度保障。专家表示，“改革必将担风险，对切实推进改革的国企改革者，有的失误要‘免于处分、宽容失败’。”

此文刊登于 2013 年 05 月 09 日《解放日报》

作者　丁波　刘锟

折翅“海鸥”而今“数字”起飞

海鸥，这个中国最早的相机品牌，至今仍是无数国人心中的经典。

它曾造成通宵排队的盛况，风靡一时；它曾填补国内相机工业的空白，创造无数个第一，一度被海外的收藏家视作珍宝。然而，进入上世纪 90 年代后期，面对数码相机潮水般的冲击，受体制束缚等原因，“海鸥”还没来得及迎头高飞，就被“拍打”在沙滩上，一度淡出人们的视线。

2014 年元旦刚过，那只沉寂了近 10 年的“海鸥”又回来了。“海鸥”牌相机对外发布两款最新中高端数码机型，CF100 与 CK20，颇具时尚气息，搭载多项最新核心技术，即将批量生产，在摄影爱好者和海鸥迷中掀起波澜——“海鸥强势回归了！”

曾经头顶皇冠的“海鸥”因何折翅？重新起飞的“海鸥”又经历了怎样的炼狱？作为国货当自强的代表，“海鸥”复活的探索，对于国有老品牌的复苏，有何启示？怀揣着这些问题，记者采访了相关各方。

生产销售数字定格在 2066 万台

当听到“海鸥”苦练三年，蛰伏研发，重出江湖的消息时，被称为“海鸥之父”的原上海海鸥照相机厂总工程师孙晶璋激动万分：海鸥“二次腾飞”有希望了，“这不仅是老海鸥人的期盼，更将激起无数海鸥迷的温暖回忆。”

曾几何时，“海鸥”就是照相机的代名词。追忆历史，孙晶璋如数家珍。1958 年，肩负着发展民族照相机工业使命的海鸥照相机厂前身上海照相机厂成立。这一年，一群照相机店的学徒和中央商场修钟表的手工业者，聚集在南京路和四川路路口惠罗公司六楼的一个小阁楼里，参照德国徕卡 3B 型相机，敲敲打打，推出首款 58－1 型相机。

从 1958 年建厂并推出 58－1 型相机，到 4 型双反相机出口，上海照相机厂仅用了 6 年时间。据介绍，当时地域名不能作为商品名注册，在出口时由进出口公司提出改名为“海鸥”，由此上海的这只“海鸥”名扬海内外。海鸥 4 型、海鸥 DF 型等一批经典相机陆续涌现，造就了上世纪七八十年代的“海鸥”盛世。海鸥最辉煌时，员工高达 6000 多人，年产值 10 多亿元，从松江中山路工厂往返市区的大巴就有 70 辆，一度成为亚洲最大的照相机厂。这期间，也产生了一批忠实粉丝。在《张艺谋的作业》中记录，张艺谋当年用自己卖血的钱买了一架海鸥相机，业余进行摄影创作。

然而，到上世纪 90 年代后期，受数码相机冲击，一大批国产老牌胶片相机首先遭到市场淘汰，关停并转。海鸥、凤凰、乐凯等品牌都曾投产数码相机，可终因关键技术落后，资金、实力不足，市场营销陈旧，先后失败。

历经海鸥起起落落的老职工李士宝认为，除了国外数码相机涌入带来的冲击外，传统体制也束缚了海鸥的“翅膀”，“作为大型国有集团，面对来势汹汹的数码冲击，由于缺乏技术转型意识和大胆的资金投入，甚至还没来得及做准备，就被甩出一大截。”在孙晶璋看来，“海鸥”上交的税收可以再建几个“海鸥”；但当时企业在研发投入上却有点“吝啬”，缺乏长远发展的眼光。海鸥也曾在国内首推数码相机，可缺乏技术支撑，与日本等产品相比，在价格和性能上没有任何优势。

原海鸥镜头厂厂长沈秋福告诉记者，2001 年海鸥集团曾将镜头、光学、装配等优质资产注入海鸥数码影像股份公司，并引入台资等股份，以期待能够东山再起。可当时基本沦为给台商做代工的角色，并未引进先进的数码影像技术，产品没有竞争力，结果可想而知。

2004 年，海鸥相机整机正式停产，生产销售数字定格在 2066 万台。

民企入股接手“烫手山芋”

随后几年里，“海鸥”更是江河日下，企业员工不断分流下岗。为了维持企业运转，开始为台资企业代工，每台相机组装利润仅为 5 元！说起这段历史，老海鸥人内心充满心酸。

2009 年，一股新风吹来，民资进入控股海鸥。投资人即现在的董事长安国军，是个“相机控”，其入股海鸥的魄力不可谓不大。“身边的朋友曾说我肯定是疯了”，这是一个不可碰触的“烫手山芋”。“放眼当今的相机市场，除了尼康、佳能等国外品牌几家独大，整个中国相机品牌集体湮没，有时候真的很失落。”

入股后的安国军一度陷入进退两难的境地。当时企业还有 1300 多名在册职工，基本都在待业，但仍需要解决养老、社保等问题，每年要投入大笔现金，而且由于当时改制不彻底，致使海鸥公司大部分资产不能抵押、处置。更要命的是，企业虽然仍为日资等企业生产一些零部件，但 200 多位在岗员工，每月产值大约 200 万，每月纯支出就要 200 万，企业越产越亏。为了求生存，安国军曾带领企业相关人员多方寻找市场；但因海鸥公司设备落后，员工的技能也已离市场太远，一直没有适合的产品。

“真没想到困难会这么大”，安国军一度动摇。但市国资委这时真正意识到，如果要想让“海鸥”真正复活，必须卸掉历史包袱。在市国资委等相关部门支持下，对海鸥人员进行妥善安置，转移到其他大集团托管，同时在处理海鸥股份公司的同时，成立新的上海海鸥数码照相机有限公司，民营资本占绝对大头。“如此才能真正让企业甩开膀子，一分投入一分收获”，市国资委相关负责人表示，吸引民营经济进来，就是要改变现有的体制，充分发挥民营经济在决策力、执行力的优势，激活企业干劲。

上海企业文化与品牌研究所所长周元祝认为，老品牌的所有者，特别是国资监管部门，要敢于将老品牌从“冷库”中释放出来，摒弃“宁可被动消失也不能主动流失”的思维，精心挑选品牌人格化的代表，利用混合所有制长处，发挥民营资本敢闯敢拼的优势，创造条件助力老品牌的振兴。

注重平台模式，研发无国界

重拾辉煌，海鸥也清醒地意识到，目前市场还是佳能、尼康、索尼三分天下。光凭民族情结远远不够，“打铁还需自身硬”。数码时代的移动化、终端化、个性化等催生更多新的应用，相机产业也必定朝着高、精、尖的方向发展。

很快，一支深圳的数码相机团队进入海鸥视野。这支 10 余人团队成员从某知名相机企业跳槽组建，既有光学高手，也有图像处理行家，掌握着现代数码相机的核心技术。但现实中屡遭碰壁，国内没有一家真正能够让这群年轻人实现“中国造”数码相机抱负的企业。听到“海鸥”回归，双方一拍即合。如今，海鸥数码以这个团队为班底，依托深圳良好的数码产业环境，组建了深圳研发中心，目前已发展到 50 余人。

同时，国内某知名企业任高管的曲建涛也一直对海鸥这个民族品牌情有独钟。当安国军邀请他加入海鸥新团队时，曲建涛二话没说，出任海鸥数码公司总经理。“要论薪资，那是‘天上地下’；但‘复活海鸥’是一份油然而生的使命感。”

曲建涛介绍，经过海鸥上海研究院和深圳研发中心三年研发，目前已形成国内最具实力的数码相机研发队伍，聚集涵盖机械设计，光学设计，电子硬件设计，软件系统，图像技术开发等行业的专业人才，包括博士、硕士在内的设计工程师 70 余名；已有 50 余个项目获得国家专利，形成拥有自主独立知识产权的 UI 技术、图像处理技术 SIPT2、全天候柔性防抖技术 SUPER. I. S 系统、自动对焦系统等核心技术。

日前，海鸥已自主研发多款独具特色，并符合潮流标准的数码相机。最新上市的两款 CF100 与 CK20，一个拥有 1. 4 大光圈，被誉为光圈王；一个具有 2. 8 大光圈，24 倍变焦镜头。而且都搭载海鸥最新核心技术。比如，世界领先航天级的镜片多层纳米镀膜技术，及优秀的镜头设计及加工能力，可确保海鸥镜头独树的成像效果；自主研发的第五代自动对焦系统，可实现快速对焦，让摄影者随时捕捉瞬间灵感。

值得注意的是，在复活海鸥的过程中，新海鸥更加注重“平台模式”发展，相机大部分零部件都由海鸥独立研发设计，相关核心部件与国外知名企业联合研发，然后外包给生产加工企业生产，最后由海鸥组装测试，把附加值最高的部分留住。记者看到，从外企“挖来”的工人们，正在位于松江区海鸥组装车间内紧张地培训“海鸥制造”流程，为海鸥大批量复产做最后冲刺。

海鸥回归能飞多高？市场空间还有吗？据统计，2013 年全球所有相机厂商的总出货量将近 6000 万台，同比下降 40% 多。但曲建涛表示，受智能手机等影响，销量下降机型主要为低端卡片机，中高端相机所受影响较小。特别是持续增长的国内中高端数码相机市场，有利于走中高端线路的海鸥民族品牌的复活，这符合日益增长的国内消费能力与市场需求。

在周元祝看来，海鸥这次“复活”对于老品牌的复苏有所思考。一方面，要有一批对老品牌感情深厚的创新创业者加盟，倾情投入。同时，要通过技术、营销等一系列内容、模式的创新，赋予老品牌新的“高大上”个性和美誉度，使人们不仅仅找回对老品牌的感觉，更找到对接时代的心理需求与感应。

当然，作为对技术集成要求很高的海鸥照相机，其凤凰涅槃之路更希望树立“研发无国界”的理念，充分发挥移动互联网的势能，善于搭建平台、整合资源，敢于下“技术订单”，调动全社会的科技创新力量，创新研发方式，不断提升产品的研发速度和技术高度。海鸥回来了，能飞多高，所有“海鸥迷”都拭目以待。

此文刊登于 2014 年 01 月 10 日《解放日报》

作者　丁波　刘锟

绕不开的难题

老品牌发展中遇到的共性问题是显而易见的，包括资金、体制、市场推广、内部激励等等，这些问题常常困扰着老品牌的每一步创新，如果不采取超常方式引入外部力量来助推的话，靠老品牌自身要解决这些问题确实不易。

酒香也怕巷子深

昨天，2012 年中华老字号博览会落下帷幕。为期 4 天的展览，让不少市民回到了曾经的记忆中，冠生园泡泡糖、回力跑鞋、民光牌床单、蜂花香皂、海螺衬衫等老品牌产品，不仅实用，还给人一种温馨的怀旧感。

可奇怪的是，诸多展览会上受欢迎的产品，在市场上却很难买到，大卖场和大型百货商场难觅踪影，广告宣传更是少之又少，与一些国内外大牌的市场攻势有天壤之别。一些参观展览的市民感叹，价廉物美的老品牌，为何总养在深闺呢？难道是在坚守“酒香不怕巷子深”的孤傲吗？

其实不然，老品牌也有自己的苦衷。一家老品牌企业负责人日前告诉记者——今年公司所有广告投入加起来才 500 万元，而有的同行品牌一年在上海市场的广告投入超亿元，老品牌“小打小闹”，声势自然就弱了。

据了解，上海的老品牌，像蜂花、梅林、回力、海螺等，近年来基本没有大的市场营销和广告投入。去年，上海社科院针对本市 50 家老字号企业的调查显示，企业认为自己最有优势的是品牌，占比 31. 7%；而宣传广告排在倒数之一，占比仅 2. 2%。

想投广告，无奈心有余力不足

“作为一家有60多年历史的老品牌，每年都会推出15%—20%的新产品，却无力进行声势浩大的营销。”益民食品一厂负责人坦言。

益民食品一厂生产的是光明冷饮，拥有许多经典产品，如白雪冰砖、三色杯、赤豆棒冰、绿豆棒冰、盐水棒冰等。在今年的产品清单上，记者也看到了不少创新产品，如咸味海苔冰淇淋、香蕉冰淇淋、蛋糕冰淇淋、浓情蜜意、搓冰乐等，这些新品，好看好玩又好吃。可在市场上，消费者印象却很淡。

徐汇区龙吴路一家好德便利店，伊利、和路雪等品牌的冷饮产品五花八门，而光明冷饮只有冰砖、三色杯、赤豆棒冰3种经典产品。闵行区沪闵路一家快客便利店，光明冷饮也只有这“老三样”。记者走了好几家超市和便利店，情况大同小异。超市营业员评价：光明冷饮的优点是口味传统、价格实惠，缺点是品种太少太陈旧，不能吸引年轻消费者。

今年，在光明集团和益民集团的支持下，益民食品一厂力求加大广告投放，轮番在微博、公交车、公交车站、地铁、电视相亲节目等载体上做广告，取得了一定反响：凡是打过广告的产品，如白熊冰砖、三色杯等，销量都翻了一番。但益民集团市场部有关负责人表示，光明冷饮做广告，如同“螺蛳壳里做道场”，较之其他品牌的宣传强势，实在不足道。

老品牌负担重，资金实力不足，是无法在广告营销上进行大投入的首要原因。益民食品一厂虽已扭亏增盈，但由于之前几年亏损，公司400多名职工的收入水平偏低。为弥补“欠账”，这两年企业有了起色后，每年都拿出很大一块利润用来给一线员工加薪。去年企业利润仅为10万元，今年有望突破100万元。“只能先踏踏实实把日子过好，等实力强点了才能进一步拓展市场。”

很少在市场上开展广告宣传的蜂花牌檀香皂同样如此，在国内外品牌夹击下，上海制皂厂近年来能保持特色已属不易，员工从原来的 2300 多人下降到 400 多人，分流压力大，将前几年的利润都“抵”掉了。

亏本还卖，不是不想变而是不敢变

记者调查采访发现，老品牌掌门人的责任意识普遍较强，正因如此，在市场竞争中往往表现为“稳重性强，冒险性弱”。

不少品尝过光明白熊冰砖的消费者感叹，其原料、口感、品质都堪比国际大牌冰淇淋，价格却只有 6 元。但这已是光明冷饮系列中最贵的产品。为了保护其长期以来的好口碑，益民食品一厂始终坚持大众化低价位，不敢轻易提价。如盐水棒冰、赤豆棒冰、绿豆棒冰等，迄今价格仍只有 1 元一支，属于亏本销售。

低价策略导致利润空间太小，一些连锁的销售终端不太愿意卖，更被年轻消费者误读为“低端”。

上海制皂厂的一名老工人告诉记者，近 90 年了，蜂花檀香皂的配方始终没有变过，甚至连包装也没有改过，“不是不想改，而是不敢改”。

一家老品牌的经营者实话实说：“作为国有企业，我们并不能只追求利益最大化，还要承担起对老百姓和对国家的责任。”

当然，也有的老品牌坚守传统，是因为历史和现实的特殊性。梅林罐头有关人士表示，他们基本不做广告，其中一个重要原因是所在行业毛利率极低，附加值远低于电子产品、日化产品、饮用水等，根本没法做，所以他们还是重在销售终端促销让利，以实实在在的举措赢得经销商和消费者的心。

市场突围，还需打破条条框框

专家认为，要唤醒老品牌，使其重领市场风潮，需要在市场营销上大胆创新，实现突围。

在这一点上，大白兔、六神等老品牌的做法值得借鉴。大白兔正在推进“体验式消费”模式，让儿童、女性等消费人群在休闲玩乐中买到任何想要买的糖果。而六神品牌，前段时间开发了名为《花露水的前世今生》的视频短片，虽然片长只有 4 分 30 秒，制作成本不高，但其诙谐幽默的内容在网上引发热议。短片自 6 月底在各网络平台发布后，短短两周就获得了近 30 万的转发和评论，点击数超过 1200 万次。过去，六神的广告内容多集中在产品功效上，这次是从文化层面上进行品牌传播，品牌营销价值大大提升。

复旦大学管理学院博士、品牌管理专家卢晓表示，老品牌营销，从深层次说，是个企业转型的问题，不能老拿过去的自己作比较，应该直面现今市场的选择，满足现代消费的需求。目前，不少老品牌企业对市场营销还处于懵懂状态，营销队伍还不够专业，要形成“以消费者和市场为导向”的商业模式，必须在多渠道解决融资问题的前提下，尝试寻找专业的市场营销团队，专业的广告制作和投放团队，跟上国际化步伐，让老品牌的传统口碑与市场新的消费趋势结合起来。

中欧陆家嘴金融学院副院长刘胜军认为，应该创新机制，改变国有品牌企业经营管理者在市场营销方面缺乏动力和干劲的现状。在这方面，上海家化是一个成功案例。通过改制，企业家才能得以充分发挥，创新举措得以大胆实践，旗下老品牌发展势头越来越好……在他看来，对企业机制进行改革创新，是老品牌再崛起的最好举措。

还有不少专家表示，由于近年来，一些老品牌“失血”严重，因此重新起步面临不小的资金困难。对此，在发挥企业自主能动性的同时，政府和社会各界也应该给予关注，共同探索良性互动的投融资模式，实现多赢。

记者了解到，市国资委、经信委等已经着手深入调研，在老品牌的企业机制创新、政府扶持、投资基金引入等方面进行探索，一些新的措施正在积极酝酿之中，力求激发老品牌的内生动力，让老品牌不仅有辉煌的历史，更能有美好的未来。

此文刊登于 2012 年 09 月 25 日《解放日报》

作者　丁波　黄勇娣　李蕾　宋婕

口碑不错，为何进不了一线商圈

“进场费、堆头费、陈列费、海报费、店庆费、大卖场年底返利……这些都是进入一个大型超市需要支付的费用。”一提到这些，上海制皂有限公司市场营销部副经理林玲一脸无奈：“就拿条码费来说，蜂花檀香皂 50 克装和 80 克装要收取两个条码费，香型不同，也要分别收取条码费。”近几年，一方面终端合同费用逐年增长，另一方面低价竞争使得不少老品牌以薄利多销为利润支撑，而新产品入场却只能望而却步。

类似的苦恼，三枪、海螺、光明冷饮等老品牌都碰到过。不少上海老品牌在消费者心目中，口碑还是不错的；但在人气颇高的大型超市、商圈中，不是鲜见踪迹，就是“躲”在角落。为何老品牌总感觉进入一线商圈如此之难?

挤入一线商圈，为何这么难

租金高，是将老品牌“拦”在门外主要原因。上海回力鞋业有限公司党委书记桂成钢告诉记者："我们的产品日渐受到时尚年轻人的欢迎，但很少自己主动进入高档商圈，因为摊位费较高。"目前像南京路、淮海路等一线商圈，每天的租金都在 70 元/平方米以上，有的甚至每天在 100 元/平方米以上。

记者粗略算了一下，像回力鞋这样，一般一个店在三五十平方米，如果直接进入高档商圈，月租金要超过 6 万元。"按我们的资金实力，月租金在 1 万元以内，还能承受。"桂成钢坦言，"在高档商圈开专卖店，是打形象、做广告的好途径之一，但过高的租金价格，对于老品牌来说有些吃力。"所以，回力鞋目前进入一线商圈的方式，主要采取与代理商合作的方式，回力仅做供货商，摊位费由合作方来出。

更重要的是，随着各大商圈相继提出"国际时尚商务区"、"维护一线品牌领衔地位"等口号，不断加大对国际顶级品牌的招引力度。曾经属于"时髦货"的老品牌，如今在商家看来已经不够档次。一位业内人士告诉记者，不少商圈对国际大牌，甚至不惜倒贴装修费也要引进；而对本土老品牌却没有"求贤若渴"。上海市商业经济研究中心教授齐晓斋认为，国际大品牌之所以受欢迎，是因为它们所带来的人气和纳税都高，而且也能无形之中提升商圈结构和形象，从这一点而言，老品牌的店面形象和实力还处于下风。

记者在几家购物中心观察了鞋类、服饰等老品牌和国际品牌的门面，对比起来，国际品牌的店面更气派，而老品牌店面装修通常比较朴素，设计和色彩都不够"抓眼球"。

一方面是老品牌资金少，难以进入一线商圈；另一方面，商家青睐国际大牌，两面夹击，把老品牌的市场展示空间挤压得更小了。

拓展新渠道，考验综合实力

不少老品牌，想通过自己打造专卖店、自有门店来扩张。可这一步也很不容易。

回力鞋目前在上海有 7 家自有门店。桂成钢告诉记者："这主要是因为开自有门店，一是要有机会选址；另外，在同等价格条件下，一些早进入的品牌已经占据了有利地理位置。"

还有一些老品牌，积极拓展新型销售渠道。生产蜂花檀香皂的上海制皂有限公司积极开拓网络销售渠道，在 1 号店、淘宝网、邮乐网等实行产品分销策略。目前，公司也在尝试社区销售模式，即投资合作创建"上海制皂·洗涤之家"社区销售直营店，提供产品销售、体验、送货上门、加盟等社区服务。但这些措施，都是要建立在较高市场知晓度的基础上。而在高档商圈、大型超市"露露脸"，依然是不少老品牌难以舍弃的阵地。

光明冷饮的销售网点中，传统的夫妻老婆店比超市卖场等现代通路还要多，因为对其来说，现代通路的成本太高。特别是便利店一块，都被伊利、和路雪品牌买断了冷柜，每月还可获得足额的电费补贴，光明冷饮要挤进去就非常难。而且，光明冷饮每有一种产品进入便利店，就要被收取高额的条码费；进入超市卖场的费用更高，一年会被收取几十种费用。所以，在现代通路这一块，搞不好就会亏本。但光明冷饮又不能放弃，只好艰难支撑，或是压缩进入现代通路的产品种类，毕竟传统通路还是要靠现代通路的带动。

其实，无论是开自有门店，还是拓展新销售渠道，老品牌纷纷选择了从大批发走向品牌终端的销售模式，这对老品牌市场综合能力是一种考验。毕竟，诞生于计划经济时期的老品牌，"一货难求"多年，不愁销售通路，如今要扩展新渠道，不是一朝一夕就能成功的。

如何突围，借鉴他山之石

专家指出，对于民族品牌的保护和支持，国际上也很常见，政府的相关政策可以参照国际上的做法，对有发展前景的老品牌在一定程度上予以“倾斜”。

在一些国家，如果是本土品牌在本土生产又在本土销售的，那么该品牌在本土的零售终端，享有一定的“绿色通道”，如减免进场费；在重大商务、文体活动中，在进入门槛方面也有适度优先。

在韩国的主要商业街上，70%以上展示的是本国自主品牌；国际一线品牌在韩国、俄罗斯、新加坡等国商场，几乎都要缴纳很高的扣点。品牌中国产业联盟主席艾丰教授认为，各级政府应该建立专门的扶持基金，并在营造商业环境上给予直接或间接的引导、鼓励，创造一个公平的竞争环境，“给国内品牌一个交学费的机会”。

政府层面还应在战略高度对于本土品牌予以高度重视。如韩国在产业资源部下设有设计品牌科，负责起草和制定品牌扶持政策，规划品牌发展。2006年夏天，韩国设立国家品牌管理总部，制定“韩国品牌路线图”。品牌战略令韩国本土制造在终端商业领域得以繁荣，而对设计产业的扶持，则令韩国的品牌掌握了更为前端的话语权。同是在产业资源部，其下还有设计振兴院这一机构，资金80%来自政府，每年的政府拨款约合人民币2亿元。

而老品牌自身在渠道建设、市场营销等多方面也需要努力创新。齐晓斋认为，其实，并不是所有老品牌都非得挤进一线商圈、高档商场去销售。目前，上海的商圈正朝块状方向发展，比如解决日常生活必需品的社区商业中，可以引进一些老字号品牌；在一线商圈的支马路上，布局着一些特色商业，这些地段老品牌都可以进入。像福建中路的“老字号一条街”，每天的租金在10元/

平方米左右，这样的价格，不少老品牌还是可以承受的。

“除了真正弄清‘国际品牌’的概念、不要盲目崇洋，一视同仁的监管也很重要。”知名律师夏善晨建议，政府相关部门应加强监督和审查力度，尤其要杜绝海外品牌在宣传过程中刻意夸大品牌知名度、误导消费者的行为。上海市经信委有关负责人表示，整个社会文化氛围的营造也很重要，改变盲目崇拜“洋货”的消费观，需要全社会共同努力。

此文刊登于 2012 年 10 月 05 日《解放日报》

作者　丁波　李蕾　刘锟　赵艺

能不能抓住年轻人的心

销售额从 7 亿元飙升至 205 亿元，市场覆盖率高达 98%，品牌价值 60 亿元，老凤祥的上扬曲线还在继续。

但上海市创意产业展示与服务平台近日的一项调查发现，作为沪上老品牌中的佼佼者，依然存在消费群年龄偏大的问题，特别是传统的黄金产品，与年轻一代消费者“距离尚有点远”。公司副总工艺师张京羊坦陈，老凤祥必须在两个方面同时使力，一面保持老品牌传统特质，一面要寻求突破，在年轻消费者市场获得立足之地。

老凤祥的困惑，其实是上海老品牌的通病。

“倚老卖老”容易丧失领地

上海社科院等单位日前发布《2010/2011 上海品牌发展报告》显示，目前上海老字号品牌中，有规模且效益良好的品牌只有 10% 左右，惨淡经营、勉强维持现状的品牌约占 70%，另有约 20% 的品牌长期亏损、濒临倒闭。而其中，“创新不足，没有与时俱进”是一些品牌没落的共同原因。

变与不变，是老品牌最为纠结的问题。大部分老品牌老字号认为，保持老品牌原来的品质和特质，才能保持市场特色，大举动创新固然容易吸引年轻人目光，但存在经营风险，耗费大量成本，不敢轻易出招。上海交通大学品牌研究所所长余明阳表示，“不变，能满足老一代消费者的需求；变，存在风险，可能丢掉很多品牌的传承，但也可能开创全新的市场。”就是在这种患得患失的徘徊中，很多老品牌“倚老卖老”，逐渐失去品牌生命力。

体制束缚也是一个原因。一位老品牌负责人私下说，“在这个位子上至多干三五年，要是因为我的‘大刀阔斧’带来不好的‘收成’，那不但是画蛇添足，更是给自己找麻烦。”只要不出大差错，干几年拍拍屁股走人的思想，在个别老企业依然存在。同时，囿于体制原因，即使一些有创新意识、想改革的企业负责人，干起来也遇到阻力。一个项目从立项到上报，层层审批，等最终定下来，可能已经错过市场的最佳时机，很多最后都不了了之。一些老企业负责人感叹，“不是不想做，是想做却做不成，怕背上‘把品牌毁了’的黑锅。”

“倚老卖新”才能焕发生机

设计咨询机构 IDEO 战略执行总监陈怡认为，很多企业功夫下在“老”字上面，而没有真正在年轻消费者情感的诉求上做文章。“如何利用老品牌这个金字招牌‘倚老卖新’，才是老字号企业的出路。”

作为蝴蝶牌缝纫机的生产企业，上工申贝董事长张敏就有过这样的“思想洗礼”。上世纪 90 年代，随着流水线大规模普及和成衣市场发展，蝴蝶缝纫机的市场不断萎缩，逐渐消失在人们视野。然而，近年来，全球每年却还有

1000 万台的家用缝纫机市场需求，其中 80% 的市场在发达国家，他们用缝纫机干什么呢? 一次国外考察让张敏豁然开朗：原来在发达国家，多功能、个性化的家用缝纫机已成为培育兴趣爱好的休闲用品，闲暇时用它制作个性化的家居作品。“这与传统缝纫机的需求完全不同，这不是干针线活，而是培养生活情趣和爱好的”。循着这种思路，蝴蝶牌开始演绎新故事，去年上工申贝在中华路开设实体门店，力求在门店中开展 DIY 教室吸引消费者。

“大白兔”奶糖也在做这方面的尝试。过去老百姓缺乏营养的时代，大白兔强调的是糖的奶味和营养，“7 粒大白兔奶糖等于一杯牛奶”的口号曾风靡一时。可如今，大都市老百姓处在“营养过剩”时代，再走老思路，强调“奶味浓郁有营养”自然不行了。据了解，今年上半年大白兔奶糖销售增长 40%，但不是传统的奶糖业务增长，而是话梅糖、陈皮等的增长。比如新推的一种大白兔黑糖，乍一看与经典大白兔奶糖相似，但里面的糖不是以白砂糖为原料，而采用了红糖为原料，具有排毒作用，更适合女性养生，且食用时具有浓浓的香味，日益受年轻女性消费群青睐。

当然，目前这样的探索还刚刚起步，在绝大部分的老品牌中，销量最多、比例最大的依然是传统产品，吸引年轻人的新产品产销比例仅占 10%—20%，它们的培育需要时间，更需要坚持。

敢让年轻人挑大梁

在采访中记者也发现，近年来，风生水起、有所创新的老品牌有着一个共性元素，就是敢于让年轻人挑大梁。

今年上半年，上海家化净利润同比增长 73. 9%，成为国内日化领域增长最快的企业。公司董事长葛文耀将这归功于家化多年来市场化运作机制的功劳。“家化就我一个老人，我只掌舵，市场营销、新品研发都交给年轻人大胆去做”。今年，家化已开始实施股权激励计划，这让年轻管理团队的积极性更高了。上海纺织旗下的三枪和海螺，这两三年来，在纺织行业一片低迷的形势下能够逆势上扬，也得益于年轻的团队，两家公司的领导层有一半以上在 40 岁以下，设计部门基本是“80 后”当家。

不少专家表示，重用年轻人和年轻团队，是让老品牌复苏的重要一环。因为，在许多老品牌老字号企业，比起老工艺师、成熟技术人才，更缺乏品牌推广人、市场营销高手、设计创意精英，而这些人才更多需要从年轻人中选拔。

上海市文化创意产业推进领导小组办公室副主任贺寿昌建议，老品牌之间发展的横向比较体系还不足，这也难以激发老品牌复兴时企业领头人的干劲。现在应抓紧建立品牌成长的评估体系，“评估体系可从产品市场占有度、消费者接受度、企业内部管理、企业创新等几个维度来设计，综合分析品牌活力。”活力高低如何，直接可以看出各个老品牌的努力程度，更激发企业家的斗志和激情。

记者了解到，上海老品牌的复兴已经吹响号角。市经信委、市国资委等积极行动起来认真调查研究，相关负责人表示，近期上海将出台对老品牌的扶持政策，选择部分消费者基础深厚、市场前景可期、经营情况较好的企业，帮助企业理顺产权关系，搭建人才和投资平台，并给予财政补贴。据透露，并不是所有老品牌都要扶持，有一些品牌随着市场的发展会被自然淘汰，只有自身努力与政府适当扶持结合起来，才能真正做强做大。

此文刊登于 2012 年 10 月 06 日《解放日报》

作者　丁波　刘锟　黄勇娣

第六章：海外征途

不积跬步无以至千里！上海企业的国际并购之路越走越宽，无疑是10多年来上海产业发展的最大亮点之一。从最初的蹒跚学步，战战兢兢完成处女秀，到后来平等相待，成为国际资产买卖中的座上宾，再到长袖善舞，学会利用国际资本市场和国内外资源腾挪为并购后的企业注入强大动力，上海企业在海外的成长、跨越、成熟，成为改革开放伟大时代的最好注释。

图为从直升机上俯瞰新西兰新莱特乳业公司。2010年，上海光明食品集团收购新西兰新莱特乳业51%股权，之后在新西兰单独成功上市，显示出上海企业并购之后日益增强的资本市场整合能力。

“上海企业并购德国工厂”现象探究

【编者按】自主创新是调整产业结构、转变经济增长方式的中心环节，包括原始创新、集成创新和引进消化吸收再创新等途径。就上海而言，当前关键是要研究自主创新亟待突破的重点领域。

上海工业技术基础比较雄厚、对外经济交流频繁，在引进消化吸收再创新上有着自己的优势。通过海外并购，引进国外的先进技术、管理和设计理念，在吸收消化基础上，实现再创新，拥有自己的自主知识产权，形成自己的核心竞争力。这种消化吸收再创新的尝试，是适合上海实际，大有作为的。

《“上海企业并购德国工厂”现象探究》系列报道，希望能通过跟踪和透视这一现象，为更多企业加快走上自主创新之路提供借鉴。

并购中的创新

“我们在德国收购的 DA 公司今年有望止亏持平，并购起步告捷。”昨晚，刚从德国返沪的上工（集团）股份有限公司董事长张敏在电话那头告诉记者。

新时达公司董事长纪德法昨天也向记者发布信息：“我们的德国分公司今年将实现盈利，德国的销售额接近 100 万欧元。”

近几年，到国外并购企业，是上海一些企业出现的一个新现象。这里是记者记录的上海企业到德国并购的一个小档案——

2002 年，生产压力容器为主业的上海华盛集团以 400 万欧元收购破产的德国同行威尔兹公司，收购当年便令“70 多岁”的威尔兹创下 40 多万欧元利润。

2003 年，上海新时达电气公司收购德国老牌电梯企业辛格林纳公司 74% 的股权，当年新时达在德国的销售便翻了一番；

也是 2004 年，上海机床行业龙头明精公司收购德国著名企业沃伦贝格机床制造公司 53.6% 的股份，从沃伦贝格公司的“学生”一跃成为该公司的“主人”。

2005 年，以生产缝制设备闻名的上工集团“小吃大”，收购世界排名老三的德国 DA 公司，此举使上工缝制设备的销量从全球十多名一跃跻身三甲……

表面上的“巧合”，蕴含着上海企业以跨国并购寻求自主创新突破点的必然。

位于江海交汇处的上海，市场大、辐射广、开放度高，与国际市场联系紧密；曾担当中国的“工业母机”，制造业基础雄厚。但上海也面临如何通过自主创新快速提升产业核心竞争力的问题。

以跨国并购为突破口，通过引进国外先进的技术、理念、制度、管理，在引进基础上消化吸收再创新，进而构筑起企业自主创新能力和城市创新体系，无疑是国家战略与上海实际相结合，实施自主创新的上佳选择。

进入 21 世纪，发达国家制造业加快向发展中国家转移，尤其是老牌制造强国如德国纷纷剥离制造业的背景，也为上海企业提供了千载难逢的二次创新机遇。

实际上，这条有上海特点的自主创新之路正越走越宽，越走越畅——

上海华盛收购德国威尔兹，不仅少了一个对手，拿下一个品牌，还打开了欧洲市场的通道。更重要的是，华盛将威尔兹成熟的管理经验、生产技术和运行机制全部引进，为我所用，大大提升了本土公司的管理水平和技术水平。如今华盛在德国压力钢瓶市场上的份额已近半壁江山，新近又拿到了进入美国市场的许可证，其在全球同行中的排名迅速攀升到第七，正阔步迈向全球三甲的行列。

新时达并购德国老牌辛格林纳，两年后整体销售额增长近 50%，达到 3 亿元。快速增长的背后，是对“德国式”产品和管理理念的再创新。在新时达的产品陈列室，记者看到，新近开发的电梯控制柜比老产品小 1/3，蓝色外衣看起来像一个时尚的小冰箱，可容纳的配件其实与老型号控制柜一样多。这正是受德国公司产品设计启发后创新的产物。并购两年来，新时达总部成长最快的部门是产品测试中心，是辛格林纳公司对产品近乎苛刻的检测催生了新时达对产品检测的投入。

明精收购沃伦贝格后，对沃伦贝格公司的主导产品——PT1－PT3三大系列产品进行技术审核，并加以改进，提升了产品结构和性能。前不久，明精推出的CK61160正是对德PT1技术作了充分吸收，并按我国数控车床的实际要求制造的，尤其适用于复杂型面轧辊、叶轮等大型复杂零件加工，已经为国内用户接受。另一全功能数控车床Z1400，采用模块化设计，并按德国安全标准设计，具有多种安全装置，这两大展品均已开始出口德国。预计今后5年，明精公司出口创汇每年可增长100万到200万美元，其车削中心和数控深孔镗床的国内市场占有率可提升到70%以上。

再看今年7月刚完成对德国DA收购的上工，虽拥有“上工牌”和“蝴蝶牌”两个全国驰名商标，产销量与出口量列全国前茅，但与国外同行相比，由于研发力量薄弱，上工产品一直以中低档缝制设备为主。反观DA公司，它在国际工缝机行业的品牌与技术是公认的全球领跑者，仅注册的专利就有200多项，涵盖了当今缝机机械高端技术几乎所有领域。上工收购DA，正是欲通过跨国并购带动自主创新，尽快实现从“国内第一”到“国际一流”的跨越。目前，上工对DA的首轮整合策略正逐步展开：以DA监制，上工定牌生产DA中高档工缝机产品，逐步实现DA中高端产品的中国制造；引入DA先进机型，全面提升上工现有产品结构，大力发展高附加值和高技术含量的特种机；以德国研发中心带动上海研发分中心，培育中国传统产业在尖端技术领域的自主研发能力。

并购后如何“拿来”

【编者按】消化吸收再创新的核心是再创新。只有再创新，才能真正“拿来”，实现新飞跃。

做好“再创新”，要夯实基础，选择最佳路径充分消化吸收国外同行的优势；做好“再创新”，要敢于突破，把握发展方向，在原有模式上融入新技术、研发新产品；做好“再创新”，更要融会贯通，最终使企业形成一套不断激发自主创新的新体系。本文报道的上海这些企业在成为国际买家后，正努力实践消化吸收再创新的过程，并开始有所收获。

前不久，汉诺威举行全球最大国际机床展，百年老品牌沃伦贝格的展台上出现新“面孔”——CK61160 数控车床，它“心灵手巧”，精细加工着复杂的叶轮，令不少参观者驻足观看。

一打听，它的“新主人”在中国，是上海明精机床公司。“这是吸收了沃伦贝格的主导技术，按我国市场的实际要求研发的新产品”，明精公司负责人介绍说。

孵化新产品，仅仅是一个缩影。近年来，明精机床、新时达、上工股份、华盛集团等大胆并购德国企业，演绎着“拿来主义”的新故事。

不当“徒弟”，改做“主人”

对于沃伦贝格而言，上海机床企业曾一直当“徒弟”。

沃伦贝格公司是德国著名数控机床生产厂，在大型车铣床的制造上技术雄厚，拥有 10 多项专利，上海机床企业在上世纪 70 年代末开始即与沃伦贝格合作，引进其 V1000 车床定牌生产，这一干就是 20 多年。“徒弟”当久了，对于核心技术，依然“知其然不知其所以然”，包括明精机床等上海机床企业，自身产品都在中低端市场竞争。

没想到，到了 21 世纪初，“徒弟”也快当不成了。由于当地市场的萧条和企业本身的原因，沃伦贝格陷入困境，急于寻找新的投资方。这时，明精机床公司算了一笔账：与其引进其他公司的新技术，继续做别人的“徒弟”，还不如抓住机会，收购沃伦贝格公司，成为它的主人。

经过近 2 年的跟踪谈判，明精机床公司收购沃伦贝格 53. 6% 的股份，新成立的技术公司注册资本 60 万欧元。这样一来，明精公司花费不大，就成为沃伦贝格诸多专利技术的新主人。要知道，在以往，沃伦贝格在中国市场转让一项专利就要价 30 万欧元。

一下子，明精公司在大型卧式车铣床和加工中心技术方面居于国际领先地位，如今，他们在这一基础上的每次创新，都成为市场上“人无我有”的撒手锏。

【点评】引进技术或合资生产，是国内企业消化吸收国外技术的常见方式，但这一基础上的再创新往往也受到局限。抓住机会，实现跨国并购，本身既是消化吸收路径上的创新，也更加掌握了技术发展和创新的主动权。

不全套照搬，大胆突破

新拿来主义，绝不是全套照搬。

上工股份原有一个 GC8800 高速平缝机产品，使用过程中总是出现漏油、噪音大、缝纫性能不佳等问题。去年，上工股份以 1700 万欧元的代价收购世界排名第三的工业缝制设备制造——德国 DA。收购后不久，上工请德国 DA 专家过来“会诊”，GC8800 被诊断出了十几个制造缺陷。缺陷找到了，上工研发人员请来德国专家共同研发，对症下药，将德国精致的外观设计、严谨的部件磨合、苛刻的零件筛选等一系列操作方法与制造技术嫁接到原有的产品上，创新出了一个全新的 SG8900 机型，经反复测试，基本达到 DA 德国本部制造的水平。

变化就这么鲜明。原来的 GC8800 机型，DA 说什么也不肯通过自己的销售渠道销往欧美，觉得“这样的产品，卖一次再不会有回头客”；如今的

SG8900 机型，DA 主动提出大量销往欧美，估计价格比以往上工产品的出口价格提高 50%，德国人还要为它贴上代表世界工缝机最高品质的“DA 牌”。

同样，新时达完成收购后发现，对方的控制技术在国内并不实用，但产品在体积结构上有着优势，新时达借鉴吸收，改进自身的电梯控制柜，如今的控制柜比原来小三分之一，外观像一个时尚冰箱，市场火爆。

【点评】跨国并购之后的再创新，可以是利用国外技术，对企业原有产品的改进和革新，也可以是在国外技术模型上更新一步，取得更先进、更高端的技术。可无论怎样，躺在并购成绩上睡觉，不去整合创新，就无法做到“洋为中用”。

不仅技术，更要革新理念

还有一个故事，让上工股份领导记忆深刻。

中德研发人员历时 3 个月研发出来一个产品，在德国专家的监制下生产出来后，上工人欣喜不已，认为是“取得了极大成功”。没想到德国人说：“且慢!”将样机送到产品可靠性试验室，做 24 小时不间断运转的最强度测试，5 天不到，5 台样机先后出现了漏油、振动等问题。德国专家马上将样机解剖诊断，再重新设计改进，重新制造出样机，产品测试下来，各项指标基本达到 DA 制造的水平，上工人以为可以推向市场了，德国人又说：“且慢!”将产品再次送进试验室，“必须经受住 3 年不出问题的强度测试。”试验室“生死测试”刚挺过来，上工人正想舒一口气，德国人还说：“且慢!”再将产品送去定向企业“真刀实枪”地检验……

三次改进，三个且慢，上工人开始懂了什么叫一丝不苟，明白了什么是物有所值，开始加大产品检测的力度。

无独有偶，新时达在完成收购后，变化最大的也是检测部门，目前已投下

300 万元建立检测线，还将投入 700 万元。“检测的过程，是对产品质量的保证，更是发现问题、解决问题、从而孵化更多创新的过程。”新时达董事长纪德法对此深有感受。

【点评】尽管有一些德国企业由于市场的原因而被并购，但它们之所以这么多年来能拥有技术优势，关键在于有不断孵化新技术的土壤，包括从研发、到生产、到检测和售后跟踪一整套完整企业运转体系。中国企业吸收消化再创新的过程，绝不仅仅是研发某一项技术和产品，更要学习并打造企业的创新机制。

并购是为了再超越

【编者按】经过连续十多年的快速增长，上海经济正处于由以往财富驱动走向未来创新驱动的转型期。

作为世界产业链中的后来者，要在短时间里缩短与发达国家城市的差距，迅速培育起上海自主创新能力，加大引进基础上消化吸收再创新的力度，不失为一条有效路径。这是被他国发展规律所证明的经验，也是国家战略与上海实际相结合的抉择。

从这个意义上讲，上海企业并购德国工厂的现象，是上海近年来多种形式引进、吸收、再创新的一个缩影。

记者的采访本上，记录着这样一串数据——

2000 年至 2004 年，上海研发自主创新药物 42 个，远远超过了以前 50 年的总和，其中绝大部分为国内仅有，50% 以上申请了国际专利；

到今年上半年，落户上海的跨国公司地区总部达 86 家、外资研发中心 140 家，上海成为除香港以外的我国吸引外资“头脑型”企业最多的城市；

截至 2005 年 6 月，上海已有 150 多家国家级和市级企业技术中心，这些企业技术中心大都在引进技术后二次创新，培育起企业拥有自主知识产权的核心竞争力；

……

没有什么比数字的见证更为有力——站在巨人肩膀上，上海以“拿来”后的再创新，谋求对巨人的超越。

走出去，全面掌控

上海对外交流中心负责人每天上班第一件事就是拆信，信里是上海在世界主要发达国家的战略合作伙伴寄来的投资信息，包括世界各个行业领先企业的经营、募股、求购等线索。中心对这些信息处理后公开发布，这是市政府为上海企业建立的海外并购信息平台。

“并购日本秋山公司不过短短 3 年，我们在印刷机制造领域与世界先进水平的差距，整整缩短了 18 年！”上海电气负责人日前向记者介绍。

2002 年，上海电气正是通过市政府海外并购信息平台获取信息抓住机会，购并了日本老牌印刷机械生产企业日本秋山。新组建的秋山国际在重组后连续 2 年赢利，秋山的产品技术也在上海“开花结果”，其拳头产品之一的高速大型单面彩色胶印机在上海试生产成功，结束上海电气只能生产小规格、低速印刷机的历史，产品技术达到了全球一流水平。

实际上，不仅仅是华盛、明精、新时达和上工，不仅仅在德国，上海电气收购日本秋山，上汽集团收购韩国双龙，上海海欣收购美国捷罗特(GIENOIT)……近些年来，通过海外并购“拿来”再创新已成为上海企业加快培育自主创新能力的共识。市外经贸委的统计显示，2004 年上海企业海外并购投资额达到 1.5 亿美元，比前年增长 2 倍，上海企业在海外投资额已占中国对外投资总额的 1/10。

“走出去”并购海外企业，上海企业“拿回来”的不仅是厂房、土地之类的硬件，更是对海外企业技术专利、工艺、人才、管理和营销渠道等的全面掌控，进而是技术、管理、理念、机制上的全面再创新。

引进来，为我所用

走在张江高科技园区，看到最多的机构铭牌肯定是“×××研发中心”。GE、杜邦、霍尼维尔、微软、花旗、雅诗兰黛……“洋大脑”们为自己实体公司出谋划策的同时，也将世界先进的技术与理念引入上海，带动上海企业消化吸收再创新。

泛亚技术中心就是美国通用和上汽集团合资建立的研发中心，成立 8 年来，在吸收美国通用先进设计理念上，泛亚技术中心结合中国具体情况不断创新，在车型设计中大胆加入中国元素取得成功。

就说有口皆碑的别克君威吧，原型是别克皇朝，上海通用投产后的第一款车型，尽管安全、平稳，但造型粗犷、不重细节，又与中国公务车市场需要的大气、豪华、稳健有一定差距。泛亚对它的改型过程就是将中国元素融入君威设计的过程——车头的饱满和四边型的水栅面罩，颇像中国古代宽厚的屋檐，显示尊贵；尾灯的造型颇像凤眼，符合中国人的审美观。君威推出后每年销售量都在 10 万辆左右，去年年底，“别克君威系列轿车开发项目”获得了唯一的“中国汽车工业科技进步奖一等奖”。

处于从财富驱动向创新驱动转型的路口，上海近年变招商为选商，化引资为引智，已成为除香港以外的我国吸引跨国公司地区总部、投资性公司、外资研发中心等外资“头脑型”企业最多的城市。借助引进来的“洋智力”，上海企业消化吸收再创新的能力不断提升。

与此同时，企业自发的“引智借脑”亦如雨后春笋层出不穷。上海纺控与澳洲专家合作开发莱赛尔纤维，打破国外大公司技术垄断；上海宝钢请来日、德钢铁专家为我所用，保证了二期、三期建设的顺利进行；上海天灵开关厂以260万元技术股买断洋专家及双方合作开发的专利新技术，在此基础上培育起领先国际的自主知识产权产品……一个个案例一次次证明：自主创新同样可以“拿来主义”，通过消化吸收国际先进技术，进行二次开发二次创新，进而培育起自己的核心竞争力。

拿过来，谋求超越

近几百年的世界发展史上，依靠原始创新引领世界潮流只出现过三次：18世纪英国推广蒸汽机应用和发展纺织产业引领的第一次工业革命；19世纪德国电气化和重化工推动的第二次工业革命；20世纪美国以信息、生物技术领域的划时代发明引领的第三次浪潮。绝大多数的市场领袖者最先都是靠引进、吸收后的再创新奠定了领导地位。

美国从1871年开始从欧洲引进技术，到1890年工农业产值跃居世界首位；日本二战后从美国引进技术“二次开发”，仅20多年后，日本新产品就风靡全球；韩国在人均GDP3000美元以下时以引进技术为主，人均5000美元时开始吸收创新，人均10000美元后进入吸收创新与原始创新并重时期，崛起为“亚洲小龙”。

上海目前人均GDP达到5000美元，正是大步引进来、走出去，大力加强消化吸收再创新的最好时机。当然，引进来、走出去都不是根本目的。不久前，《上海市科教兴市指标体系》编制完成，在所有15项核心指标中，直接反映地区或者企业自主创新能力的就有7项。事实上，随着科教兴市主战略向纵深推进，上海完善支持自主创新各项政策正接连出台，上海为自主创新提供综合性公共服务的平台正在建设，自主创新正在不断强化为引领上海发展的主旋律。

听，这些收获的声音——

当年购入国外先进生产设备的上海宝钢，通过二次创新解决了该设备“轻油枪结焦”的技术难题，被外国卖主100万元将技术专利买了回去；

当年靠引进设备武装起来的上海石化，靠技术改造使进口老装置的生产能力成倍提高，且在此过程中培育起自主知识产权，打破了多个国外企业的技术垄断；

当年只能仿制别人的上海制药，如今研发出了填补国际空白的“乙肝治疗性疫苗”，创新出全世界第一个获准上市的重组改构人种肿瘤坏死因子；

……

正如那几家并购德国工厂的上海企业，走出去是为了拿回来，再创新是为了再超越。

此文连续刊登于2005年12月04日、06日、08日《解放日报》

作者　丁波　陈江

最大一次海外并购“开花结果”

几天前，一份来自英国维多麦公司的经营报表，送上光明食品集团总部，这家刚刚并入光明的英国老牌食品商实现“开门红”：1到2月完成9亿元人民币的销售收入，利润总额5500万元，其中光明食品集团可获净利润3900万元。同时，维多麦在中国的总经销商即将转为光明食品旗下的南浦食品，早餐麦片等将通过中国国内10万家终端门店销售，预计今年在中国销售额可达6000万元，这一数字，是并购前的10倍。

收购维多麦，是笔“大买卖”。它涉及企业价值超过12亿英镑，是中国食品行业迄今最大的一次海外并购。让国内同行刮目相看的是，去年初以来，不仅收购过程平稳，收购后还立马产生效益。上门“取经”的人不少，并购项目负责人往往一接电话就被问道：“如何发美元债啊”、“国际评级靠谱吗”……

“在收购维多麦的过程中，许多模式我们没有尝试过，在上海企业中也没有先例，但紧贴国际规则，十分奏效，这大大增强我们走出去的信心。”光明集团负责人表示，“海外收购机遇和风险并存，只有充分利用自身优势，敢于创新，才能把握收购的主动权，并扩大整合的效益，最终达到多赢。”

“有一种成功叫撤退?”

在成功拿下英国维多麦以及澳洲玛纳森食品之前，外界对于光明食品海外并购的评价曾经是——“屡败屡战!”

而当事人深知，要积累经验与底气，唯有实战。

维多麦收购项目负责人、光明食品集团财务总监曹晓风至今难忘，在与维多麦的谈判中，双方曾一度“纠结”在英国养老金制度上。所幸，此前收购英国联合饼干“夭折”的经历，为光明食品提供了重要参考。

英国所有的老企业都会面临养老金问题，联合饼干也是如此。两年前，双方的商业谈判已接近尾声，但 3 亿英镑的养老金缺口问题“浮上水面”，光明心中没底，加上竞争激烈，导致光明放弃了收购。此后，曹晓风有意识搜集资料，对英国的养老金制度进行了系统研究。“养老金资金缺口因时而异，不该被一时的账面数字吓倒，只需仔细分析，就能合理规避风险。”

再“战”维多麦，又碰到了养老金问题。维多麦开出的条件是，养老金没有谈判空间。但曹晓风没有退缩，他胸有成竹，坚决表示“必须谈”，若没看清“窟窿”一口答应，可能影响企业并购后的发展。

双方“唇枪舌剑”、“披星戴月”持续了好几天，都不肯让步。有一天谈到晚上11时，曹晓风常常起身来到阳台抽烟，3月的伦敦很冷，第二天发起了高烧，不得不通知对方，取消当天的谈判。这一听，英方紧张了，几天谈判下来，他们看到中国人很了解养老金制度，“难道真的不让步?”“如果谈判黄了，哪里去找光明这样合适的买主?”到这一天晚上，英方憋不住了，打来电话，宣布接受光明食品对于养老金问题的方案，作出了2000多万元的让步。

一场病结束了“拉锯战”。曹晓风笑着说，自己当时是真病了，但团队中的其他成员和维多麦谈判方仍不能确信，他那天发热到底是真是假。“回想起来，因为是在养老金上知己知彼，才使对方不具备掌控谈判的能力，最终被偶然因素打乱了步骤。”

《潜伏》中有句话，“有一种成功叫撤退”。“海外并购，从新手走向逐步成熟，多亏一次次国际化大练兵。”曹晓风告诉记者，近两三年，光明食品有几次被外界称为“失败”的并购项目。但每一次失败，都使光明食品在国际并购的经验、团队、体系等方面向前迈了一大步。例如，收购CSR时，由于没有签订“排他协议”，导致别的企业参与进来，并不断抬高价格，最终失之交臂。此后，在与玛纳森谈判之初，光明就与其签订了排他协议，要求只能“一对一”谈，最终取得成功。

借钱也能“朝南坐”

在对维多麦的收购中，光明食品通过谨慎调查和艰难谈判，将价格控制在合理范围内，为维多麦约3亿英镑股权的60%支付1.8亿英镑，同时须为其约9亿英镑债务中的4亿贷款进行再融资。

中国企业绝不是“钱多人傻”，要对国际市场游戏规则游刃有余，最大幅度降低收购中的成本，这才是真本事!

2012年6月，光明食品向全球金融机构发出了3年期5.5亿—8.5亿美元贷款的条款书，30 多家中外资银行纷纷表示合作的意愿。但在光明食品开出“苛刻”的融资价格以及财务承诺等条件之后，有 16 家银行认为“不划算”，主动退出。留下来的 10 多家银行，也试图进行“讨价还价”，要求适度修改条件，但光明食品明确表示“不变了”，并宣布采取成本更低的“俱乐部融资”方式。

这一下，让银行业和同行们惊讶不已：从来没见过，借钱的中国企业这么牛！

之前，此类融资多采取由大银行牵头的银团贷款，这也是光明食品在之前并购新莱特乳业和玛纳森食品时所采用的方式。但这一方式，融资企业不得不支付给牵头银行较高的“牵头费”等。俱乐部融资，不设领衔的主办行，所有参与银行被一视同仁，使光明食品的融资成本从 4% 下降至 3%—3. 2%。

为何敢在中外银行面前“朝南坐”？曹晓风认为，关键是要认清自己的优势在哪儿，一来，光明食品的经营基本面过硬；二来，这个并购案例在国际上备受关注，中国概念、食品概念，加上是最大的一次海外并购，每一家银行以能参与其中为荣，品牌宣传的无形价值不小，可实现“名利双收”。“就为这，他们也应该少赚点。”就这样，几轮谈判下来，这最后 10 多家银行纷纷愿意接受俱乐部融资。

不仅如此，此番收购中，光明食品还探索了国内企业在海外并购中很少“涉猎”的一个渠道，主动申请穆迪、标普、惠誉三大国际信用评级机构对光明食品的企业信用进行评级。2012 年 9 月，光明食品分别获得三大机构“BBB”的信用评级，并展望为“稳定”，均列于投资等级。这是上海企业首次获得三大国际信用评级机构的“投资级评定”，反映出光明食品在国际资本市场受到广泛认可。不仅成为低成本俱乐部融资的一个关键性保证，也有利于光明食品综合尝试“杠杆收购”、“过桥贷款”等国际化的高级金融手段，把发行国际债券的窗口打开，突破了中国企业走出去必须面对的“融资难”、“融资成本控制难”等壁垒。

如何实现“洋为中用”

买了之后如何管理，更是一门艺术。

经过多轮“实战”，光明食品在筛选海外并购项目时，越来越注重对其经营团队的考量，如果对方足够优秀，就会请对方留下来继续管理，“洋为中用”。

这次光明食品收购维多麦 60% 的股权，其余 40% 的股权仍由其“老东家”LION 基金资本和管理层持有，这主要是对 LION 基金多年来管理水平的肯定。同时，还留下了部分管理层。而 LION 基金和管理层也对全新合作十分看好：维多麦主打的英国市场已经饱和，中国则取代美国成为了世界上最大的食品杂货市场，而光明食品发达的分销渠道可以带领维多麦大举进入中国市场。

光明食品还悄悄当上“学徒”，引入国外的先进管理经验。此次申请国际信用评级，三大评级机构反复索取材料的过程中，曹晓风发现，他们对债务比例、现金流等财务指标格外关注，这就启发他在今后财务管理中主动与国际接轨。在维多麦定期送达的各类财务报表中，他也看到了一种更先进的预算方法，比国内企业的预算详细许多，更容易追溯，有利于对照考核，于是，欣然引入到整个光明食品集团中来。

“洋为中用”核心在于人才。光明食品快速打造自己的国际化人才队伍。曹晓风带领的 7 人并购团队，就是一个例子。他们中不少是“70 后”、“80 后”，有着各自的专业背景，涉及生产技术、财务管理、投行交易、法律等不同领域。在与维多麦的几个月谈判中，他们高负荷运转，各展所长，互相补位，在实战中迅速成长。几个海外并购的大项目磨炼下来，如今每位年轻人都已是“多面手”。

团队中的“80 后”汪丽丽，曾在与法国优诺的谈判中“单枪匹马”与奶农组织会面洽谈，获得认可。去年5月，光明食品宣布收购维多麦时，她发现自己怀孕了，但之后仍全程参与项目，直至“小宝宝与项目一起落地”！如今，她已成为集团负责海外业务的光明国际公司的副总。汪丽丽感慨地说，自己原本在投行工作，主要帮助跨国公司并购中国企业，但进入光明食品集团之后，开始帮助中国企业走出去进行海外并购，格外自豪。她也惊讶地发现，在国际投行、律师事务所、会计师事务所等知名机构面前，中国企业的底气越来越足，原来可能处处被牵制，但现在学会运用国际规则掌握主动权，各类国际机构甚至不得不“巴结”起了他们……

此文刊登于2013年05月07日《解放日报》，有所删改

作者　丁波　黄勇娣

4亿欧元买来的是核心技术

燃气轮机，是工业领域“皇冠上的明珠”，也是我国制造业长期无法忽视的短板。即便到了去年，国内燃机量产能力具备，基础研究全面启动；但核心技术上的巨大鸿沟还是横在面前。而就在上个月，情况发生了转折。

意大利时间5月8日，上海电气和意大利安萨尔多公司签署一系列协议，上海电气计划出资4亿欧元参股后者40%股权。在中国企业走出去的大潮中，4亿欧元不是一笔小数目。然而，这次收购的价值，远不是账面所能反映。用业内人士的话来说，4亿欧元买来的，是最宝贵的技术和时间。

30年的技术鸿沟

虎煜是上海电气下属上海汽轮机厂燃机部部长，1998年从清华大学热能

工程系的燃机专业毕业。他回忆，当年念书时全国很少有高校开设燃机专业，因为中国的燃气产业已经断代十多年，读这个，毕业后去哪工作可能是个大问题。

2000年，国内三大电气企业参与国家组织的燃机“打捆招标”，上海电气、哈尔滨电气、东方电气分别与西门子、GE、三菱三家跨国巨头合资合作。通过以市场换技术，推动燃气轮机国产化。十多年过去，国内燃机制造业蓬勃发展，随着能源结构调整和环保需求提升，燃机市场也逐渐成熟。一个鲜明标志，国内各大工科见长的高校，几乎都开出了燃机专业，冷门变成了热门。

“30年差距！从GE在上世纪80年代研发出F级燃机到现在，我们有30年差距。”上海电气集团股份有限公司总裁郑建华直言国内与世界第一梯队的距离，包括上海电气在内的国内燃机制造商，都只拥有制造技术，没有研发能力。“我们只能按图制造，却不知道为什么这样设计。”郑建华说，由于缺乏技术，制造过程中任何一点修改都要听外方的。

十多年来，中国企业和跨国公司合作共赢，可双方关系再好，拥有燃机核心技术的跨国公司都有一个共同的默契，那就是外方绝对不会把燃机核心技术向中国合作伙伴转让。对西门子、GE、三菱“三巨头”而言，燃机是“命门”，也是其能源装备领域利润最高的业务。4月底西门子宣布和GE竞购阿尔斯通，5月初西门子收购了罗罗燃机，此前三菱还吃下了普惠燃机，都有加紧行业整合之意以进一步加强垄断。行业里流传着这样的名言：要想拥有GE燃机技术，你得买下整个GE公司；要想得到西门子燃机技术，除非“跨过他们的身体”。这次收购之前，国内燃机行业几乎已经断了向国外买技术的念头。

跨国公司的技术垄断不仅带来定价权，还使其牢牢控制了服务领域。国内燃气发电行业普遍存在“买得起、用不起”的现象，燃机中的高温热部件每四年要更换一次，一台燃机多年日常维护维修的成本远超过燃机的购买成本。由于国内制造商没有研发设计能力，导致做不了任何维护服务，这块市场也被外方垄断，中方无计可施。

千载难逢的机会

国内燃机行业太需要技术了，但差距之大让人无奈。前期研发需要天价投入、大量试验，这些都好办，但最需要的是时间。当国内行业准备追赶的时候，跨国公司的技术没有停步，西门子、GE 等企业至今每年还在投入 10 多亿欧元、美元进行研发，据悉世界领先企业已经研制出比 H 级更先进的燃机。

转机在半年前出现。此前积极拓展海外业务的上海电气，获悉国际燃机市场上的一则变动消息：意大利安萨尔多公司正待价而沽，准备寻求行业投资者。

这是一个复杂的故事。世界上完全拥有重型燃机研制能力的，除了第一梯队的“三巨头”，还有法国阿尔斯通和意大利安萨尔多两家组成的第二梯队。1991 年西门子与安萨尔多进行燃机技术合作，但到了 2000 年左右西门子意识到燃机技术的重要性，向对方规定了技术使用年限和范围并收回了技术转让许可。

这反而促使安萨尔多转向自主研发，10 多年后，它拥有了独立技术。目前该公司主要聚焦欧洲市场，每年有 10 多亿欧元销售额，2000 多万欧元利润。虽然规模不能和“三巨头”相比，但它的燃机产品和技术齐全，并拥有完整的知识产权。

安萨尔多虽然盈利，但其母公司却受欧洲经济环境影响，陷入债务泥潭。此前欧洲的一家企业提出以 13 亿欧元收购，但在意大利管理层和工会坚决反对下失败。去年得知安萨尔多母公司回绝该公司之后，上海电气看准机会，迅速向其伸出橄榄枝。

一开始进展并不顺利，由于缺乏了解，中国企业的热情并没有得到回应。同时韩国一家知名电气制造商介入，它抱着和中方一样的目的，希望通过收购，获取缺失的核心技术。但韩国企业提出和另一家欧洲企业一样的要求，要100%控股，同样担心下，安萨尔多工会又开始反对，收购再度陷入僵局。

两次波折后，意大利政府安排国家战略基金 FSI 全盘接管了安萨尔多能源公司。去年底，郑建华代表上海电气，赴意大利拜会了 FSI 的总裁。

一见面郑建华就开门见山，给出承诺且要求公平合理：第一，要参股安萨尔多，希望是大股东，但也不是“非要不可”。第二，价钱可以商量，但底线是技术要全面共享。第三，只要安萨尔多经营良好和健康，原来的管理团队可以继续保留，员工可以不裁员。第四，上海电气必须是安萨尔多的唯一产业股东。第五，上海电气将与安萨尔多一起共享中国与全球市场，并一道出资研发当今世界最先进的燃气轮机且共享知识产权。

这五条一下子打动了 FSI 总裁，当即表示马上向意大利政府报告。中国公司的诚意也让安萨尔多公司管理层非常激动：开拓巨大的亚太市场，对于这家老牌欧洲企业来说，也很可能成为命运的转折点。

以退为进的成功

收购堪称“闪电战”。郑建华回国后第二周，FSI 总裁带着安萨尔多高管一起来到上海，第一次看到中国的真实面貌，看到上海电气在闵行、临港的各个世界级工厂，更坚定了意方与上海电气合作的决心。

收购谈判从启动到签约历时仅 6 个月，相对同等规模的海外收购，这次颇为高效。上海电气首席投资官陈鸿告诉记者，公司收购团队去意大利谈了六次，对方也到中国来了四次。收购细节谈得很细，意方公司对中国政府的支持尤为看重，甚至提出把政府支持写入合同；还提出不要在合同里写合作的时间期限，希望永远合作下去，永不散伙。

成功牵手对安萨尔多公司意味着生存和发展，而对上海电气和国内燃机行业来说，收获的是多年渴求不得的核心技术。根据合作框架，上海电气入股后，安萨尔多现有所有的燃机自主研发技术与能力都将与上海电气共享，对于目前国内最为缺乏的研制能力，安萨尔多恰恰都能提供。上海电气将很快具备重型燃机的研发设计能力，“为什么要这样做”的困扰将不复存在。

按计划，双方还将在中国建立燃机领域的两家合资公司，实现从研发、制造、销售到服务的全产业链覆盖。“双方会联合开发先进高效的燃机新产品，并共享知识产权，从而形成真正的自主研发能力。”郑建华说，这有点像国内汽车产业通过海外收购，曲线发展自主品牌，大大缩短拥有核心技术的时间。

谁也没想到变化来得这样快。上海电气方面认为，这个机会可谓“可遇不可求”，虽说是“巧事”，但没点韧劲和巧劲，不可能成功。此前其他公司两次失败，关键原因在于收购方要求完全控股，双方核心利益发生尖锐冲突。过去中国企业海外收购中吃过不少此类苦头：要求 100% 控股，常常会引发对方很大的戒心和猜疑，特别容易受到来自工会的阻力。“不求控制、只求拥有”，上海电气的退，反而让对方各个利益阶层感受到诚意，促成合作。

此轮收购也让上海电气经营团队对海外合作有了更深刻的认识。郑建华表示，过去企业海外收购往往专注股权，虽然投入很大成本 100% 控股了，但核心技术还是拿不到。这一次，上海电气坚持先谈技术，再谈股权，把双方的核心利益和核心需求都能全面兼顾是这次谈判成功的重要经验。

上个月刚结束的亚信峰会上，中俄两国签署天然气大单，这一消息无疑为上海电气即将大举发展的燃气轮机产业注入强心剂。业内人士指出，未来国内天然气市场供给增加、价格回落，伴随着此次收购带来的燃机技术跨越，将使我国的燃机发展战略目标大大提前。同时，拥有自主知识产权的中国重型先进燃机问世后，还将突破垄断和封锁，走向海外市场。

此文刊登于 2014 年 06 月 05 日《解放日报》

作者：丁波　徐蒙

第七章：国资整合

资本腾挪

上海，一直是名副其实的国资重镇！在改革开放的高速发展和民营外资快速生长的时代，国企在上海经济中的老大哥地位和在服务民生中的中流砥柱的地位一直没有改变。10 多年来，上海国企和驻沪央企尝试成为公众化公司、尝试更有效的约束激励办法、尝试培育更有创新活力运作机制上的努力从未停过。改革有时精准发力，快速推进；有时谨慎前行，亦步亦趋，不断根据形势变化而修正提升。科学、精准、渐变、包容，都成为上海国资改革印象中的关键词，也让国企国资在纷繁复杂的市场经济体系变化和日益激烈竞争中，始终保持其特有的核心竞争力。

图为 2014 年上海国资高峰论坛。如何在新常态下实现跨越，对于上海国资重镇是一直在努力探索的。

上海国资改革拉开大幕

2003年，上海新一轮国资改革的大幕徐徐拉开：曾经属于不同委办管辖的30多个大型国有集团归口到国资委；国资运营机构的《经营预算》、《战略规划》、《领导人员管理》等新办法相继出台；百联、锦江两大集团在完成联合之后，更进一步的产权改革计划正在酝酿。对于上海5000多亿元国有资产这艘“航空母舰”，全新的监管框架和流动环境显现雏形。

上海，一直被认为是我国国有资产改革的重点区域，其国资比重大、涉及范围广。截至2002年，地方国有资产总量已经达到5494.57亿元，其中经营性资产3940.71亿元。在工业、商业等诸多领域，上海国有和国有控股企业占有极其重要的地位，国有资产监管体制的建立和国有企业产权改革，无疑关系到整个上海经济的发展速度。

通过政府机构改革，上海国资领域“九龙治水”的分散管理局面被迅速改变，曾经分属经委、商委、外经贸委、农委、旅委等不同委办下的30多个大型国有集团，从今年5月开始，陆续归口到新改组的上海国资委。这种“搬家”，决不是简单的上级领导部门的改变，在“搬家”过程中，国有资产的管辖权和政府公共管理职责相分离，新组建的国资委，仅仅以出资人身份管理国有资产，并以多项措施保证职责的“到位而不越位”。前不久，资产评估行业协会就已经独立于国资委之外，国资委负责人不再担任协会领导，让资产评估行为完全中立。

新的监管体系，需要新的制度来构建，国资委快速出台一整套全新的国资管理制度。国有资产营运机构的《战略规划管理暂行办法》和《国有资产经营预算管理办法（试行）》在近日出台，分别对国有资产运作时的“战略规划”、

“经营预算”进行规定，特别规范了出资人对其派出的产权代表的行权要求和工作职责。同时，新的《国有资产统计报告办法》出台，以如实反映本市国有资产发展状况，为今后各项评估把好“数字关”。

更为重要的是，对于国有企业的领导班子，新国资委颁布《关于改革本市国资营运机构领导人员管理的若干意见》；确定在管理对象上，重点管好党委会、董事会和监事会；在管理内容上，重点管好选人、考核和薪酬三个环节；在管理方法上，重点推进市场化办法，实行领导人员任期制和契约化管理，营造有利于国资有序流动的利益导向机制。据了解，上海一些国有大型企业经营者的全球招聘工作正在准备中。

构筑全新框架的同时，调整国资优化布局的“大手笔”已经开始。百联和锦江两大集团组建之后，正在摸清资产、“挤干水分”，对下属各个板块资产进行梳理、整合，形成较明晰的内部结构，为接下来的产权改革做准备。电气集团的大规模引资工作有条不紊进行，38 个项目已经找到“婆家”，与民资或外资等企业达成意向，涉及总资产约 30 亿元。而外资并购本市国有企业、国有资本从小企业退出等相关办法也已开始出台，为上海国资的大规模流动创造条件。

此文刊登于 2003 年 09 月 20 日《解放日报》

上海国企国资改革向纵深发展

上海国企改革、国资重组正向纵深发展。在百联、锦江、电气、农工商集团等资产重组之后，轻工的“大手术”也已开始，下属公司将分批实现区县属地化管理。值得注意是，每个集团的改制方案都不相同——“一司一策”改制，让每一次国资重组“手术”都实施得平稳而有效。国资委负责人表示，在两三年内，上海将逐步完成所有授权控股公司的多元化改造，增强企业核心竞争力和国有经济主导竞争力，推动上海经济的新一轮发展。

上海一直是全国国有资产集中度较高的城市。到去年末，国有资产还有6000亿元。国有资产量大面广，在新一轮改革中，如何实现“有进有退”？如何在“进”与“退”间，加快产业结构的调整与升级，为经济的可持续发展注入更大动力？上海国资委一步一个脚印，大胆探索。

在流动中优化，在混合中发展，成为上海国企国资改革日益清晰的脉络。上海国资在流动中向优势产业集中，向大型、特大型的混合所有制企业集中，向企业的核心业务和核心板块集中。去年，一百、华联、友谊、物资四大集团重组，成为国内最大的国有商业集团——百联集团，改变了国有商业“一家一户”式的传统经营模式。上海电气在吸引5家新股东，成立混合所有制公司后，砍掉、放掉了过去经营多年的产品附加值低的装备产品领域，将核心业务锁定在具有世界领先水平的百万千瓦火电、百万千瓦核电、煤制油、轨道交通四大重点设备上。

国资改革不是“一锤子买卖”，混合所有制更不是“一变就灵”。要让国有资本的布局和结构调整发挥实效，必须注重内涵的突破。上海国资委根据国有资产出资人的定位，积极探索从国有独资条件下对企业法人的授权，向产权多元条件下对产权代表的授权转变，从综合授权向出资人依法授权转变；对于60多家国资委归口的企业集团，建立了以战略管理、预算管理和契约管理为支撑的出资人依法管理体系。据国资委负责人透露，在企业内部，有关技术、管理等生产要素入股的试点正在研究中，从而让企业的领军人与企业真正捆绑在一起。

一个个控股集团的改制重组，并不是孤立的，在这一过程中，一个国资、民资、外资有序流动的市场平台渐渐浮出水面，地域、行业之间的围墙逐步破除。去年末，上海联合产权交易所正式挂牌，每天有数十家国有企业资产在此挂牌，等待买家，不少外资、民资企业在此找到了并购对象。今年第一季度，联交所产权交易成交1193宗，成交金额501.17亿元，其中异地产权交易成交就达190宗，成交金额占到总成交额的五分之一。目前，瑞士信贷、摩根士丹利等国际顶级中介机构已登陆上海，参与到国资改革之中，带来了国际化的资本流动理念和方式。

此文刊登于2003年09月20日《解放日报》

五大集团重组改制焕发生机

百联、锦江先后重组，电气、农工商进行多元化改制，轻工22家二级公司下放到区县——沪上控股集团产权改革的“大手术”频频上演，效果如何？记者日前从市国资委获悉，五大集团重组或改制后，新成立的集团、股份公司以及“放小”的企业凭借良好的市场形势，去年销售收入普遍增长25%以上，其中锦江利润同比翻了一番，达到历史最高水平。

上海一直是全国国有资产集中度较高的城市，在新一轮国企改制国资重组大潮中，如何让6000多亿元的国有资产通过重组焕发出勃勃生机，是市国资委和各大控股集团着力解决的问题，“改制”、“重组”、“主辅分离”、“抓大放小”成为目前大型控股集团谈论最多的话题。数字显示，从2003年以来，上海重组企业涉及的总资产达到2000亿元，集约处置不良债务230亿元，而五大集团改制，是关键之举。

五大集团改制后能保持良好的发展势头，“一司一策”起到了重要功效。五大集团分属商业、旅游业、装备业、轻工业、农业等不同领域，市场竞争形势不同，集团本身的历史沿革、发展基础也各有特色，因而在改革过程中，改革的模式和选择的时机尤为重要。市国资委在制定改革方案时，不搞“一刀切”，坚持“一司一策”地推进。面对雅高、洲际等国际酒店航母加快中国战略，资产规模和酒店数目成为中国企业与它们抗衡的基础，锦江集团成立后，整合了原锦江、新亚、华亭等 5 大公司的品牌和资产优势，加快全国布点速度，投资和管理的酒店从 105 家发展到 141 家，在国际酒店业的排名由完成重组时的 57 位上升到目前的 35 位。而在产品品种繁多、市场日益细分的轻工行业，机制灵活、技术创新力强的中小民营企业往往能取得优势，轻工集团果断“分家”；将 22 家二级子公司、总值 88 亿元资产整建制下放到 7 个区县，这些子公司下放后，在投资决策、经营策略、管理人员等方面有了更多的自主权，一定程度上激发了企业的活力，去年利润总额同比增长超过 50%。

改制后良好的产权安排，促进了企业在公司治理水平的提升。改制后的企业经营上不再仅仅强调规模产值，而更注重带来股东利益回报和谋求公司长远发展；管理上不再企求“大而全”，而主动突出主业，剥离副业；技术上向能提升企业能级、开拓新市场的核心技术发展。电气集团在整体改制后，引入广东珠江、福禧等五大投资者，成立上海电气股份有限公司，新公司牢牢抓住市场契机，集中力量打造发电设备、轨道交通等大规模、高技术装备，向百万千瓦火电、燃气轮机组、百万千瓦核电等电站领域世界高峰进军。去年，公司拿下 9 台燃气轮机组订单，承接浙江玉环百万千瓦机组项目，都是上海电站制造领域的历史性突破，预计全年净利润将增长 30%。

五大集团重组改制后保持良好发展形势，进一步推动上海国资的增值，到去年底上海国资达到 6800 亿元，比前年增长 10% 以上。

此文刊登于 2005 年 01 月 04 日《解放日报》

淡马锡，能带来什么？

“淡马锡模式”如同一句时髦的流行语，在中央企业和地方国企改革浪潮中被广泛谈论，有一段时间甚至给人“言必称希腊”的感觉。但随着改革的深入，这个号称全球最成功的巨无霸国企，到底有多少经验值得我们学习？

图为淡马锡公司，成立于1974年，是由新加坡财政部负责监管、以私人名义注册的一家控股公司。淡马锡公司经营新加坡开发银行等36家国联企业的股权。

“我们既要学习淡马锡的经验，也要理解中国国情和上海特点”——前不久召开的上海高层董事论坛上，市国资委负责人没有回避“淡马锡模式”的不适应之处。

在这个上海首次举办的针对所有大型国有控股公司高管的外向型论坛上，授课老师全部来自淡马锡和它旗下的控股公司，时间整整3天，这对于上海国企老总而言，还是第一次。

巨无霸国企的市场意识

淡马锡无疑是全球国有企业中的佼佼者。

成立于 1974 年的淡马锡公司全部资产属于新加坡财政部，在资本上，它是完全的国有企业，但在运行中却如同精力充沛、嗅觉敏感的国际化公司。资料显示，淡马锡目前主要在通讯传媒、金融服务、交通物流、能源等重要行业投资，投资额达 1030 亿新元，约等于 5000 多亿元人民币，控股和参股 40 多家企业，包括掌控新加坡电信、星展银行、新能源、新加坡港务等龙头企业。有人估算，它所投资企业的股票市值占到整个新加坡市场的 47%，几乎主宰了新加坡经济命脉。值得艳羡的是，31 年来，淡马锡的年均投资回报达到 18%。

淡马锡成功的模式到底在哪里？有学者认为在于其体制的优良。虽然它的资本全部国有，可政府一开始就采用市场的办法办企业，完全不采用行政的管理模式。企业除投资人为政府外，其余一切运作模式和私营企业一样，地位一律平等，避免了国企的官本位制、效率低下等弊端，这对于长期持有“体制决定机制”观点的不少国内经济学者而言，淡马锡现象似乎难以解释。

有学者则认为是其战略管理的高超。淡马锡的发展紧紧与国家战略联系在一起，无论是上世纪 70 年代、80 年代还是 90 年代，它对于各个行业的进入与退出，都反映出那一个阶段新加坡产业结构调整政策及世界产业发展方向。例如在 70 年代，当私人资本还无法积聚力量的时候，它着重在资本密集与科技含量高的行业进行投资，形成了一批具有重要战略意义的大型国企：如石油、基础设施、金融、海运等；到了 80 年代，通过旗下大型企业上市而开始在资本市场上运作，“买”和“卖”之间，淡马锡顺利地进入与退出相关的行业，带动民间资本和外资发力。它能为国家战略服务，而这种服务又是通过纯市场的手段来实现的。

成功模式可以复制吗?

尽管是财政部监管的国有公司，但在淡马锡和其下属控股公司中，政府的直接影响却下降到最低点。在淡马锡控股公司本身的董事会层面，9名成员中除1—2名执行董事外，其余都是独立董事、外部董事；而在淡马锡直接控股的34家公司中，71%的董事是独立董事，而且15%是非新加坡人。这在中国是很难想像的。据了解，为了保证公正性和中立性，政府公务员任董事的，就不在淡马锡领取薪酬，其薪酬由政府支付；其他的董事则一般按照市场原则进行物质激励。这些董事会保持独立性，保证不受干涉地对管理层进行监管，确保管理层的高效运作。对于一家纯国有企业，大量引入独立董事、外部董事来保证公司的高效，这无疑需要良好的董事选拔制度和独董们的职业精神来维系；而来自政府派出的董事，同样也有着市场化的意识，丢掉“衙门”作风，这也与新加坡政府长期以来的高效率运作、廉政体制和健全的法律制度息息相关。

在高层董事论坛上，曾经担任淡马锡下属控股企业董事的南洋理工大学策略管理系主任黄昭虎教授讲了这样一段话，“新加坡人是最听政府的话的，而政府是高效的。政府说不吃鸡肉，我们立即不吃鸡肉；政府说可以吃鸡肉了，鸡市场就能一下子兴旺起来。”虽然说者无心，但在座的几位上海国企负责人则向记者表示，淡马锡模式难以原封不动地搬到中国来。新加坡国土面积不大，中国是大国，新加坡可以用一个控股公司把国有资产全部做起来，中国肯定不行，因为其管理成本和风险已经完全不同了。这好比许多科研新产品，在实验室小规模生产时，可以做得很精细，但大规模生产时，如果仍按照原有的模式和工艺，就可能出问题了。

图为淡马锡公司 2016 年年度预测报告中对于中国的评价。这家新加坡的资本运营公司，在多个方面一直是中国国企的学习榜样。

人选成为改革关键

请淡马锡来讲课，上海并不是先驱，国务院国资委和不少省市，也先后请过淡马锡公司高层来讲课，因为对于刚刚起步的中国国企董事会改革而言，淡马锡无疑是国外公司中少有的样板。中国有着大量的国有独资企业，是否可以像淡马锡一样，通过聘请外部董事和独立董事的方式，来提升这些企业的运作效率，是国务院国资委和各地方国资委考虑的问题。

去年开始的中央企业董事会改革，确实在按照淡马锡模式推进。国资委领导去年 10 月向宝钢 5 位外部董事颁发聘书，宝钢集团有限公司董事会成为中央企业中第一家外部董事全部到位且超过半数的董事会。董事会下设常务委员会、提名委员会、薪酬与考核委员会、内部审计委员会，几乎与淡马锡完全一致。而在中央启动首批6家国有独资企业董事会改革之后，上海也将于今年启动首批国企董事会改革。其中选择谁成为外部董事和独立董事？比例到底占据多少？如何激励他们真正为公司分忧献策、切实监管管理层？无疑是改革中最头疼的问题。在以往的上市公司董事会改革中，对于“独董是花瓶”的嘲讽不绝于耳，而如果不甘担任花瓶的独董，有可能会被公司内部控制体系排除出去，这种例子不是没有。

不少专家认为，中国的社会环境与新加坡有相当大差距。我们尚不具备完备的市场法律体系、严格的市场监管机构与制度、高度透明的公司会计制度及市场体系，也缺乏完善的职业经理人市场，这使得社会上普遍缺乏信托责任感，也使得企业对于外部董事和独立董事缺乏信任感。在这种情况下，国有独资企业的董事会改革试点能否成功，关键看选择谁来当外部董事以及企业本身是否乐意让“外来和尚念好经”。如果选择得好，就能够成功，选择不好，外部董事自然不是当花瓶，就是被架空。

当然，董事会改革才刚刚起步，它的完善和发挥积极作用需要时间。黄昭虎教授也承认，淡马锡董事会模式的搭建和优化，经历了较长时间的摸索。最初，外部董事和独立董事如何切实履行职责也是一个问题，“在上世纪80年代初，一次董事会往往在半个小时内就可以结束，因为大家缺少争吵和讨论。但如今，一次董事会起码开上2个小时，每个人都会有不同意见，争论很激烈，正是这些争论，才能起到决策的把关作用。”或许我们的国企在引入外部董事的董事会第一次开会时，也不必强求每一位外部董事都能够直言不讳了。

此文刊登于2006年03月24日《解放日报》

上海 24 家国有大集团明确主业

市国资委日前对外公布了两批共 24 家国有大型企业集团的主业范围，其中包括上汽、电气、百联、光明、建工等多个支柱行业的领军集团，这是上海第一次明确界定大型国企主业范围。市国资委相关负责人表示，明确主业，是为了促进企业集中力量做强做大主业，提高核心竞争力。

记者从上海国资委官方网站上看到，两批 24 家大型企业集团主要分布在先进制造业和现代服务业领域，涉及汽车、装备、商贸、航运等多个地方国资优势行业。每个集团的主业一般分为核心业务和培育业务两部分，业务定位明确，范围集中。例如，上汽集团主业中的核心业务定位为“汽车及相关零部件、整车制造、汽车服务贸易”，而主业中的培育业务定位为：“新能源汽车及其关键零部件研发制造、与汽车相关的系统集成增值服务、汽车二手车及汽车零部件售后市场相关的业务、与汽车相关的循环经济业务”等，全都围绕汽车制造、服务及未来研发体系。光明食品集团主业的核心业务定位为“都市农业、食品物流、食品制造与加工业、食品零售及品牌代理、批发分销业”，培育业务定位为“食品物流”，体现出食品产业“一条龙”特色。

为何要集中公布企业主业范围呢？市国资委规划发展处处长林益彬表示，上海国资国企改革近年来取得不少成绩，但依然存在着国资布局过散、资产经营效率不高、企业主业不突出等问题。调查发现，去年年底，上海市国资委出资监管的 46 家企业集团国有资产总量 3980 亿元，涉及行业达到 79 个，其中有近 11% 的资产散布在餐饮、造纸、木材加工、建筑装饰、塑料制品、纺织服装鞋帽等 59 个一般竞争性行业，有的集团经营业务涉及 20—30 个行业。这样的布局结构，使部分大型集团核心业务不突出，专业发展带动力不强；同时，企业经营跨度过宽、投资层次过多、“子子孙孙”公司不断成长，容易形成国有资产的“出血点”。因此，明确并公布企业主业，是市国资委推动国资国企改革向纵深发展的重要一步。

据介绍，主业确定之后，市国资委将有配套制度出台。例如，在对企业负责人考核中，明确聚焦主业的导向，更关注企业主业业务收入和利润，而不仅仅关注公司整体收益。在增量投资的管控方面，企业集团今后在主业领域的投资，只要在国资委备案即可实施。但如果是在非主业领域的大型投资项目，国资委将认真审核，从严控制。与此同时，主业确定后，非主业也就有了比较明确的边界。下一步，国资委将制定相关办法，指导督促企业加大对非主业的调整整合，优化业务构成，推动国资向产业链的关键环节和价值链的高端集聚。

近几年来，中央企业在明确主业，推进“主辅分离、辅业改制”等方面动作频频，效果明显。一批央企在明确主业，做强主业后，通过资本市场得到飞速发展。上海市国资委负责人表示，央企成功经验值得我们深思和借鉴，上海国资委在明确主业后，一方面将要借资本市场之力，在国有资产整合基础上，积极推动企业集团整体上市或核心资产上市。另一方面，对于国有大集团的非主业资产，将提倡企业通过直接推向市场、横向合并重组等方式，有步骤、分阶段地加以剥离或退出，促进企业资产向关键领域、核心业务集中。

此文刊登于 2008 年 03 月 30 日《解放日报》

外部董事积极“管事”渐入佳境

3 个多月前，全国律师协会副会长、国浩律师集团事务所首席执行合伙人吕红兵受聘成为电气集团和百联集团的外部董事。原本工作很忙的他，日程表又有了新安排：前不久，上海电气、百联集团要分别召开董事会议，厚厚的会议材料提前 10 天送达，每本都有 100 来页，吕红兵认真阅读，查询资料，做上笔记，没有一丝懈怠。

“这已经是新一届董事会成立以来，两家企业各自召开的第二次董事会了。每次会议，所有外部董事悉数到场，各抒己见。”吕红兵告诉记者，“虽然相比内部董事，我们对公司、对行业不算特别熟悉，但我们还是有很独到专业的看法。”

吕红兵是市委组织部和市国资委公开选聘的 18 名第一批上海大型国有集团外部董事之一。今年 5 月，这 18 名外部董事走进上海汽车、上海电气、百联集团、锦江国际、光明集团和东方国际等 6 家试点企业董事会。据市国资委相关负责人介绍，与过去体制内选派的做法不同，首批外部董事面向社会公开招聘，在 1000 多名报名者中，既有组织推荐也有自荐。同时，相关部门成立由谢企华等外部独立人士组成的“上海市市管国有企业外部董事、外派监事专业资格认定委员会”，对候选人进行审定。到目前为止，已经有 100 多人通过专业资格认定并进入“人才库”。而遴选出的首批 18 名外部董事，是法律、经济、金融界知名人士，以及在企业管理、财务会计领域、汽车制造、电力能源等相关行业中具有高深造诣的专业人士。

在其位，谋其政。首批外部董事上任之后，首先要尽快摸清情况。各个试点单位董事长和经营层都积极主动与他们沟通，介绍公司情况，征求意见和建议。上海电气特地安排外部董事到临港基地开展一线调研，吕红兵感慨地说：“看与不看，果然不一样！”陆红军在受聘锦江集团的外部董事之后，进行了 6 次调研。他表示：“虽然平时金融学院工作繁忙，但作为外部董事，必须抽出时间来调研、思考企业所碰到的问题。”

每次董事会是外部董事真正发挥作用、提供真知灼见的时候。在 6 家试点单位的董事会上，18 名董事充分发挥专业优势，在董事会讨论中提出建设性意见和建议，在最终决策时根据独立判断进行投票。与企业内的董事会成员相比，外部董事更加关注企业经营的风险防范和控制，关注宏观经济对企业发展的影响，关注投资项目的回报和主业的发展，对完善企业重大决策能提出一些建设性意见和建议。

比如：有的外部董事提出，目前部分试点单位是以《企业法》登记的，在按《公司法》的要求规范董事会工作时，要选择恰当时机推进公司制改制，否则将会给董事会决策带来法律风险等问题；部分外部董事在审议投资项目时提出，应对投资回报率与投资风险进行综合分析，并应根据项目情况确定是否进行坏账计提等；有的外部董事建议应对董事会决定事项、授权董事长决定事项和企业经营班子决定事项等，进行分类并制定相关办法；还有外部董事提出，在收购企业尤其是外地企业时，应关注类似企业未为职工办理社保与劳动法矛盾等法律问题；等等。这些问题或建议都被试点单位吸收采纳，并已分别进行认真研究和整改。

上岗 4 个月来，外部董事渐入佳境。几位试点单位董事长表示，新一届董事会与过去相比有三个“更”：一是会前的准备更充分；二是会议讨论的氛围更民主；三是对董事长的要求更高。对此，吕红兵解释说：“你不能在会上乱说啊。不懂，才要做好功课。而且公司的有些问题，内部董事知道但是不愿说、不敢说，由外部董事提出来就方便多了。”

外部董事制度初见成效之后，市国资委表示，将进一步思考如何完善，如在外部董事聘任后，如何进一步落实董事会的责权；外部董事关联身份与竞业禁止问题等等。由此，让更多有识之士通过外部董事的工作平台，为上海大型国企治理结构完善和核心竞争力增强出谋划策、贡献才智。

此文刊登于 2009 年 10 月 10 日《解放日报》

作者　丁波　陈盈娱

“实训转岗”提升国企领导力

今年 4 月重新装修开业的华联吉买盛临沂店有了很多“小变化”：日用百货柜架比原来低了很多，知名品牌摆放更加显眼，护肤品专区和酒类专区设计别致……3 个多月来，这里的销售同比增长了 30% 以上。

这个大卖场的小变化，源于去年年底赴德国汉堡为期两个月的岗位实训。

海外岗位实训，是上海国资委近年培养青年经营管理人才的一种新办法。此外，市国资委已经连续开办 5 届青干班，推动政府与企业双向挂职锻炼，支持上海电气试点“青年经管人才转任党委书记”，通过多种中短期换位式实战训练，从国内“转”到国外，从业务“转”到党委，已有 200 多名青年经营管理人在转训、转岗过程中得到了锻炼提升。

经历过才能成长

上海是国资国企的重镇。到去年底，上海国有资本总量达到 1.3 万亿元，市国资系统 40 多家国有大中型企业集团以及投资公司、科研院所等等，都是上海各大行业的支柱。因此，如何培养国企领军人才、特别是中青年经营管理人才，是发展过程中绕不开的话题。

上海市国资委党委书记、主任杨国雄坦言，“前几年，大型国企领导班子的年龄偏大，虽然老同志经验丰富，但对企业的创新和未来发展而言会带来一定风险。另一方面，青年经营管理人才不能拔苗助长，只有经历过、实战过，才能成长，这促使国资委在青年经营管理人才的培养上必须‘转方式’，创新模式和做法。”

于是，上海国资委培养青年经营管理人才的一系列措施在周密酝酿后推出，瞄准复合型人才，扩展实训的领域，让青年人才在岗位实战中得到成长。

市国资委党委委员、企业领导人管理处处长冷伟青表示：跨国家、跨领域的转岗实战培训，一方面，对于青年人才的宏观视野、领导能力、工作方式都有提升作用，另一方面，青年人才在培训中所学到的“他山之石”、所思考的问题解决方案，反过来直接促进所在企业的发展。

实训收获开拓力

海外岗位实训，让青年经营人才们有了零距离接触国外优秀同行经营管理的机会。

仅在 2009 年，经过认真筛选、考核和培训，国资系统共安排电气、华谊、城建、锦江、光明、百联、世博、兰生、久事、上海实业 10 个集团公司 16 家企业的 21 位青年经营管理人员，分别前往美国、加拿大、荷兰、德国、瑞士、澳大利亚 6 国同行业企业进行了为期 2—3 个月的管理岗位实习。其中，行业对口的跨国企业或 500 强企业约占 40%。

以蒋晓飞去德国企业实训为例，他的收获就不小。面对大型购物中心和 OUTLETS 折扣店的冲击，汉堡的大卖场在转型和发展模式的探索方面，走在了中国前面。“顾客进入大卖场，不要总是像进入森林一般，高高的货架，无差别的摆放。未来商业竞争中，要摒弃单纯的低价模式，更合理突出商品品牌。”他从德国回来之后，先以华联吉买盛临沂路店的装修改造为试点，让大卖场部分商品的品牌可视性增强，这一试点工作有望在华联吉买盛其他门店逐步推开。

去美国旧金山 Blue Shield 医疗服务公司实训的上海医药分销控股公司负责人，对于美国的药品利益管理体系“一见钟情”。这种可为不同的客户要求设计不同的解决方案，包括报销申请处理、药房网络、开具电子处方、临床支持等，是一套成熟的医疗福利第三方管理系统。今年上海医药已经与美方公司达成合作意向，准备联手在中国开拓药品利益管理体系。

转岗增强复合力

与跨国度短期实训不同，跨领域的转岗锻炼，对于上海国资国企复合型人才的培养至关重要。

双向挂职锻炼中，国资委企业改革处副处长全卓伟在上汽乘用车公司总经理助理岗位上待了一年，她感悟很深："在企业，要敢于竞争，讲究效率，不畏风险。这一点，过去在机关干活是难以感受到的。"

上海电气集团积极探索青年经营管理人才转岗党委书记，提升其大局观和群众工作能力。上海电缆厂现任党委书记、董事长戴英培，以前担任总工程师、常务副总经理等职务，2007 年 7 月之后转任公司党委书记。"自己慢慢适应，学会如何做深入细致的思想政治工作，切实把党的工作转化为促进企业科学发展的动力源泉。"由于他对于业务的精通，因此在党委书记任上，谈话办事都讲求坚韧性、操作性和有效性，从企业实际出发，推进下属合资企业创办"青年员工之家"、推进职业生涯设计等等。戴英培的风格，让下属合资企业的外方老板对于党支部工作有了新的认识。去年 8 月，在转任党委书记两年后，戴英培同时担任上海电缆厂董事长职务。

3 年来，上海电气有 26 位同志先后通过提任、转任、调任等方式，任企业党委书记，其中，有 12 人在党委书记任职后，由于工作需要，再次回到行政领导岗位，有的走上更重要岗位。

此文刊登于 2010 年 08 月 20 日《解放日报》

上海，国资改革再上新征途

新一轮国资改革，蓄势而发，潮涌浦江！

昨日，上海市委市政府《关于进一步深化上海国资改革促进企业发展的意见》正式颁布，整整 20 条意见，从多个层面明确了上海新一轮国资改革的指导思想、主要目标和实现路径。

在深入贯彻党的十八届三中全会精神，上海全面深化改革、率先转型发展的关键时期，这座中国地方国资最为集中，地方国企实力最强的城市，正吹响新的改革号角，承前启后，再上征途！

“国资重镇”改革一脉相承

上海经济，“国”字分量一直很重，国资国企改革也从未止步。

市国资委相关负责人介绍，上海国资国企改革大体经历 4 个阶段：从 1978 年到 1992 年，以扩大国有企业经营自主权为核心，探索企业所有权和经营权分离；从 1993 年到 2002 年，建立“产权明晰，权责明确、政企分开、管理科学”的现代企业制度；从 2003 年到 2007 年，上海国资大规模战略重组，奠定了企业做强做大的基础；从 2008 年至今，上海以企业市场化改革为核心，推动资产资本化，资本证券化。

新世纪以来，上海不断从产业布局、治理结构、资产整合、主业定位等多方面举措，促进国资国企的健康发展：

联合重组——锦江、百联、光明等一系列强强联姻，在各自行业实现国资优化集聚，树立和保持全国同行龙头地位；

整体上市——上汽、港务、建工等大集团纷纷实现资本市场全流通，优化公司治理结构，增强市场一线竞争力和适应力，经济效益不断提升；

抓大放小——轻工、纺织等通过“放小搞活”、“战略转移”等等，在“上海制造”传统领域，逐步营造新环境、打开新空间。

据统计，到2012年底，本市地方国有企业资产总额达到9. 64万亿元。2012年，本市地方国有企业实现营业收入2. 28万亿元，利润总额1987亿元，上交税费总额1462亿元。

一系列数字，彰显了上海作为“国资重镇”，“国资深水区”的地位作用！

正因如此，在新的时期，上海国资国企进一步深化改革显得尤为重要。

毕竟，经历4轮改革，前行路上依然有不少制度和观念障碍束缚着上海国资国企发展。

记者采访中，一些问题常常萦绕耳畔：

“在国企经营中，市场与政府的角色如何定位，功能如何划分?”

“国企，到底是为了经济效益，还是为了社会效益，若要两者兼顾，比例又该如何?”

“国企带头人，是该讲奉献多，还是该讲激励多?”

“国企大步走出去，如何让风险和效益达到平衡点? 如何激活海外发展因子，对接全球市场?”

应该说，这些问题在过去几轮改革中也有所涉及，提出了一些适应当时情况的解决办法。可随着市场经济的进一步发展和经济全球化的深入，如何给予上海国资改革国企发展更为合理的制度安排，显得越发重要。只有这样，才能顺应时代需要，激发企业活力。

上海社科院部门经济研究所所长杨建文坦言，当前阶段，“不深化改革创新，就难以继续前进！”

谋定而后动实现“对症下药”

上海国资国企改革的步骤，全国关注，牵一发而动全身！

只有谋定而动，才能真正实现“对症下药”。

今年年初开始，市委将“深化本市国资国企改革专题调研”作为市委常委会6个重点课题之一。由分管副市长牵头，市国资委负责，市委组织部、市发改委、市经信委、市商务委等17个委办局共同参与。

今年3月7日，调研工作正式启动。一开始，调研就以问题为导向，不空谈，不面面俱到，围绕“完善监管体制、优化布局结构、加强分类监管、完善公司治理、培育跨国企业、深化企业改革、改进国企党建、探索政策创新”等8个专题开展调研；调研中，又对于各方反映较多的4个专题“完善分类监管、法人治理结构、长效激励约束、国资流动平台”等进行深入研究，听取中组部、国务院国资委以及人大政协、企业集团、委办区县和专家学者共600余人次的意见基础上，从而形成了《上海国资国企改革20条意见》草案。

在《意见》形成过程中，中共中央政治局委员、市委书记韩正，市长杨雄两次专题听取汇报，明确了新一轮上海国资国企改革的指导思想、基本原则、主要目标和工作重点。最后审定过程中，韩正同志逐字逐句进行了审读，并提出了重要修改意见。

在党的十八届三中全会《中共中央关于全面深化改革若干重大问题的决定》出台之后，调研组成员又进行对照完善，“上海国资国企改革20条意见”完全符合《决定》精神，仅对相关条款进行了补充完善。

市国资委相关负责人表示，在十八届三中全会精神的指引下，对于上海国资国企改革而言，三个关键点尤为重要：

——积极发展混合所有制经济，推动国有企业走公众公司的道路。这意味着上海国企需要进一步敞开大门，加快公司股份制改革，坚定不移走公众公司的道路，只有这样，才能通过混合所有制形式，取长补短，戒除“国”字头上影响效率和发展的弊端。

——以管资本为主加强国有资产监管，推动国资管理体制不断完善。从过去管人管资产，过渡到管资本，从过去较多关注国有企业转变为更加关注国有资本，从关注企业经营管理转变为更加关注资本价值管理。在“管”字上做文章，才能界定政府监管职能，让出资人真正行使好自己应该行驶的权利和义务。

——完善现代企业制度，深化国有企业改革。真正让市场发挥资源配置的决定性作用，深化企业人事、用工、分配等制度改革，建立职业经理人制度和畅销激励约束机制，更好发挥企业家作用，解决国企领军人的“心头之虑”。

一步步调研，一场场讨论，一字字斟酌。作为全国新一轮地方国资国企改革的先行者，上海国资国企改革的 20 条意见逐步成熟，具备指导性、针对性和操作性。

推分类监管企业定位更明确

“对我们触动最大的，首先是分类监管的改革。”昨天世博中心的国资改革大会会场，多位接受采访的企业家表达了相似的第一感受。

将国有控股企业分为竞争类、功能类和公共服务类，是新一轮上海国资国企改革在监管模式改革上的一大亮点。

“你们愿意进入竞争类，还是公共服务类?”面对几个月前国资改革调研小组抛来的问题，水产集团董事长汤期庆思考良久，给出答复：“压力再大，也想进入竞争类”。

不少上海国企“一把手”和汤期庆一样倍感压力，进入竞争类，意味着不再有政府托底，要在市场中“真刀真枪”地参与竞争；与压力相伴的是机遇，改革根据不同分类，从企业的功能定位、治理结构、选人用人和激励约束各个方面切入，旨在激发企业的内在活力。

企业分类首先明确每家企业的功能定位。竞争类企业，就是以经济效益最大化为主要目标；功能类企业以完成战略任务或重大专项为主要目标；公共服务类企业以实现社会效益为主要目标。市国资委相关负责人介绍，上汽、电气等多数集团将划入竞争类企业，国盛、临港等属于功能类，城投、久事等属于公共服务类。目前在市国资委系统市管企业中，竞争类企业户数占67%，营业收入和利润总额分别占91.5%和84.9%。

不同的目标带来不一样的改革方向。首当其冲的是管理班子：竞争类企业，市委将仅管党委书记、董事长、总裁三个岗位，有的企业总裁也将尝试放手市场化，经理层副职以及相应党群干部不再“市管”，管理层以市场化配置为主。功能类和公共服务类企业领导人员则以组织配置为主。

监管考核体系同样随着产生变化。对竞争类企业，业绩是最重要的考核标准，政府以出资人身份监管，对企业的利润、净资产收益率、资产负债水平等核心指标严格考核，不干涉企业的日常经营。对功能类和公共服务类企业，考核以是否完成任务目标、是否实现社会效益为主，同时也按照市场规则，提高资源配置效率和公共服务能力。

此次“三大分类”标准，锐意改革过去“一刀切”监管模式，并将避免带来新的“一刀切”，既有“进大院、跨小门”的跨类别分类，也将形成可动态调整的灵活机制。

激励多样化激发国企新活力

怎么把国企的活力彻底激发出来，是新一轮上海国资国企改革的核心目标。

例如，目前在不少国有企业，从管理层到骨干人才，收入水平还没有真正实现市场化，与民企、外企存在一定差距。

再例如，企业实行各种激励还有不少障碍。没有足够的利益捆绑，企业目标和个人目标容易发生偏差，人们容易产生“无过即是功”的心态，从而失去闯劲、干劲，企业竞争力裹足不前。

本轮改革中，收入与激励改革成为搞活国企的重要突破口，将完善注重长效的激励约束分配机制。

收入分配上，被纳入竞争类的企业集团将发生最大变化。竞争类企业中的领导人员，薪酬体系在现有“基薪+ 绩效薪”的基础上，实施股权、现金两种类型的中长期激励。这一激励改革又被称为“金手铐”与“降落伞”，激励收益的 10%—20%，要在正常离职或退休后兑现，既作为退休保障机制的一部分，又可作为可以追索扣回的“抵押金”。

企业其他高管、骨干人才的薪酬激励，企业将拥有充分的自主权，市场化薪酬与劳动者利益捆绑同样是改革的主要方向。

改革方案提出，符合法定条件、目标明确、具备再融资能力的国有控股上市公司，可实施股权激励或基金激励计划。这两天，上海梅林的股权激励计划新鲜出炉，引起市场广泛关注。截至目前，上海已有光明乳业、上汽集团、上海建工等国有控股企业集团试水不同形式的股权激励，个别较早探索建立混合所有制的企业，如绿地集团等已实行大范围的职工持股。

建立激励机制的国企，从管理层到员工普遍有更高的动力与干劲。一名参与股权激励的国企年轻中层干部告知，为了认购股权，甚至抵押了个人住房进行贷款，企业业绩好坏与个人“身家”紧紧绑定在一起，事业奋斗必然充满干劲与激情。

然而激励并非股权激励一种。不少企业家认为，哪种形式的激励，还是要看企业的现实需求，股权激励可以在一些企业发挥巨大作用；但另一些企业多元化的激励形式效果会更明显。本轮改革根据调研实践，给出多元化激励的方案：人力资本密集的高新技术和创新型企业，可实施科技成果入股、专利奖励等激励方案。承担战略性新兴产业项目的投资公司，探索市场化项目收益提成奖励。国有创投企业鼓励采用项目团队参股股权投资管理公司的方式，探索建立跟投机制……

国资新布局“管资本”谋做强

在新一轮国资改革方案中，管理的抓手在于“资本”，而不再是“资产”或者“企业”。

国资的布局目标已然明确：未来3—5年内，上海80%以上国资集中在战略性新兴产业、先进制造业与现代服务业、基础设施与民生保障等关键领域和优势产业。

“我国经济最主要的问题是‘散、乱、差’，在国际市场上到处受到西方跨国垄断企业的排挤，甚至出现了全中国500多家钢铁企业为几家跨国铁矿石垄断企业打工的怪现象。”国务院国资委研究中心主任楚序平认为，要改变现状，就必须通过深化国资改革，探索国有资本合理布局，优化经济结构，培育国家经济竞争新优势功能。

一座城市的产业结构调整同样如此，国资国企显然也必须成为上海产业转型升级中的主力军。未来，上海国资国企将重点聚焦在新能源车、高端设备、新一代信息技术、新能源等有一定基础和比较优势的战略性新兴产业，服务业企业的模式创新和业态转型也将在新一轮改革的推动下加速，不符合上海城市功能定位和发展要求的产业和行业将加快退出。

作为人口密集的国际化大都市，上海的城市管理、民生保障成本日益上升。除了产业发展，国资同样需要向民生倾斜，向城市基础设施布局。让广大老百姓受益、满意，是国有经济天然肩负的使命。

如何实现规划中的布局？如果是单纯的国企改革，很难形成布局和结构调整的合力。新一轮改革中，从“管资产”到“管资本”的转变，由国资改革带动企业改革，将成为优化国资布局的实现路径。

从资产到资本的转换，将是路径中的第一步。改革中将利用国内外多层次资本市场，推动企业整体上市、核心业务资产上市或引入战略投资者，成为公众公司，发展混合所有制经济。在投资主体多元化、经营机制市场化的前提下，国资监管和运作的重心将不再是企业，而将聚焦在可以灵活进退的国有资本上。

在记者采访中，一些大集团负责人表示：“从管资产到管资本的变化，也将使企业运营更为科学。过去管资产，更强调的是营业额，是做大；现在管资本，更强调的是利润、是资本收益率，是做强。”

与此同时，建立一个可供国资流动、灵活运作的市场化平台势在必行。据了解，上海将逐步形成 2—3 家符合国际规则、有效运营的资本管理公司，对于具备条件的上市公司股权和部分非上市公司股权进行运营管理。

这项具有创新特色的制度设计中，核心是对企业国有资本统一管理，公开运作，实现资本到资金的转换，从而在更大范围、更高层面统筹配置资源和盘活存量，为上海培育战略性新兴产业、加快基础设施建设、保障服务民生提供有力支撑。

“集约化运作分布在各大集团的国有资本和股权，不是一件易事，毕竟，这里面涉及到各大企业集团的利益。但经过近几年的思想沟通和预热，越来越多的大集团负责人已经开始接受，这一步必将科学规划，稳步推进。”市国资国企改革推进小组负责人如此表示。

提升国际化国企“出海搏击”

未来的上海国企，必定在全球经济大潮中搏击，才能真正做大做强。

在新一轮国资改革的主要目标中，提升国际化水平成为重要方面。支持有条件的企业开展境外投资和跨国经营，提升国际化经营水平，形成2—3家符合国际规则、有效运营的资本管理公司，5—8家全球布局、跨国经营，具有国际竞争力和品牌影响力的跨国集团，8—10家全国布局、海外发展、整体实力领先的企业集团。

近几年来，上汽、绿地、太保、浦发、百联等集团进入《财富》杂志世界500强，上港集团、上海电气、锦江国际、上海机场等在全球同行中都建立了良好声誉。然而，在全球日益竞争激烈，国内市场国际化趋势明显的前提下，国企“出海搏击”还需要更多保障。

人才，是海外经营的关键。海外并购或承包项目是否能成功，关键看是否有既懂得经营管理，又熟悉海外当地的社会文化法律环境，能很好融入当地社会的领军人。为此，上海将加大国际化人才培养和引进力度，鼓励企业结合实际，探索实施符合国际惯例的外派跨国经营惯例人才薪酬制度，让国企海外经营“高薪留人”不再有顾虑。

收购，是全球布局的重要手段。“上海国资国企改革20条”鼓励跨国并购，并购的重点，将放在收购创新资源和境外研发中心上。资源和技术，目前是上海国企进一步发展的两大障碍。为了鼓励国企的收购，20条意见在考核上作出了制度性安排，对于国企“收购国外资源和技术项目”的费用，在考核时可视同于利润。这一点，与国企“主动承接重大专项、科技计划、战略性新兴产业领域项目”；“服务业企业加快模式创新和业态转型”一起，并称为“三个视同于”，从而给国企海外收购和创新发展以更宽松的环境。

市国资委相关负责人表示，国资改革国企发展过程中，任何创新都会有风险，上海将建立鼓励改革创新的容错机制，改革创新工作未能实现预期目标，但有关单位和个人依照法律法规实施，且勤勉尽责、未牟取私利的，不作负面评价，依法免除相关责任。

上海新一轮国资改革的号角已经吹响，锐意创新，兼容并蓄，为提升国有经济的活力、控制力、影响力而不懈努力……

此文刊登于 2013 年 12 月 18 日《解放日报》

作者　丁波　徐蒙

进退之道

与外省市曾经经历过的“国退民进”大潮相比，上海国资的退出与流动，更多采取一司一策，不冒进也不保守。更看重是国资增减是否符合所在行业和领域本身特点，是否有利于企业核心竞争力的提升。

关掉小国企　带来大效益

【编者按】梅林的这个案例，犹如一只“麻雀”。解剖一只“麻雀”，可以再次看出，我们要以辩证的眼光看待国企的“退”与“进”。在很多情况下，“退”其实也是“进”。

一批国企退出非主业和缺乏竞争力的行业，表面看似“退”，实质上是更好地向战略性新兴产业、先进制造业和现代服务业大举进军。我们常说“十个指头按跳蚤，不如捏紧两个拳头打老虎”，说的就是这个道理。在这个问题上，我们要解放思想、转变观念，尤其不能再用不合时宜的眼光来看待国企的进与退。我们要全面地看问题，不能只看局部的、表面的“退”，而看不到国企收缩战线、集中力量，正是为了更好的“进”。

国有资产的作用，在于它的影响力和带动力。因此，不能只从国企有多少行业、多少户数看问题，甚至也不能单从量上看进退。正确看待国资发挥引导作用的方式，同样要转变观念，才能看清楚、想明白。国有企业如何当好领头羊，也要转方式，也要调结构。上海“十二五”期间，国资涉足的领域将从 79 个行业变为 50 个行业，“瘦身”之后的上海国企，将以更加健壮的身躯和更加轻盈的脚步，活跃在我们的经济生活中。

时近年底，光明食品集团下属上海梅林食品有限公司（简称梅林有限）今年的收支表上，有一笔较往年十分明显的“额外盈余”，它来自采购梅林罐头纸盒包装节约下来的费用。去年，公司纸箱的成本价大约 450 元—500 元/吨，而今年，成本价 250 元/吨，一年下来，光节约纸箱费用就超过 100 万元。“今年销量在增加，纸盒并没有少用，成本还能降低一半，主要归功于下属全资子公司——梅欣包装厂的关门歇业。”梅林有限副总经理李恒祥这样告诉记者。

梅林品牌有 80 年历史，梅林有限算是老国企。梅欣包装是梅林有限的全资子公司，是个小国企。它上世纪 90 年代中期成立，主要生产包装纸箱，效益好时曾有员工 80 多人。后来随着经营走低，员工减至 40 多人，基本靠梅林有限“养”着——关闭前，梅欣包装承接的纸箱业务中，70% 来自梅林有限，且定价远高于市场价；余下 30% 的对外业务，价格却被市场压得很低。

“近几年来，包装行业竞争激励，梅欣包装日子不好过。一则只做‘定箱’的后道工序，原料纸片都要另行采购，成本很高；二则在人员结构、生产技术上没有任何优势，比不上民企。”上级光明食品集团和益民食品集团痛下决心，今年初梅欣包装正式关门，完成工商注销。

关厂之后，变化立马显现。以前，梅欣包装的生产设备陈旧、工艺不完整，梅林有限因此要专门成立一个订箱组，把出厂的纸箱一一订好，才能使用，增加了不少麻烦，钉子还容易生锈。由于纸箱都是“自家儿子”的产品，梅林有限“有话却不好说”。更糟糕的是，由于纸箱质量不过关，梅林有限生产的罐头经常在外销过程中，发生纸箱“散架”事件，最严重的一次赔偿了好几万元。今年，梅欣包装关闭之后，民营企业提供的纸箱价格低、质量好，客户投诉再也没有了。

或许梅林有限还不知道，梅欣包装的关门，不仅仅是对自己公司有利，也属于上海今年“国资退出”的具体行动。在上海国资委 2010 年行业收缩调整表上，梅欣包装厂属于上海最后一批关闭注销的国有造纸和纸制品企业。上海国资委规划处处长杨庆云告诉记者，今年以来，上海国资已经完成从包括造纸及纸制品、金属矿采选业、工艺品及其他制造业、家具制造业等非主业和缺乏竞争优势的6大行业的退出；到年底，预计上海国资的涉足领域将从79个行业，缩减到70个行业左右，“十二五”期间，更计划缩减到50个行业左右。完成“瘦身”的同时，将更多精力投入到战略性新兴产业、先进制造业和现代服务业中去。

此文刊登于2010年12月07日《解放日报》

作者　丁波　刘颖

上海国资退出之道

国资，退比进难；国企，关比开难。对于上海，这一全国国资比例最高的城市而言，国资退出，国企注销，并不容易。

记者从上海国资委获悉，今年前三季度，上海国有资产实现了从6个非主业和一般性竞争行业的退出，这些行业分别是：非金属矿采选业、其他采矿业、造纸及纸制品业、工艺品及其他制造业、管道运输业、家具制造业等，涉及10多家大型国有集团，资产20多亿元。按照目标，今年全年上海国资将退出的行业将达到7个，并力争达到9个行业。这意味着时近年底，国资退出的任务依然不轻松。

今年，在社会声讨“国进民退”的舆论浪潮声中，上海国资的退出举动尚没有引发社会关注，或者仅被认为是“小打小闹”。其实不然，对于上海近万亿的国资“蓄水池”而言，国资有选择性的退出，不仅仅是从非盈利的小行业“抽身”，更重要的是对提升上海国有资产运行质量和改善大型国有集团治理结构，大有裨益。

七种方式退出

上海国资委规划处处长杨庆云告诉记者：上海国资分布广、企业集团层级多，是一个现实问题。

截至去年年底，上海市国资委出资监管企业经营性国资超过 5100 亿元，分布在 79 个行业，其中包括不少缺乏竞争优势的领域，这不利于国有资产发挥整合力。“一方面，国资在部分细分行业规模太小，缺乏竞争优势，加上管理层级多，容易产生问题，形成‘出血点’；另一方面，在新一轮高端先进制造业和现代服务业领域，上海国资的比例还需要很大提升，退出某些行业，有利于上海国资集中力量，进军先进制造业和现代服务业。”

记者从上海国资委了解到，截至今年年底计划退出的企业有 47 家，其中截至 11 月份已经退出的企业达到 40 家，主要集中在电气、百联、光明、兰生、国盛等集团，这 47 家企业的资产规模，最大的 10 多亿元，最小的仅几十万元，涉及员工人数不等。

杨庆云表示，由于所处行业不同、规模不等，盈利情况也不一样，因此调整过程不能“踩急刹车”，只能“因人而异”，充分考虑企业自身情况。国资委制定总体方案，提出标准，与企业一家家沟通，具体操作由企业集团和下属公司进行。从手段来看，主要包括“放小”（把企业放给相关区县）、“关闭”、“改制”、“冷冻”（先把企业停掉，给一定时间解决遗留问题）、“调整”（从非主业领域调整到与主业相关的行业）、转移（企业整体转移到外地）等 7 种手段。而在国资委的要求下，所有的企业在调整过程中，都需要三个方案同步，即“调整方案”、“人员分流方案”、“社会稳定方案”同时提出，以确保社会稳定。

每个环节都不能“卡壳”

光明食品集团是上海国资行业实施收缩调整的主要集团之一，作为以食品产业链为核心的现代都市产业集团，2006 年合并组建时，光明食品重组了包括益民、农工商、烟糖等多个集团的资产，涉足行业达到 50 个。

光明副总裁庄国蔚告诉记者，光明食品集团涉及一产、二产、三产，行业面很宽，企业最多时有 3000 多家。“从上世纪 90 年代到现在，光明食品集团以及之前的农工商企业等进行了几次调整瘦身，从削减公司数量来看，2004 年、2005 年力度最大，而从 2009 年开始，对于行业的收缩进入攻坚阶段，力求两年时间完成减少 17 个行业。”

每退出注销一个企业，都不是易事。例如，光明食品集团农工商投资公司旗下的华兴油脂厂成立于 1994 年，最初属于中外合资企业，为农工商集团配套，开始时运营正常。但随着时代发展，一方面，原来油脂厂依赖的浦江边码头，因浦江开发而废弃，给油脂厂的运输带来不便；另一方面，油脂厂本身有一定污染，摆在浦东区域不再合适，“即使在外地，新建的油脂企业，一般也放在郊区”。从 2008 年开始，华兴油脂厂开始关停准备。一方面，在做好动迁谈判签约工作的同时，平稳开展员工安置分流工作。华兴公司动迁中有 37 名在岗和 6 名离岗员工需要安置和分流。在光明集团和农工商投资公司的重视下，这项工作得以平稳地向前推进，经过前后 7 个月的不懈努力，完成了绝大多数员工的分流安置。另一方面，做好华兴炼油设备的处置工作。华兴一套旧炼油设备处置涉及到评估审批、拍卖流程、客户结算、安全责任等诸多复杂的管理工作，必须严格按照国资处置流程，协调好有关各方面的利益关系，同时引入公开拍卖方式，吸引同类企业关注，最终收获了比评估价高 460 万元的拍卖收益。

庄国蔚表示，任何一家企业的关停，人员、资产、债务、土地，每一个环节卡壳，就有可能“关不掉”、“死”不了，企业依然还是个出血点。所以说，任何一家企业的关闭，都是一个系统工程，来不得半点马虎。

“割尾巴”与“抽楼板”

国资的退出，另一个功效，就是让上海的企业集团层级更加明晰，这是因为，诸多身处一般性竞争行业的小公司，对于上海国有大集团管理层级而言，常常是下属 5 级、6 级的公司，随着资本退出，公司消除，层级自然就减少了。

例如，今年完成退出的上海梅欣包装厂，原本对于光明食品集团而言，属于第 6 级的子公司，从上而下的组织构架为“光明食品集团—益民集团—梅林集团—梅林股份—梅林有限—梅欣包装”，如此多的层级，事实上也无法实现光明食品集团对于子公司的有效监控。今年，随着梅欣包装的关闭注销，以及梅林股份层次的上移，集团这一管理条线上的层级从 6 级变为 4 级，监管效率得到有效提升。

庄国蔚表示，在层级问题上，光明食品集团采取的是“割尾巴”、“抽楼板”、“升降级”三种主要手段来减。其中，“割尾巴”，就是直接把最下层的 5 级、6 级公司，特别是与主业无关、效益不好的，坚决关闭，梅欣包装厂就属于这类；而“抽楼板”，主要是对于一些介乎中间层次的非实体的管理类公司，根据实际情况直接取消，从而减少不必要的管理层次；“升降级”则是把确实需要保留的实体公司，通过股权结构的调整，纳入更上一级层面的公司来管理。光明集团花费 1 年左右的时间，解决了 89 户位于 5、6 级企业的层级问题，从而让集团管理层级压缩到 4 级以内。

记者从上海国资委获悉，今年以来，6 家企业集团完成了管理层级压缩至

3级以内的任务，完成非主业企业（含壳体企业）调整清理350户。

国资委相关人士表示，在未来5年中，国资退出、行业收缩以及层级控制，依然会成为上海国资发展的重要一环，上海国资委计划用5年时间，将市国资委出资企业的行业跨度从79个收缩到50个左右，并通过转型发展一批、改革重组一批、关闭注销一批等多种措施同时推进，加快非主业调整和转型发展，清理退出非主业企业，力争到“十二五”末，非主业资产占总资产比重不超过10%。

此文刊登于2010年12月08日《解放日报》

作者　丁波　刘颖

国企“靓女先嫁”难在哪里？

记者日前从市国资委获悉，截至目前，上海已有多家企业集团先后推出一批均势企业进行“引进来”重组，其中，上航与东航、广电NEC五代线与中航光电子、上海电气轨道交通与中国北车、上海电气新建重型机械与中国建材、上海金熊造纸网毯与四川环龙技术织物有限公司等项目完成，取得了良好效果，其余有的还在进展中，有的由于不合适而中断了。

上海国企每一次开放性重组都需要经历艰辛的谈判，有的举步维艰，最终擦肩而过；有的历经坎坷，迎来圆满结局。一次次成败之间，让不再是“拉郎配”的市场化重组渐入人心……

“解剖麻雀”，看看难在哪里

在去年上海一批国企“靓女先嫁”之中，金熊“出嫁”环龙迎来了好的结局，最终“开花结果”。

去年底，上海金熊造纸网毯有限公司（简称金熊）的所有股权，100% 全数移交四川环龙技术织物有限公司（简称环龙）。企业重组中所涉及的工商、税务手续全部完成，甚至连移交后党组织属地化等工作，也都顺利落实。

此前，在上海纺控旗下，金熊自身发展不错，重组前年产值达 3000 万元，净利润 200 万元，但金熊所生产的造纸网毯只不过是其纺织品产业中一个相对独立的小门类，若想有更大的发展，必须有新的资本投入。那时，金熊的处境与不少上海均势企业很像，与其在企业集团“边缘化”，不如让更有实力的外部企业来重组，以获得新的发展机会。环龙虽是一家民营企业，但其年产值过亿元并在国内中高端造纸网毯市场中位列三甲。进军上海，它将有效扩大华东地区的市场辐射能力。

金熊“盘子小”，其账面总资产不过 4500 万元，员工数量仅 60 多名。“麻雀虽小，五脏俱全”，在重组谈判过程中，同样经历几道“坎”：

比如，“土地”是环龙关心的焦点。金熊原本租用上海纺控在金山工业园区内的厂房进行生产，由于是集团内企业，因此在租金上享受优惠。在谈判过程中，环龙曾提出要将金熊的土地和厂房全部收购。但上海纺控从工业园区完整性的角度考虑，拒绝了环龙的要求。谈判一度陷入僵局。上海纺控财务总监刘平回忆说：“最终，我们与对方达成了共识，虽然土地没有纳入交易，但关键看收购的战略目标是什么，到底是土地重要，还是产业更重要？环龙最终想通了。”

后来，股权比例又成为另一个分歧点。环龙最初希望金熊重组后能继续保留一部分国有比例，以便今后在厂房租用等方面能更“方便”。但上海纺控认为，保留一部分国有股权会使金熊的员工在思想上与纺控集团“藕断丝连”，这不利于重组后企业的市场化发展，国有股东只能夹在新股东和职工之间，成为无力的调和者和责任的承担者。面对分歧，双方诚恳地进行多次沟通，环龙从企业发展的角度，最终认可了上海纺控的观点。

此外，股权价值是双方拉锯的关键所在。环龙认为金熊的盈利极其有限，基本不具备市盈率估值的条件，仅具有设备重置的价值。上海纺控认为企业的股权价值不是简单的资产与负债的差值。这是一次事关国内造纸毛毯细分市场格局的重组，环龙如果成功，将进一步强化在这一领域的竞争优势，拉开与其他竞争者的距离。因此，重组应当相对于账面价值给出战略溢价。

“我们从 2009 年下半年开始接触，谈判的时间前后超过 1 年。谈判过程挺艰难的，双方都‘寸土必争’。有一次，我们到四川谈了三天三夜，几乎濒临破裂。”刘平说，“由于双方的战略意图还是有较高的契合度，因此许多问题最终峰回路转，都找到了合适的解决方案。”

据记者了解，对于金熊未来 3—5 年的发展规划，环龙做了好几套方案，还在企业内部进行优选，方案内容涉及厂区的重新布局，装备如何排列，二期项目何时推进等等细节。正因为“当初的承诺”都是经过深思熟虑的，所以环龙重组之后的执行力也相当可观。自去年年底完成重组后，环龙不但维持了金熊原有员工的稳定收入和企业的良好运营状态，还从四川转移了一部分客户订单给金熊，使金熊的产能比重组前提高了 60%。

不下指标，“看不见的手”发挥作用

如金熊“出嫁”环龙之类的好结局固然可喜，但其重组过程中面临的困难，常常是上海企业碰到的共性问题。

记者在采访中了解到，上海本身商务成本高、土地价格贵等是影响市场化重组的重要因素，重组往往一涉及土地转让等问题，谈判就复杂了。同样，股权比例出让的多少是双方争执的焦点，上海国企将股权全部出让，能让产权清晰，但往往在职工安置和后续问题上有顾虑；部分出让，什么比例双方最为合适，又不易抉择。此外，从企业重组流程本身来看，上海企业重组流程规范，从职代会表决到产权交易市场挂牌，每一步都很细致，可这样下来，等待“最终拍板”的时间要更长一些，有时容易错过重组的最佳时机。例如，曾经备受关注的上海鼓风机厂和陕鼓动力的重组，就因为在土地价格等问题上相持不下，目前“搁浅”下来。

有关企业重组部门负责人告诉记者：“从‘婆家’的身份而言，往往央企容易谈，毕竟规模不一样，地域性不强；外企其次，他们对法律法规和合同遵守很严格，谈判过程艰辛，但只要一认定，就会坚决执行；而与外省市企业谈判相对较难，双方往往都要顾及到各自企业、职工以及地方政府的利益，真正情投意合不容易，需要一个长期恋爱过程。”

上海市国资委有关人士表示：“在市场化重组谈判之中，最难的是什么？应该说，最难的是本着更有利于企业发展方向，找到一个合适的重组方。我们不会为了促成而促成，要求企业一定完成此事，一定在什么期限内完成此事，那样又回到‘拉郎配’了。从市场经济的角度看，有些重组不能顺利完成，不能说‘谁对谁错’，只能说双方的战略目标有所不同，最终‘擦肩而过’；此外，有些项目双方都看中，但没有到成熟的时候，就不能强行推进，到什么时候做什么事。例如东航重组上航，自 2006 年起开始沟通，但因存在一些难以解决的问题，重组就没有启动，2009 年 6 月，相关条件成熟，重组正式启动，半年时间即顺利完成。”

据说，当初环龙认为金熊被列入上海市国资开放性重组战略考虑对象时，如吃了“定心丸”，觉得金熊一定要“出嫁”，所以自己处于优势地位。然而，上海纺控却明确回应，虽然有战略规划，却没有完成的时间表，“甚至不排除，其他企业都完成重组了，唯独金熊还没完成”。正可谓：一语点醒梦中人。此后，环龙在与金熊的谈判中，不再存有“侥幸心理”，纺控也没有背上“非成功不可”的负担。

市国资委相关负责人表示，国资委在 2011 年将继续营造环境，积极推进市场化开放性重组，但在具体项目谈判中明确提出："不下指标，不干预企业决策。"看似什么都不管的"不干预"，力求还原了市场化重组的本来面目，就是让"看不见的手"发挥作用。

此文刊登于 2011 年 03 月 16 日《解放日报》

作者　丁波　刘颖

上海探索国资透明有序流动

昨天，国盛与中电科、锦江与弘毅资本、上海实业与国际集团等新一批重组项目集中签约，标志着上海国资国企战略重组、探索混合所有制经济掀起新一轮高潮。

此次集中签约的联合重组项目，受让方有央企、外企和上海地方国企，形式有定向增发、股权转让等。对象和形式多元，但共同特征显著：每项都是开放性市场化重组，一切在谈判桌上摊开来进行，严格按照市场规则进行。

市场规则下公开操作

60 多亿元人民币——此次重组项目中，上实集团受让上海国际集团 6 家类金融和地产公司股权的价格，创造了近年来沪上国资重组的规模纪录。"关于价格谈了很久，直到达成整体合作协议前最后一刻，才确定下来。"上实集团常务副总裁陆申表示。

国际集团和上实集团都是上海地方国企，这次重组，上实集团真金白银地拿出 60 多亿元现金购买股权，双方每一步都按市场规则操作，在公平透明的市场环境下以企业利益为先，同时充分沟通、理解、协商，做到了“亲兄弟、明算账”。

陆申表示，这次整合改变了行政划拨的传统方式，通过开放性市场化操作，没有任何后遗症，经得起历史考验，且对未来进一步整合“有百利而无一害”。

昨天签约的其他各个重组项目，均采用开放性市场化的方式。国盛与中电科软信签约，国盛旗下的长江计算机有限公司以 3.38 亿元价格向中电科软信转让，同样公开透明。国盛集团总裁刘信义介绍，此次多家央企、民企和上海地方国企都对长江公司感兴趣，经过反复接触、比较，最终选择既有产业优势、能产生协同效应又是受让报价最优的合作伙伴。

锦江股份通过定向增发方式引入战略投资者弘毅资本，更是在公开市场上操作，增发股价为 20 个交易日均价 15.08 元/股。锦江国际集团董事长俞敏亮表示，国有资本要实现多元化，公开市场化操作更能给国资带来准确、公正的估值。

“深度重组”中谋长远

上海推进国企发展混合所有制经济的 12 条意见已经出台，分别明确了国企发展混合所有制经济的要求与目标、形式与途径、比例与结构、对象与程序，以及职工权益保障。此次多家国企资产重组案例中，用实践行动体现该《意见》要求，探索了混合所有制怎么深度融合、如何管理的现实问题。

“我们的谈判过程很短，双方把条件讲明，协商一致，后续操作就水到渠成了。”俞敏亮介绍，锦江与弘毅的谈判中，弘毅提出要向股东大会提名一名董事，并要求锦江完善激励机制。锦江方面认为，弘毅按照有关规定和程序，向股东大会提名一名董事，有利于锦江改善和优化治理结构；完善激励机制也正是锦江当下进行的改革探索，双方战略目标一致，行动上自然合拍。

对于两者联姻，锦江股份的境内外股东都表示支持和看好，各项非公开发行议案在股东大会上都以超过 96% 的赞成比率通过。各方股东不止看好这次交易本身，更关注双方后续合作带来的长远效益。俞敏亮表示，锦江国际集团要围绕全球布局、跨国经营的战略目标，抓住国内外酒店旅游市场机遇，采取各种有效灵活的手段和途径，通过业务和规模增长，向全球酒店前三位进军。而弘毅资本作为战略投资者带来的管理理念、资本运作、国际化等优势，将为锦江实现战略目标提供有力帮助。

“重组不是一蹴而就的，而是要一轮一轮深度、反复进行。”上实集团资产管理部负责同志介绍，国际集团 6 家类金融和地产企业进入上实，与上实的金融和地产主业高度契合。其中资产重组是第一步，接下来是员工、管理、文化的融合。同时上实将利用自身境内外投融资平台优势，进一步提高这些企业的国际化、市场化、专业化水准。

国盛与中电科软信的合作，同样是为企业“谋长远”。刘信义表示，中电科软信是央企在沪企业，与长江计算机公司正好优势互补，重组方和被重组方都能获得持续发展，协同效益下，国资可以实现长期增值增效。

为后续改革夯实基础

昨天的集中重组签约中，国盛集团和国际集团的资产剥离重组尤为引人关注。按照新一轮上海国资改革要求，上海正在筹建专业化国资流动平台，推动国资公开透明、有序流动。国盛、国际两大集团，将成为上海的首批国资流动平台。

此轮签约中，国盛与国际集团均将旗下的产业项目剥离，从而成为单纯的国有资本持有、运作、配置的主体，充分发挥运营资本的功能。

截至目前，上实集团已完成了对国际集团下属 6 家类金融和地产企业受让，国盛集团剥离工作平稳有序推进，已完成了蔬菜集团与光明食品集团联合重组，长江计算机与中电科联合，建材集团重组进展顺利。

“这次自身进行资产重组的探索，为以后从‘管资产’到‘管资本’的转变带来宝贵经验。”刘信义表示，开放性市场化操作、深度重组融合，这些经验将为未来国盛集团在更大层面上的国有资本运作带来帮助。

市政府副秘书长、市国资委党委书记、主任徐逸波表示，在国资流动平台的改革环节，下一步将完成对两大集团的资产清理整合；以“一次规划、分步实施、稳健操作”为原则，逐步划入部分上市公司或非上市公司国有股权；继而按照市场化运作要求，统筹配置资源和盘活存量。结合国资流动平台建设，将探索完善国资监管体制，逐步实现资本管理与企业经营相对分离，使国资在产业升级、企业整合、民生保障等领域发挥更大的作用。

此文刊登于 2014 年 07 月 08 日《解放日报》

作者　丁波　徐蒙

股权激励

上海国企的股权激励推进，10 多年来一直保持谨慎试水的状态。几次打开窗口，几次踯躅徘徊，并没有大规模在国企中推行。这其中，如何界定国企负责人责任与激励之间的关系，如何界定不同行业不同领域国企经营业绩中的企业家贡献率，如何规避和改变对于国企当家人股权激励的偏见，这些似乎都需要更长时间的探索与实践。

申城知名国企当家人叩开持股门

要正确看待国企经营者持股，它并不等同于 MBO，不等同于企业家在谋取企业的控制权。

经营者持股，被认为是公司治理中有效的激励机制之一，但这一模式在上海国有企业中推广并不多。王佳芬的持股数从 0 增到 45. 86 万股，在国企当家人中开了一个头，但思想上的束缚、技术上的难点，让“国企经营者是否应该持股”、“持多少股合适”之类的问题，依然还很难破解。

45 万股纳入囊中

光明乳业日前发布 2004 年年报显示：公司从二级市场购入 897497 股流通 A 股奖给了 4 位高管，获得奖励最多的是董事长兼总经理王佳芬，她获得 458697 股，按目前的流通股价格计算，价值 240 万元左右。

王佳芬作为领军人物，在 13 年中将光明乳业从一个养牛厂，发展成为国内外驰名的乳品公司，并在 A 股市场上市。但多年来，她一直没有持有公司任何股份。光明乳业在新的年报公布之后，公司并没有对媒体所关注的“给予王佳芬股权奖励”问题给予更多解释。但从年报来看，早在 2002 年度股东大会上，成立管理层激励基金的议案就获得通过，这表明公司奖励王佳芬股权的想法酝酿已久。

说光明乳业和王佳芬是敢于“吃螃蟹”并不为过。尽管经营者持股在我国国有企业改革中早有尝试，广东、浙江等企业甚至已实现管理层收购，但众多沪上知名的国企创业者和领军人，如振华港机的管彤贤、三菱电梯的范秉勋、三枪公司的苏寿南等，虽都为各自企业的发展立下赫赫战功，但都没有迈出经营者持股这一步，而上海汽车的赵凤高、上海家化的葛文耀，也仅仅拥有公司 1 万股左右的股份，在企业中的股份比例几乎可以忽略不计。

荣正咨询公司曾连续几年公布全国上市公司高管身价排行榜，印证了上海企业在高管持股问题上的谨慎。2002 年，就各地上市公司总经理持股平均市值而言，申城上市公司总经理持股市值为 17.61 万元，在国内各省市中排名第 10 位；董事长持股市值平均值为 20.69 万元，排名第 15 位，低于江苏、广州、浙江等地。换个角度来看，2003 年，在总经理持股市值排行前 20 家上市公司中，上海企业仅海欣股份和申能股份的总经理位列其中，分别排在第 10 位和第 19 位。而在董事长身价前 20 位中，没有一家上海企业。

国企老总顾虑还是多

以往，对于经营者股权激励计划，申城知名国企老总一般都避而不谈。上海市国资委薪酬改革专家委员会委员、复旦大学管理学院张文贤教授告诉记者，他曾经根据自己设计的“管理者贡献的明细账”模式对一些上海知名企业做过调查，不少企业家贡献巨大，足以获得公司的部分股权作为回报奖励，老总们私下也赞同这一结果，但总是叮嘱“不要将这一数据公布出去，怕大家有看法。”

思想上顾虑，让知名企业家对经营者持股话题敬而远之。业内人士分析，上海知名企业家10多年来或者是在更长时间里，一直被作为“为企业奉献了全部精力”的忘我工作的楷模，而经营者持股，在一定程度上，似乎与“无私”、“忘我”有些矛盾。如果没有外部环境的推动，企业家自身是不好意思主动来制定经营者持股计划的，即使是企业外部或内部职工提出这样的建议，企业家基于各方面考虑，往往也不愿意贸然行动。

如何对企业家作出的贡献估价，以及如何界定哪些人能享有企业股权，这些是国有控股企业经营者持股在操作上碰到的难题。国家鼓励各类要素参与分配，科研成果还好评估一些，像企业家的经营管理能力、个人影响等，目前尚无可操作性的衡量标准。在没有一个客观估价标准的情况下，企业家的管理能力到底价值几何，的确不容易确定。不少专家也认为，国有企业负责人的管理经验是一种“职务发明”，作为国家的干部，站在这个岗位上，你就应该把企业干好，这是本职，国家也给予你一定的工资报酬，不应该再因此获得股权或期权奖励。

同样，在整个经营团队内，哪些人有获得股权激励的权利，获得多少，也往往复杂而敏感。对于曾经叱咤风云，看着企业成长的企业家们，不愿意因为这样的股权激励计划，导致内部矛盾，因此宁愿对股权激励说“不”。各种顾虑，也让国有企业经营者持股出现了一种怪圈，往往一些名不见经传的中小国有企业，在多元化改制时很容易实现经营者持股，而知名国企的创业型企业家，往往不敢越雷池半步。

经营者持股重在激励

专家认为，从目前上海国资重组、国企改革实践来看，很长一段时间内，国有控股企业依然是上海经济发展的支柱，这些企业由于资产盘子大、所处行业领域重要，还不太容易由民营控股。在国有控股企业中，如何通过科学机制来激励经营者，是上海面临的具有挑战性的问题。市国资委业绩考核处负责人向记者表示，市国资委将大力推进薪酬体制改革，重点是实施“岗位薪＋福利＋绩效薪”与“政府特别奖励”构成的“3＋1”薪酬体系，对于产权代表和高管是否持有股权和期权，国资委将按照实际情况来区别对待，“成熟一个试点一个，不搞典型推广”。

荣正咨询总经理郑培敏认为，要正确看待经营者持股，它并不等同于MBO，不等同于企业家在谋取企业的控制权。高层持股，目的通常有三个——激励、收益和控股。对于沪上许多知名国企的当家人、创业者来说，股权的激励作用是最重要的。对于动辄几亿股的上海国企而言，控股暂时不现实；而由于奖励给管理层的股票在一段时间内冻结，无法马上变现，收益也是后话。王佳芬此次获得的股份，相比光明乳业 10.4 亿总股本以及 2.4 亿流通股，比例微乎其微，外界不应该有 MBO 的担心。从这个意义上讲，像王佳芬这样的知名企业家持有股权，更多的是一种内在激励，而且这种激励是长期的。

张文贤认为，对经营者股权激励的逐步推广，有利于“治疗”国企领导的“常见病”。今年 1 月，共有 8 个上市公司的 9 位高管因受贿、挪用公款等原因被调查和拘捕，这些曾为公司作出很大贡献的领军人，不少是在离职之前的“59 岁疯狂”，他们的出轨，虽然主要原因是自身抵御力下降，公司内部监管不力，但在国有控股上市公司中，没有良好高管薪酬机制和长期激励机制，或许也是背后的一大因素。尽管股权激励体制在中国企业中推行还要解决许多技术难题，方案还不可能做到尽善尽美，但敢于迈出第一步还是很关键的。

张文贤表示，从目前来看，像光明乳业一样设立管理层激励基金，按照公司当年的业绩指标来对高管进行股权奖励，是在上海国有控股企业中较为可行的办法，只要这种激励与公司绩效完全挂钩——不完成指标不提取激励基金，如亏损还要收回已奖励的股份，就能使国企经营者的持股实现公平和效率的统一，让创造财富的人真正拥有财富。

此文刊登于 2005 年 03 月 31 日《解放日报》

作者　丁波　吴名遂

央企谨慎试水股权激励

我们不能过于乐观地把股权激励的推行与消除“59 岁现象”联系起来，但至少这种努力显示出了中国国有企业在市场化改革方面的坚定决心。

我国中央大型国有企业改革又迈出重要一步。宝钢股份今天发布公告，公司董事会已审议通过“A 股限制性股票激励计划的议案”，这将使宝钢股份的董事、高级管理人员等有望持有本公司一定限额的股票，并以此作为约束和激励，将公司业绩与本人薪酬更科学更紧密地结合起来，推进宝钢“建成全球最具竞争力钢铁企业”。

记者从宝钢股份“限制性股票计划”中看到，该计划在国家法规框架内，融合业绩股票、股票期权等其他股权激励模式的特点，体现了适度的激励性和较强的约束性。公司授予激励对象股票的多寡将由公司业绩指标和个人绩效双重考核结果决定。值得注意的是，每位激励对象的股权激励额度不得超过本人总薪酬（含股权激励收益）的一定比例，其中董事、高级管理人员的股权激励额度比例上限为 30%。而且，根据激励约束并重的原则，董事、高级管理人员需按 50% 的比例自筹资金参与计划，一并锁定和解锁，这将有利于该计划的平稳推进。

多年来，股权激励，对于资产规模较大的中央企业而言，是一个敏感却又迫切的问题。

说它敏感，因为即使是拿出公司 1% 的股权授予经营高层，在普通百姓眼中这数字也是相当庞大的。“企业是国家的，凭什么这批老总能得到股权激励，收入这么多真金白银?”

说它迫切，因为对于掌控国家经济命脉的中央企业而言，如何激励和约束它们的高层管理人员，始终是一个需要探讨的问题。在“59 岁现象”时有发生、国企老总“干与不干、干多干少一个样”的思想依然存在的情况下，股权激励是解决这些问题的最有效的办法之一，这一方面，央企已经不能再等了。

正是在这样的背景下，宝钢股份大胆试水。但看得出，方案背后的“谨慎”。

三条硬指标

与今年公布股权激励方案的其他上市公司相比，作为央企的宝钢，其激励计划设计极为复杂、要求极为严格、操作极为规范。

记者从公司公告摘要看出，在业绩指标达标的前提下，公司委托管理人从二级市场购买公司 A 股股票，授予公司董事、高级管理人员、核心技术和管理人才。和以往股权激励有所区别的是，宝钢在回购股票的资金来源方面，有 50% 是激励对象的自筹资金。“50% 自筹，这个比例不低，既有激励又有约束，有利于管理层和企业同呼吸共命运。”上海市国资委业绩考核专家委员会专家委员、复旦大学管理学院教授张文贤表示。

同时，宝钢股份在奖励幅度上设置了几条硬指标——首期实施时授予的限制性股票数量总和不超过公司股本总额的 1%；利润计提比例不超过 5%；单个激励对象激励上限不超过其薪酬总水平的 30%。有了这几条硬指标，公司高管就不可能一下子实现收入翻番，也不可能变成亿万富翁，这样的方案被大家接受的可能性就比较大。

此外，宝钢股份的股权激励计划融合了业绩股票、股票期权等其他激励模式的特点，公司设置了两年的锁定期和三年的解锁期，以公司市值是否提升作为股票解锁的条件，这使得获得股权激励的老总们没法在短期内把手中的股票抛出套现。

宝钢的谨慎试水昨天得到了市场认可，其股价当天报收于 7.90 元，较前一交易日上涨 2.86%，盘中涨幅一度超过 8%。

股权激励研究专家、荣正投资咨询公司董事长郑培敏认为，对于宝钢这样的优质企业而言，谨慎出台股权激励方案，表明国务院国资委对于央企的股权激励是“态度积极、操作谨慎”。

激励作用有多大?

根据方案，宝钢股份的高管到底会得到多少好处呢? 有多少人能享受这一政策? 这也是投资者和老百姓所关心的。

据宝钢 2005 年报显示，公司前三名高管平均报酬为 115 万元。根据奖励幅度的限制，由此测算，个人激励金额上限约 49 万元。49 万元的股权激励收入，与国际大公司对高管的激励相比，并不算多，但对于我国的央企来说，迈出这一步已经很不容易。

当然，得到股权激励收入，还要有业绩保障。宝钢将从境内外可比钢铁企业中选择不少于 5 家具有一定规模及市场影响力的钢铁企业作为对比企业。也就是说，管理层必须使公司盈利能力达到或超过业内优秀钢铁公司的平均水平才能得到股权激励，这无疑具有相当的挑战性。“针对钢铁行业周期波动性较大的情况，横向对比体现了最大的公平。”张文贤教授认为这种做法符合钢铁行业的现实情况，能有效地将业绩中客观因素以及非人为因素予以剥离，真正实现由岗位导向制向贡献导向制的转变。

宝钢这样的限制性激励到底管不管用，目前还很难说。但从去年证监会公布《上市公司股权激励办法》以来，已经有不少非国有上市公司和地方国有上市公司，开始了股权激励的尝试。据申银万国相关人士介绍，截至今年 10 月底，其统计的 6 家已经实施股权激励计划的公司，净利润均有较大幅度增长，增幅最高的泸州老窖达到 700%，七匹狼和双鹿药业也实现了 30% 的增长，普遍高于市场增幅，激励机制在其中发挥了一定积极作用。

荣正投资的统计数字也显示，目前沪深两市已有 37 家公司申请股权激励，其中 20 家通过证监会的批准，当然，这仅仅是《上市公司股权激励办法》出台之后，按照该办法流程规范化操作的上市公司，在此之前，通过股改等其他方案实现经营者持股的公司就更多了。

不少专家也提醒，千万不要有“一激就灵”的幻想，股权激励作用的发挥，是与许多企业自身条件和政策环境有关的，许多问题需要综合考虑，但有一点是可以明确的，有激励，总比没激励好。

能否解决“59 岁现象”?

国资委网站信息显示，目前中央国有企业有 161 家，去年总收入超过 11.5 万亿元，利润 9000 万元左右。如果股权激励真的能让众多央企高管与企业同呼吸，共命运，把央企经营推上新高，基本杜绝“59 岁现象”的发生，是大家所期盼的。但这样的期盼能否变成现实，还有许多实际困难。

早在今年 12 月 8 日国资委推出《国有控股上市公司（境内）实施股权激励试行办法》之时，国资委企业分配局局长熊志军在明确表示将逐步推行股权激励计划时就曾直言不讳，当前国有企业实施股权激励还面临四大难点：一是中国的资本市场还不够规范，市场价值难以反映企业的真实经营业绩，激励作用可能误导经营层片面追求股票市值；二是企业法人治理结构不规范，内部人控制没有完全解决，在激励对象、激励方式和目标考核等方面，难以充分体现出资人利益，激励与约束不对称；三是多数国有企业负责人还不是市场化的职业经理人，激励的正面作用难以充分发挥；四是企业内部分配制度改革不到位，容易导致新的“股权激励”大锅饭。

不少专家学者还谈到了更深层次的问题。例如，目前中央国企高管的调动和任命，并不是市场说了算，这是股权激励遇到的体制障碍。如果一个公司老总有了一定股票激励之后，没干多久就另有任用，那么那些激励性股票是否应该收回呢？如要收回又该怎么收回呢？尽管这些问题在《试行办法》中有所提及，但具体如何操作，还缺乏可行性方案。

郑培敏认为，改革的推进是“犬牙交错”的，不可能等到各方面条件全部成熟之后再推行，只能通过实践解决前进中的问题。所以，我们不能过于乐观地把股权激励的推行与消除“59 岁现象”联系起来，但至少这种努力显示出了中国国有企业在市场化改革方面的坚定决心。

此文刊登于 2006 年 12 月 20 日《解放日报》，有所删改

作者　丁波　白彦平

“虚拟持股”激发老总们干劲

国有企业如何激励经营者，一直是个难题：业绩奖励，力度往往不够；股权激励，推行又不容易。特别是在国企海外投资的中小公司、国企与民营合资的多元化公司，如何通过制度安排，让经营者为国有资产保值增值尽心尽力，更需要探索。益民食品集团下属的上海轻工外经技术合作公司，投资并管理的

企业有 24 家。公司领导解放思想，敢闯敢试，针对不同性质的出资企业制订不同的措施，激发出了老总们干劲，促使这个已经有 20 年历史的“老轻工”企业焕发蓬勃活力。

远隔万里的“虚拟持股”

远在尼日利亚的中国联合公司，投资仅 300 万元，是轻工外经的海外贸易企业。2002 年前，公司一直是保本或亏损，2003 年扭亏为盈后，却以每年销售额和利润近 100% 的速度发展，2006 年利润超过 600 万元，今年则有望超过 1000 万元。转变如此之大，很大程度上得益于经营者尝到“虚拟持股”的甜头。

“虚拟持股”其实很简单：这家公司在当地的工商注册上，由上海轻工外经公司和外方各占 50%，并由中方承包经营。但实际上，轻工外经公司 2004 年与该公司的总经理马汉融订下协议，由他出资，持有公司中方 10% 的股份。公司发展好了，按比例分红，亏损了，也按比例承担。

过去，对于海外公司经营者，按照国家规定企业无法将股份直接转让给他们。但在传统体制下，国有企业的海外公司“天高皇帝远”，有效监管不容易，有的甚至明为企业工作，实际在海外又成立自己的公司，两个“口袋”倒腾，为己牟利。轻工外经的领导一合计，不如在公司内部通过“虚拟持股”，把经营者利益与企业利益捆绑起来。

“虚拟持股”协议激起了马汉融的雄心，当地市场缺什么就卖什么。短短几年中，合资公司在尼日利亚，从过去的单一买卖缝制设备扩大到买卖缝制设备、农具、文具、灯具和家具，如今光是缝纫机 1 年就卖出 24 万台。马汉融看到当地加工有市场，还把赚来的利润投资设立了小型的农具、家具和服装等三家加工厂，轻工外经没有再追加投入 1 分钱，三家工厂生意格外兴隆。

从上到下的“抵押经营”

轻工外经旗下的上海新三花薄膜有限公司，一直是薄膜市场的排头兵。2003年，公司实施了多元化改制，将部分业务与青浦一家民营企业合资，多元化后，国有资本依然占有60%的控股地位，民资占到40%。

2006年，轻工外经公司对两名主要经营者实行了抵押经营办法，办法规定：经营者将相当于企业净资产10%的105万元抵押金交给母公司，由轻工外经保管，年终按盈亏的10%获得奖励或承担亏损，并且规定，当企业的利润超过一定的资本金成本后，经营者还可以获得额外的奖励。三花薄膜公司的董事长徐玲是全国塑料薄膜行业的专家，他和总经理两人共同拿出105万元，交到外经公司，作为抵押，表示出对企业发展有信心。

“抵押经营”不仅仅针对企业的高层，在三花薄膜厂内部，徐玲对经营和管理骨干也开展了抵押经营和考核。实行抵押经营办法后，公司经营层更卖力了，成本核算概念增强，市场开拓动作更大，业绩出现明显提升，公司2006年实现销售收入9000万元，同比增长20%，净利润250万元，同比增加了4倍。今年以来，面对原料涨价、出口退税大幅降低等不利形势，企业的经营团队积极开拓绿色包装、复合包装、IT元件包装等包装薄膜市场，使销售和效益更上一层楼，预计今年利润将超过400万元。

灵活有效的“因企制宜”

这一系列制度安排的设计者之一，轻工外经公司总经理杨文倡告诉记者，按照市场实际和企业特点来研究制订激励办法，才能收到好的效果，“只有机制市场化，企业才能活起来”。

轻工外经投资并管理的企业目前有 24 家，其中本部 1 家，中外合资企业 10 家，国内合资多元企业 9 家，境外企业 4 家，多数国内企业规模不大，都是注册资金在 500 万元以下的中小型企业，也包括投资只有 150 万元的服务型小企业，这些企业多处于竞争激烈的轻工产品和贸易市场。如果不想办法激励经营者，要么经营者没动力，企业搞不好；要么经营者能力强，跳槽出去自己干。于是，除了上述的“虚拟持股”、“抵押经营”之外，轻工外经也采取了包括经营者群体持股、EVA 目标考核等激励办法。例如，远在南非的一家文具公司，以往业绩一般，轻工外经与经营者签订 EVA 目标考核后，2004 年、2005 年利润分别达到 170 万元和 219 万元，投资回报达到 40%，两年的利润超过前 8 年的总和。

数据显示，轻工外经公司近年来在灵活的考核激励办法促进下，呈现良好快速的发展局面，主营收入从 2000 年的 6.8 亿元增长到了 2006 年的 67 亿元以上，净利润从 2000 年 1000 多万元左右增长到 2006 年的 1.5 亿元。杨文倡表示，今后，还将进一步深化和完善各类考核激励办法，争取在全部企业中实施以效益为中心、以资本为纽带的“贴身经营”和绩效考核体系，充分调动经营者的积极性和创造性。

此文刊登于 2007 年 08 月 19 日《解放日报》

股权激励：上海“第一单”试验

上海国企股权激励的大门终于打开。

今年 9 月，光明乳业对 94 位企业高管和骨干的股权激励方案，正式获得证监会和上海国资委及股东大会批准，由此被称为“上海市地方国企股权激励试点改革第一单”。尽管在此之前，上海地方国企也曾有过股权激励的自发尝试，但由于没有政策依据，在合法性、规范性、程序性等方面都遇到困惑和难题。

“第一单”的出炉，反映了国资监管部门对建立中长期激励机制、完善薪酬结构的积极态度。但是，与以往一样，有关国企股权激励的“是非之争”立刻蜂拥而至：作为国企到底该不该再实施股权激励？谁有资格成为激励对象？股权激励是否只具有象征意义……几个月来，光明乳业“第一单”试验被蒙上了重重迷雾，变得更加神秘。

本报记者近日独家专访光明乳业董事长庄国蔚，直面“第一单”台前幕后的各种争议话题。

为什么是光明乳业？

股权激励不是个新话题，早在 10 多年前就被认为是西方企业制度的“经典法则”引入中国。作为让经营者以一定条件获得公司股份，激励其为公司的长期发展服务的一种制度安排，10 多年来，国内民营企业的股权激励如火如荼。可在中央和地方国有控股和全资企业中，股权激励总是“雷声大，雨点小”。

2009 年 6 月 22 日，上海市国资委对下属各企业印发了《上海地方国有控股上市公司（境内）实施股权激励申报程序及报送材料指引》，为正式开展股权激励试点作了准备。上海国有控股上市公司众多，为何“第一单”独独选中了光明乳业？

庄国蔚介绍，除了符合有关健全董事会、薪酬委员会结构等政策要求外，光明乳业是完全竞争性行业，这是其获得第一单批准的重要原因。乳业市场群雄割据，国企没有任何天然优势和垄断地位，因此，股权激励的制度作用能充分发挥，社会阻力也相对较少，“如果是垄断行业，国企经营者或许干劲一般，企业也能获得超额利润，这就不可能也没必要实施股权激励了。”

其实，早在 2002 年，光明乳业刚上市不久，作为股东之一的香港上实控股就曾提出：按照国际惯例，光明乳业应积极实施对管理层的股权激励。但在当时，这一建议难以得到及时回应。2004 年，为了激励经营者，光明乳业先后从企业利润中提取奖励基金 1000 多万元，从二级市场购入 897497 股流通 A 股奖给了 4 位高管，但那时并没有对经营者有未来业绩承诺要求，仅仅是对他们过去业绩的奖励。

2007 年底、2008 年初，光明乳业开始了关于股权激励方案的设计。与此同时，国资委与证监会对国有控股企业的股权激励不断出台新规定，这也使光明乳业的股权激励计划及时获得了政策法规上的依据。2010 年初，光明乳业董事会对股权激励方案展开讨论，到今年 10 月股权认购全面结束，第一单试点改革正式启航。

激励对象是谁?

股权激励，一直被认为是一个诱人的大馅饼，分给谁来吃，谁分配多少，对于国企而言，都是一个极其头疼的问题。这也是多年来股权激励“欲说还休”，不少企业即使有条件实施也宁愿回避不做的重要原因。

此次“第一单”，参与者一共近百人。根据光明乳业 9 月 29 日第四届董事会第七次会议决议报告，实际参与公司激励计划的人数为 94 人，实际授予的限制性股票数量最终为 730.08 万股，占公司总股本的 0.701%。其中，作为总经理的郭本恒获授限制性股票数量最多，为 27.19 万股。

光明乳业母公司员工数千，94 人是如何确定的? 庄国蔚解释，主要根据国资委的《办法》，“原则上限于上市公司董事、高级管理人员以及对上市公司整体业绩和持续发展有直接影响的核心技术人员和管理骨干。”而每个人所获股票数量，也是按照《办法》规定，在股权激励计划有效期内，高级管理人员个人股权激励预期收益水平，应控制在其薪酬总水平（含预期的期权或股权收益）的30%以内。在股权激励计划有效期内授予的股权总量，可占公司股本规模的0.1%至10%。首次实施股权激励计划授予的股权数量，原则上应控制在上市公司股本总额的1%以内。

激励会是变相福利吗?

光明乳业的股票购买价格为4.70元/股，也就是说，参与激励计划的高管们，拿4.70元，就能获得市价的股票，一定时期后，达到企业经营承诺目标，就能解锁变现。

据了解，按照证监会有关规定，经营层的购买价格不得低于定价基准日前20个交易日公司股票均价的50%，光明乳业的购买价格是在政策范围之内。

只要近一半的价格就能把企业股票收入囊中，这样的激励是不是变相福利?在光明乳业的股东大会上，一些小股民也提出同样的问题，一度言辞激烈。

经营层拥有股权之后，要行权把股票变成真金白银，并不是那么容易。根据方案设计，光明乳业的限制性股票解锁的业绩条件是：第一解锁期内，2010年、2011年营业总收入分别不低于94.80亿元和113.76亿元，净利润分别不低于1.90亿元和2.28亿元；第二个解锁期内，2012年营业总收入不低于136.5亿元，净利润不低于2.7亿元；第三个解锁期内，2013年营业总收入不低于158.4亿元，净利润不低于3.2亿元。

庄国蔚坦言，“股权激励刚刚开闸，光明乳业也是第一家试点公司。方案推出时，没有阻力、没有议论是不可能的。一方面，一些小股民或许不认同，觉得是变相福利；但另一方面，方案推出时，个别能获得激励的经营骨干也有想法——如此股权激励，要自己掏钱购买股票，要背上重重的经营指标负担，最终的激励也是有限，这样的话，我们也宁愿不要。”

毕竟，根据有关规定，激励对象股权激励的激励水平不能超过其薪酬总水平的 30%。光明 94 位业务骨干平均持股 10 万股，最多的总经理最终只持有 27 万股，只占总数的 3%，远远低于原来预期的 20%。

“第一单”不可能完美?

尽管议论声不断，但在上海国资委和光明集团看来，股权激励这一步必须走出去。

当下，乳业竞争愈发激烈，蒙牛、伊利发展迅速，光明要想超行业平均水平，每年的销售额增幅必须达到 20%，难度相当大。股权激励计划的实施，将管理层与公司中长期发展目标捆绑起来，将对光明乳业中长期战略的实施起到有效激励作用。

其次，股权激励方案的直接效果，就是能够应对行业人才的流失。据透露，2005 年和 2006 年，光明乳业的管理骨干流失率相当高。但如果只对管理层进行现金激励，对激励对象而言，“捞完现金”就可以说再见，而对激励范畴以外的人才，则是“负激励”。光明乳业此番实施的股权激励，将可以让 94 位各类业务骨干在今后一段较长时间里安心服役，从而推动公司业绩稳步增长。

第三，这一激励方案的实施，则是更有效地将管理层与中小股东的利益捆绑到了一起。

庄国蔚表示，如果与西方成熟市场体制下的股权激励方案相比，光明“第一单”自然还有许多“中国特色”，例如，对于核心高管的激励力度还不够，对于未来变动因素考虑还不多等等，但摸着石头过河，才能不断改进，真正探索建立完善的国有企业经营层激励机制。

专家视角

最大的难点是在激励和约束中平衡

2006年，国资委会同财政部制定了国有控股上市公司实施股权激励试行办法。此后，宝钢股份成为第一家严格按照该办法设计激励方案的中央企业控股上市公司，但由于难度较大，之后无奈暂停。在上海，市国资委出台“指引”前，上海家化也进行了股权激励探索，期间一波三折，从2006年9月推出第一份股权激励计划后，一直到2008年1月才最终获批，中间历经两次修改。

由此可以看出，无论是主管部门还是国有控股上市公司本身，对股权激励都相当谨慎。作为全民所有制的国企，到底应不应该对经营者实行股权激励？记者采访了相关专家。

荣正咨询总经理郑培敏认为：高层持股，目的通常有三个——激励、收益和控股。对国企经营者的股权激励，就是属于前者，它不等同于MBO，不等同于企业家在谋取企业的控制权。科学的、市场化、法制化的股权激励是国企改革必行之路，否则，国企仍然是冠以“公司”名称的“政府机关”，而不是真正的企业。如果我们承认国企经营者不仅是靠事业和觉悟来保障国有资产保值增值，承认国企企业家的职业经理人特征，就要在制度上予以配合和保证。

那么，一样是激励，事后奖励是不是更安全？郑培敏指出，相比事后的现金奖励，股权激励更具长期性，更能与业绩挂钩，更体现“股东”意识。因为股权激励的利益，挂钩的是股东收益，包括利润和资本利得，如股价，而不是税前的管理费用。因此，股权激励机制的目的，在于使国有企业能够可持续发展。

在过去的一年中，真正推出股权激励计划的国有控股上市公司不超过 10 家。专家认为，国企股权激励目前最大的难点，还是如何寻求激励和约束中的平衡点。光明乳业的股权激励方案，在股东大会上就有小股民表示不满。对此，郑培敏认为，科学的考核，完善的决策程序和监督，可以避免股权激励成为新的福利手段，而不能因为某些担忧，就把“孩子”扼死在摇篮里。他认为，目前看来，光明的股权激励计划“是合规、合理的，相当不容易的”。

在采访中，记者也听到了国企经营者的一些疑虑，比如，目前国企高管的调动和任命，并不是市场说了算，如果一个公司老总有了一定股票激励之后，没干多久就另有任用，那么那些激励性股票是否应该收回呢？如要收回又该怎么收回呢？

面对诸多问题，专家认为，股权激励作为新生事物，需要“先试点再推开”，在摸着石头过河的过程中大胆地试并及时修正。股权激励对于国企的下一步改革引发的挑战可谓是全方位的，对制度的探索与推进也更为紧迫。

此文刊登于 2010 年 12 月 27 日《解放日报》

作者　黄勇娣　尤莼洁　丁波

第八章：民企创新

民营企业

申城民营企业的创新，一直处于野蛮生产的状态。他们对于新技术新平台的钻研，布局在多个细分领域，虽然上海民营企业没有浙江或者深圳那样强势，但这些最活跃的经济细胞，成为大都市经济的有力支撑。

玉米“聚”变

上海九成以上企业，手中没有一件专利；

而我们要告诉大家的上海同杰良公司，拥有近10项专利，绝大部分是含金量很高的发明专利。

上海高新技术企业中，新材料及应用技术企业只占一成多；

而我们要告诉大家的“同杰良”，它自主研发的产品正是代表世界前沿方向的玉米塑料。目前全球生物质新材料异军突起，将成为下一场科技革命的突破口，不久的将来规模将十倍于信息产业。日本爱知世博会上已经出现用生物质新材料——玉米塑料做的餐具、光盘、甚至笔记本电脑外壳。

难怪还“烧着钱”的同杰良已经被好几家国内外战略投资者看中，争着谈合作，出价都不低。可以期待的产业化前景也是投资者最看中的。

记者采访上海同杰良生物材料有限公司，董事长钱志良、总经理任杰一上来就把用玉米塑料做的杯子、梳子、小碗、光盘摆在我们面前“感性认识”。原来玉米通过生物发酵可以变成纯净水般的“L—乳酸”，再高温聚合就可以变成学名“聚乳酸”的白色塑料粒子。而我们日常生活中所用的塑料制品，都可以用这种可降解的玉米塑料来做。

走近同杰良，最初是出于对玉米塑料的好奇。随着采访深入，我们发现，在上海大力实施科教兴市主战略的今天，同杰良更是一个值得关注的产学研成功结合的案例——让自主创新的技术成果走出了实验室。目前，同杰良已经完成百吨级中试生产，正着手向万吨级的产业化门槛跨越。这家企业的成功经验是：让来自不同领域的技术、利益、团队实现有机聚合。

技术之“聚”

钱志良和任杰，案例中的两个主人公，四年之前还不相识。在玉米塑料生产的两个核心领域各自耕耘，前者研究上游——玉米如何变“L—乳酸”，后者研究下游——“L—乳酸”如何变“聚乳酸”。他们的研发曾默默无闻，很小一个进步往往就要费时两三年。

他们互相寻觅的过程，也是两种核心技术聚合的过程。

任杰，同济大学教授，专业就是高分子材料。早在 1997 年他就敏锐地感觉到了玉米塑料的产业前景。一是能源价值大。同样是做塑料的原料，石油储量有限，用一点少一点，而玉米可以再生，用玉米部分替代石油，有助于缓解世界能源危机。二是环保价值大。一样是塑料，石油做的塑料制品一百年都不会降解，而玉米做的塑料制品废弃了，一定条件下短则四五十天长则半年就能全部降解。三是农业价值。农产品变成工业原料，农业附加值势必大大提高。“一石三鸟”的愿景让任杰义无反顾扎进研究堆，一沉就是七年。但因为国内找不到高品质乳酸，国外进口乳酸成本又太高，研究进展一直比较缓慢。

钱志良，2000 年带着 31 人的团队下海，创建上海新立工业微生物科技有限公司。临走时得到了母单位给予的 8 个项目 15 年使用权的支持，束之高阁了好多年的乳酸项目就是其中之一。2001 年，国家“十五”攻关立项，新立公司拿着乳酸项目也去一试，在同台竞争的 12 家单位中一举胜出。

但新立之路走得也不顺坦。崇明搞乳酸厂的失败记忆至今清晰。2003 年 3 月雄心勃勃开始，一年半后却不得不关厂。钱志良现在回头看，失败或许是玉米“聚”变前的铺垫，毕竟经过他们努力，乳酸技术从“根酶法”提升到了“细菌法”。

下一步，乳酸技术要再提升，必须产学研结合向下游推进。钱志良苦苦寻觅致力于聚乳酸研究又有产业化志向的合作者。另一头，任杰苦苦寻觅能达到聚合级要求的高品质乳酸。

上海市科委高新技术产业化处副处长郭延生，是这段产学研姻缘的红娘。

2001 年，当时还在市经委做副处长的郭延生第一次走进任杰实验室。他印象很深，因为乳酸里面有杂质，聚合反应时温度一高就成了“酱油汤”，出来的塑料粒子就像一块块“面疙瘩”。“我认识一家企业研究乳酸，是国家‘十五’攻关项目，可以给你们牵个线。”郭延生对任杰所说的企业就是新立公司。

2002 年春季的一天，任杰带着他的助手来到了当时位于漕河泾的新立公司。回忆第一次见面的感觉，钱志良和任杰不约而同说“一见钟情”。当晚，他们就在新立附近一家小餐馆一起吃饭，席间击掌相庆，举杯畅饮。

一来二去两人越走越熟，上下游工艺互提改进意见，乳酸和聚乳酸工艺突飞猛进。但那时双方还只是搞些合作，真正的产学研结合是“科教兴市”的推动。

2003 年上海提出科教兴市主战略，决定遴选一批重大产业科技攻关项目。在市经委推荐下，钱志良和任杰的“生物可降解材料—聚乳酸的产业化开发”作为新材料项目上报。2004 年 7 月，该项目成功跻身上海市首批 29 个科教兴市重大产业科技攻关项目之列。2004 年 11 月，钱志良代表项目承担方与项目资金管理公司上海创业投资有限公司、项目推进部门市经委三方，正式签订了项目实施框架协议。2005 年 1 月，致力于玉米塑料产业化的“同杰良”宣告诞生，新立的乳酸技术和同济的聚乳酸技术“聚”在了一起。

聚合之后一年多，玉米迅速“聚”变。中试示范生产线在同杰良成立短短 9 个月后宣告建成。同杰良项目中期评估组组长、中国工程院院士杨胜利认为：比常规至少省了一半时间。

利益之“聚”

利益的合理聚合，是自主创新成果成功走出实验室的重要推动力。

同杰良最初的 700 万元注册资金，分别来自政府确定的资金管理公司上海创业投资有限公司、上海杨浦科技投资有限公司、上海新立公司、同济大学科技园有限公司，以及以任杰为主的 5 个自然人，其中自然人持股超过 10%。

玉米塑料两大核心技术的拥有方分别是新立公司和同济大学。因此，这两者股份比例首先对等。新立公司中，人人有股份，作为同杰良发起设立者之一，新立成员自然都能享受到同杰良发展带来的好处。但聚乳酸项目的具体承担者又是同济以任杰为首的纳米与生物高分子材料研究所。高校所属的研究所不能独立出资。于是，同杰良在产权关系中设计了以任杰为主的自然人出资，把学校这方核心技术领衔者的利益聚合好了。

最近同杰良正在落实技术股入股问题，总共 175 万，其中新立 75 万，同济 100 万。同济的技术股除部分属同济新产业发展有限公司外，其余由任杰等 10 位老师持有。这将进一步锁定个人利益与企业利益的同步关系。

调查采访过程中，我们发现了政府资金对产学研各方利益聚合的重要作用。在同杰良的产权关系中，有政府导向的资金所占比例不高，不到 30%，但也不算低，是第一大股东。这其实是政府精心设计的利益聚合模式——太多会影响企业的市场主体地位，削弱企业的积极性；太少又会使没多少钱的钱志良和任杰难以结合。

按照钱志良与上海创投和市经委三方签订的上海市科教兴市重大产业科技攻关项目实施框架协议，创投投入的专项资金总共是 1800 万元，按初期、中期、后期 3：4：3 比例投入。项目启动时，除了注入 200 万元资本金，还通过委托贷款形式给予 400 万元。剩余的钱不是盲目投入，只有在承诺的阶段目标达到时才会下拨。待项目完成产业化目标后，创投资金将原价退出，“政府资金不是为了赚大钱，主要是为产学研利益聚合做铺垫”。

考虑到不同阶段的利益聚合目标不同，政府对像同杰良这类科教兴市产业攻关项目资金扶持计划的设计相当灵活。现在，同杰良完成中期评估后决定跳过项目实施框架协议定下的千吨级总体目标，直接上具有产业化规模的万吨级生产线。这样一来，同杰良需要的资金更多。“对此，创投将根据同杰良中期评估报告对具体支持方案进行调整，或提前下拨资金，或整体扩大项目投资总盘子。”市发展和改革委员会高技术产业处处长徐子瑛告诉我们。

团队之“聚”

产学研要真正开花结果，还必须解决从“两张皮”到“一张皮”的问题。同杰良的成功之处是：出身背景不同、价值驱动力不同的“两张皮”——新立团队和同济团队，磨合得很好。

郭延生说，两个不同团队结合，磕磕碰碰难免，有时需要点妥协。

在这个问题上，钱志良和任杰体现了领军人物的影响力。

公司名称就是团队磨合的生动体现。钱志良是董事长，任杰是总经理，但“同杰良”三个字中，“杰”在前“良”在后。双方都不在乎这种表面的得与失。

钱志良，能够让几乎全部工微所技术骨干跟他创业，因为生物发酵技术与原来母单位的产业链关联度不大，工微所面临大规模的人员精简，当时负责下岗裁员的钱志良不甘心生物技术就这样萎缩，毅然“自裁”。章健、孙建荣，都是当初跟着钱志良一起下海的，“钱总当时年薪有10万元，他都决定放弃，我们还有什么放不下的?”

任杰，在共事的老师眼里不仅业务能力强，而且具有战略眼光，跟着他干感觉有方向。马广华记得，同杰良成立之初，一些老师曾对技术股比例不高有些想法。任杰在写字板上画了个大大的圆：蛋糕做大了，比例再小也能分块大的，不然错失机会可能得不到任何回报。简单一个比喻就把大家说得心悦诚服。

虽然共事只有短短一年多，但劳含章、马广华……无论来自新立团队还是同济团队，员工们的配合自然而默契。虽然几乎人人身兼数职，虽然每天忙的事情很多，但他们干得带劲。

王秦峰、张乃文、周新宇，同济研究生刚毕业，就一头扎进了同杰良中试示范生产线的设计安装，几乎没有休息日。华东理工大学毕业的王健，曾面对去外企还是留下来创业的选择，他舍弃了前者。他们感觉：创业中的同杰良能给他们更多施展才能的舞台。

同杰良迈出了成功的第一步。而从现在到明年底这段时间，可能是同杰良最难熬的产业化前夜，从百吨级的中试到万吨级的规模化，单单资金投入就要上亿元。同杰良准备如何跨过这道产业化门槛?请看调查报告下篇《玉米“巨”变》。

此文刊登于2006年04月03日《解放日报》

作者　郑红　陆绮雯　丁波　张海峰

玉米“巨”变

每年，有不少被权威机构认定的科技成果转化项目，在产业化门槛前因各

图为 2006 年一位工作人员展示用玉米塑料制作的餐具和日用品。张海峰摄

种缘故止步。

而在同杰良公司，我们不仅看到了实验室成果，更看到了两层楼高占地1200 平方米的百吨级中试线。一条从实验室到中试到规模化发展的“微笑曲线”已经显现。

同杰良项目中期评估组组长、中国工程院院士杨胜利评价：项目创新性比较强，技术经济指标好，可以产业化。摊开位于漕泾的上海化工区区域图，上海同杰良生物材料有限公司董事长钱志良指着地图东北角一块长方形标识说：“我们万吨级生产厂就将建在这儿，有 100 亩土地。”市发改委高技术产业处一直跟踪这一项目的陈博说，化工区方面还给同杰良预留了 100 亩土地。

对于同杰良的未来，钱志良和公司总经理任杰还有更多期待，力争在国内 A 股市场或美国纳斯达克市场上市，如同无锡尚德、复星实业一样，成为科技公司的标杆。

蓝图能否变成现实，关键是看明年年底前万吨级生产线能否竣工投产。如同“鲤鱼跳龙门”，同杰良“游”到了产业化门槛前，只待“临门一脚”。相比于从吨级跳到百吨级，这一次“百倍放大”意义更深远，意味着从“烧钱”到盈利的拐点或将出现。但难度也更大，单单靠“杰”与“良”技术、利益、团队的“小聚合”已经不够，需要更大范围更多资源的“大聚合”——社会资本的聚合、政策力量的聚合、高校企业的聚合。

“玉米”该如何跨越产业化门槛，实现“巨”变?

资金从哪里来

玉米塑料上万吨级生产线，资金投入初步测算超过 1 个亿。钱从哪里来?是最直接也最棘手的问题。

3 月 15 日，同杰良项目中期评估结束后第一天，一上班，钱志良、任杰就有一档“重要节目”：浦东某商业银行约他们商谈贷款事宜。万吨级生产线就要上马，他们想尽快落实资金问题。

钱志良、任杰说，抛出橄榄枝的银行不止一家。

找银行借钱，对于民企而言，往往有“蜀道之难”的感觉。同杰良能受到几家银行关注，与它作为科教兴市重大产业科技攻关项目的背景有很大关系。市发展和改革委员会高技术产业处处长徐子瑛说，在首批 29 个项目中，同杰良体量不算大，但非常有亮点，包括创新的技术、多元化的体制、紧密性的产学研模式等。这些亮点，自然引起了银行的兴趣。

但银贷只是一条渠道，更多的钱还得靠社会投资。好在同杰良项目一步步走得不错，潜力股价值开始显现，加上有政府创投资金“四两拨千斤”的支持示范效应，不少社会资本已经把目光投向玉米塑料。好几家外省市企业打来电话，个别的索性怀揣资金上门“提亲”。

任杰粗略匡算，同杰良本身增资扩股可以达到 5000 万元资金规模，加上银行贷款和各类战略投资，可以落地的资金在 1 亿元左右。

可是，钱还是紧巴巴的。钱志良心里清楚，筹到了这些钱，仅仅是满足万吨级生产线建设需要，而且每个环节都不能出错。“对同杰良而言，产业化规模要不断做大，从万吨到十万吨到百万吨，还需资金实力雄厚、管理经验丰富、终端开发能力较强的化工资本的加盟。”钱志良说，“只有这样才经受得住产业化风浪的考验。”

在调查中我们了解到，已有数家外资企业在与同杰良接洽，开出的条件相当诱人。但同杰良是在上海土生土长的原创项目，又代表着未来科技革命的方向，钱志良和任杰打心眼里希望核心技术的产业化果实能落在本土，然后在玉米产地建原料生产基地。

在市政府的牵线搭桥下，同杰良也在与本市一家大型化工企业谈，“但对方态度不是非常积极。”在采访中，有关部门人士也说，有一些好的科研成果，“种子”在上海，产业化“开花结果”却在外地，主要是外地企业对市场更敏感，而一些本地企业往往比较谨慎。

花开何处，还得看各种社会资本的博弈。

政府做什么

去年底，一则来自大洋彼岸的消息让钱志良和任杰高兴了好几天，那是全球零售业巨头沃尔玛公司发出的声音：从 2005 年 11 月 1 日起，其美国本土 3779 家超市将所有的产品包装改为聚乳酸塑料制品。亚洲邻国的举动也牵动着同杰良的心——日本和韩国政府从今年 1 月起推出相关法规，限制不可降解的石油基塑料的使用。

“可我们这里还没有具体动作”，钱志良有点急。他说，对于像玉米塑料这类有环保意义的创新产品，有关产业扶持政策能尽快出台就好了，目前，国内对生物质塑料和石油塑料的政策基本相同，这对环保产业发展极为不利。

忧虑是显然的，因为技术成本问题是同杰良跨越产业化门槛并获得持续发展的最大瓶颈。如果没有一点政策支持，玉米塑料制品要想和传统石油塑料产品“肉搏”，目前在成本上毫无优势可言。同杰良测算，按照他们最新的工艺生产，万吨级生产线成功投产的话，其玉米塑料售价大约是每吨 1.3 万元左右，而石油塑料现在每吨价格是 1.1 万元左右。当然，在石油不断涨价的背景下，玉米塑料的成本优势会逐渐显现。但如果石油价格下跌呢？如果玉米亩产下降呢？成本没有优势，最终产品就不会有竞争优势。同样一个茶杯，用玉米塑料做的如果比用石油塑料做的价格要高许多，环保意义再大，若是没有法规保障，又有多少人会买呢？

同杰良是幸运的。对于这个刚刚走出实验室的自主创新项目，政府正积极给予多方面支持。

当初找不到生产场地，任杰曾急得团团转，杨浦区政府拍板：“到我们工业园区来，租金条件从优。”

百吨级搭建过程中，麻烦不少，市发改委、市经委专门派人跟踪服务，确定推进部门和联系人，一个月来几次，协助解决困难，做到“全程监护”。

市发改委高技术产业处副处长姬兆亮告诉记者，他们正在考虑调整现行政策法规，不是仅仅针对玉米塑料，而是全面支持生物质材料。例如，在国际市场玉米价格相对便宜的前提下，考虑是否可以在进口配额上给予便利，以降低企业生产成本。

政府采购，是加快高新产品市场起步的助推器。刚刚结束的市科技大会传出消息——“对于自主知识产权产品，要通过政府采购和首购方式给予激励”，这让钱志良和任杰看到了新的利好并增加了更多底气。徐子瑛说，“日本爱知世博会大量推广使用玉米塑料的日用品，我们也可以学习效仿啊。”

还有，同杰良项目做大了，需要人才，市经委与市人事局已经在协商对于科教兴市项目所需要的人才给予优先落户的考虑。

市经委技术进步处副处长徐志祥说："有些困难如果我们解决不了，会向上级反映，争取在最短时间协调好。"

后劲在哪里

2004年7月30日，同杰良签约科教兴市项目的日子。而令钱志良更难忘的是有关领导在会上讲的一句话：产学研项目要取得成功，高校要让一点名，企业要让一点利。

一个"让"字，是同杰良能成功走到现在的重要原因。

任杰让了名。学术界，评价教授成绩往往看论文。可任杰搞聚乳酸好多年了，在这项研究的关键领域几乎一篇论文都没写。为啥？在化工领域，论文一出，等于将重要专利技术公布于众。

钱志良让了利。玉米塑料完成中试之后，曾有人开价2000万元把整个技术买过去。对于同杰良而言，这笔买卖划算，但这只是眼前利益。为了更长远的发展，钱志良果断拒绝。

可如今，要把产业化道路行进到底，靠一个"让"字已经不够，学校和企业需要更深层次的互动。

调查采访中，任杰经常喜欢提"双向造血"这个词。他设想，同杰良做大之后，可以为同济大学提供科技成果的孵化便利，而同济大学则成为同杰良产业技术不断升级的研发后台。"北大方正、清华紫光，就是双向造血成功的典型。"任杰说。

对此，调查过程中，一种意见认为："在大多数国家，高校和企业的利益导向有明显界限，高校专攻基础理论研究，新产品开发则是企业的事。"也有一种意见认为：在中国，企业自主创新动力不足，自主研发能力不强，企业要真正成为自主创新的主体尚需时日。而高校和科研机构有较强的研发能力，但缺乏市场意识。在这种情况下，搭建一个产学研结合的大平台，以企业为主导，促进大学和科研机构围绕企业需求开展科技创新是必要的。

今后，同杰良和同济之间的双向造血平台能否实现？高校以科研论文为主的评价体系与企业的市场化取向能否和谐共处？这些问题现在可能还难有明确答案。

但我们在调查中发现，无论政府部门、企业还是高校，有一点是大家认同的：同杰良在今后发展过程中，肯定还会碰到许多技术难题，这些难题可能不是公司本身能解决的，需要依靠更强大的科研力量。我们从同济大学颁布的《关于加快发展同济科技园，促进科技成果转化的若干意见》中看到了这样的话语：支持有条件的教师、科技人员带项目兼职参与创办科技企业；建立高新技术成果转化人的职务任职资格评定体系……这些或许可以给同杰良更多信心。

走进同杰良，我们想知道“玉米塑料”是什么；走出同杰良，我们在想像三五年后这家企业在自主创新路上能够走得多快。

我们无法预知未来。但我们期待着同杰良的故事能有更精彩的续篇。

此文刊登于 2006 年 04 月 06 日《解放日报》

作者　丁波　陆绮雯　郑红

“四新”民企发展之道

处在创新驱动、转型发展关键时期的上海，新技术、新业态、新模式、新经济等“四新”领域的发展尤为重要。与传统的工商业领域不同，“四新”领域发展往往伴随着显著的科技创新、带来全新的商业运作模式，对城市产业格局和市民生活产生深远影响。记者走访机器人、超导材料、4G 应用、移动互

图为工博会上打篮球的机器人。

联网等“四新”领域，了解它们最新发展动向，探讨上海“四新”领域未来的机遇与挑战。

上海机器人产业迎黄金期

这两天，上海最为重要的机器人引资项目，占地 7 万平方米生产基地和 5000 平方米核心总部的新松机器人总部决定布局浦东金桥。总部基地将力争年内开工，总投资 12 亿元，2016 年建成投产。这家起身于沈阳的中国机器人第一股，是目前国内规模最大、品牌产品线最齐全的先进制造装备产业集团之一，不仅能够制造工业流水线上的“机械手”，而且能够研发出适用于不同行业特点的机器“大脑”和“躯干”，量身定制各行业的机器人整体解决方案。

落户上海之前，新松以沈阳为总部，在华北、华东、华南等多个地区建立子公司。但进军上海，对于新松而言，更有深意。公司总裁曲道奎认为，人才、市场和平台是新松将总部选在上海的理由。比如，从平台来说，上海是中国工业门类最齐全的城市，有着雄厚的工业基础和科研能力，公司可与上海交大等高校建立产学研平台，并且与上海企业形成上下游合作。

早在新松总部落户之前，国际机器人巨头已纷纷抢滩，上海已成为国内机器人产业最为集聚的地区。ABB、发那科、库卡等国际机器人知名企业在上海的投资力度不断加大，还带来了产业链上下游配套企业。与此同时，沃迪、伟本、君屹等本地机器人系统集成企业也快速成长。

在位于金山的沃迪自动化装备公司的车间内，记者看到，一台台码垛机器人正挥舞着机械臂接受出厂前的最后检验。这些机器人将被销往全国各地的生产车间，执行“搬运工”的任务。公司负责人告诉记者，沃迪机器人在稳定性和安全性上已不逊于日德，今年预订数量比去年提升 50%。

从默默无闻到业界小有名气，沃迪背后彰显的是上海本土机器人产业发展的一个缩影。上世纪 90 年代，沃迪从国外食品装备领域设备代理，逐渐实现果蔬设备的自主开发，到现在已成为国内排名第一的集研发、生产、组装、服务为一体的工程承接商。从 2006 年涉足搬运机器人，沃迪不仅进行了技术研发，还做了一系列生产准备，2011 年仅能产销几台机器人的沃迪，现在搬运机器人年销售已近 200 台，预期将有 300 台直接“出库”，机器人在上半年的销售额占公司业务比例已达 60%。

市经信负责人表示，上海及周边地区是中国经济最活跃，也是产业升级最迫切的地区，正处于“制造业产出增速下行 + 低端劳动力成本上涨”形成的“黄金交叉”，这正预示着国内机器人产业黄金时期的到来。同时，人口问题已成为事关上海发展的战略问题，要实现“数量型人口红利”到“质量型人口红利”的转变，必须推广以机器人为代表的自动化生产线和智能制造模式，在某些可能的领域实现“机器代人”。市经信委正组织制定加快推广机器人应用产业发展行动方案，针对汽车、机械、家电、电子、造船、食品、医药等领域进行调研，将提出未来三年本市应用机器人升级自动化生产线的实施方案，组织推进一批重点示范项目，通过自动化装备的扩大应用，提高制造水平，优化劳动力结构。

针对国内机器人产业主要集中在产业链低端的现状，上海将立足机器人产业化和示范应用两个环节，聚焦工业机器人、服务机器人领域，壮大发展机器人本体研发制造，突破精密减速器、伺服电机及驱动器、控制系统等三大核心功能部件，拓展机器人系统集成应用，使上海成为我国最大产业机器人基地、机器人核心技术研发中心、高端制造中心、分服务中心和应用中心。

市经信委负责人表示，机器人产业是“四新”的典型代表，预计未来十年，中国机器人市场仍将保持20%左右增长速度，根据规划，下一步要加强机器人产业基地化、项目化推进，到2015年上海机器人产业产值力争达到200亿元，2020年达到600亿至800亿元，占全国50%以上份额。

此文刊登于2013年10月14日《解放日报》

作者　丁波　刘锟

梦想：超导材料用在智能电网上

对于超导的第一印象，许多人还停留在中小学物理课本上：超低温的环境中，材料能实现零电阻。可这个神奇的技术，要大规模应用到电网建设，似乎还很遥远。

梦想能否在上海实现？记者日前采访获悉，随着国内外对于超导材料研究的加速，上海第二代高温超导材料攻关正进入关键期，若能形成技术突破，有望追赶国际先进水平，推动超导材料在智能电网、发电机组、磁浮列车、雷达和遥感等多个领域实现产业化应用，从而打开蓝海市场。

在上海超导公司、上创超导公司等近两年新成立的超导带材产业攻关基地，记者领略了第二代高温超导材料的“神奇”——它不像传统电缆那么粗壮笨重，核心传导层薄如蝉翼，轻若鸿毛。1000 米的超导带材，就像皮尺一样，可盘卷起来，一个人就可以轻松拿起，更关键的是，它的输电能力比同尺寸铜导线高出百倍。

上海超导公司首席科学家李贻杰教授告诉记者，“高温超导”的概念，并非老百姓心目中的日常“高温”，而是指相对于零下 270 摄氏度的低温超导而言，高温超导能在零下 196 摄氏度（77K）实现零电阻，由于实现零下 196 摄氏度低温环境的成本大幅降低，因此显露出广阔的市场空间。

以电网改造为例，2008 年全国社会用电总量近 35000 亿度，按目前中国输电损耗率为 8%—9% 计算，中国每年损耗高达 3000 亿度，相当于 3 个投资在 1200 亿元以上的核电站总发电量。而上海市用电量约占全国的 3.6%，每年损耗将达到 112 亿度电，折合人民币 100 多亿元。可以想象，如果使用超导电缆来替代传统的高压输电线，节省的费用将会十分惊人。据了解，在美国，超导电网的改造已经开始，2008 年 4 月，美国纽约长岛的世界上第一条商业化高温超导电缆投入运行。上海近年来也在示范应用上加大力度，上海电缆研究所于 2011 年组织了多家单位开展超导电缆示范工程项目的建设，在超导电缆成果转化方面向前迈出了坚实的一步。

当然，让超导材料迈过产业化门槛的过程并不简单，国内外技术竞争也日益激烈。市经信委总工程师马静表示，上海正处于从小试到中试放大的阶段，由一批海归科学家和高校教授领衔，与社会资本相结合，分别按照“物理法”、“化学法”不同的技术路线进行产业化攻关，力争“抄小路”赶超国内外同行。“虽然长期来看，大规模商业化应用还要经历较长过程，但突破产业化生产这一步若实现领先，对整个智能电网产业发展的意义是非常深远的”。

超导攻关每一步向前，都不容易。李贻杰介绍，依托上海交大的科研团队，经过潜心研究公关，上海超导公司已实现基带国产化目标，并于去年10月用实验室小型装置在自制基带上制备出150米长、能传输500安培的高温超导带材，目前公司已完成公里级生产线500平方米洁净厂房建设，首条生产线一半基于自主装备，公里级带材生产线已经投产，有望年底推出产品。明年生产线扩建后，将实现年产带材300千米。上海超导公司副总经理洪智勇表示，在大规模应用于电网建设之前，高温超导也能够在多个领域得到应用，充分“试水”商业化。例如，公司已开始研发超导感应加热器，可在冶金领域对铜铝的物质加热，由于超导体的零电阻特性，其效率可以达到90%以上，远远超出常规感应加热设备50%的效率，这一设备有望在近期推向市场。

作为上海浦江学者之一，从海外归来的上创超导公司副总经理兼技术总监蔡传兵教授表示，第二代超导带材就技术而言，中国与国外的差距并不算大，上海的大学目前已经形成12项自主知识产权成果，并自主研发国内首台化学动态涂层系统，利用自主设计的连续化动态沉积系统，走通了第二代高温超导带材的低成本技术路线。“让我们有信心的是，上海有着雄厚的超导上下游工业基础。在上游，我们与金山格林赛公司、上海化工研究院等合作，持续降低原材料成本；在下游，我们与包括上海电缆研究所、上海电缆厂、上海电机厂等合作，不断推动新技术在下游领域的应用。大家一起努力，尽快形成上海超导研究的产业链集群。”

尽管成立时间只有两三年，技术路线不一，但在上海超导公司和上创超导公司，记者都看到了精干而高效率的研发队伍，科研人员的比率均达到70%—80%，海归学者领衔、高校专家助阵、中青年学者担当骨干的层次明晰的研发队伍干劲十足，不分昼夜加快攻关，产业链下游的应用企业也整装待发，一个全新的产业链集群雏形开始在上海出现。

此文刊登于 2013 年 10 月 20 日《解放日报》

作者　丁波　刘锟

互联网企业另辟蹊径谋突破

“上海为什么出不了马云？为什么出不了阿里巴巴、腾讯、百度等互联网巨头？”这样的问题，一直困扰着上海本土互联网产业发展。

然而，记者日前采访一批沪上新型互联网服务公司时，他们也有不同的答案——“我们为什么要和他们比？不跟随他们脚步，在自己擅长的领域实现专业化突破，才能发现新蓝海，这才是上海互联网产业发展的方向。”

在浦东新区秀浦路一家名为青橙手机的公司，年轻的 COO 李辉正演示基于互联网基础上的手机定制服务：“你可以通过网络自主选择手机的四大件——显示屏、CPU、内存、摄像头，还包括各类预装软件，选定下单后只要 7 天，我们就可以发货给你。当然，外观色彩你也可任意选择，你完全可以把你太太的照片立体感地印刻在手机壳上。”

李辉所在的青橙手机公司，原先仅仅是一家手机 ODM 供应商，如今成为首家国内基于互联网上真正意义的手机定制平台。从去年 5 月份至今，公司出售的自主品牌定制化手机已经接近 200 万台。“这个数目并不算大，过去我们做代工，一年最多可生产 2000 万台，可干起来没成就感。如今利用原有的代工基础，嫁接互联网模式，推广全新的青橙自主品牌的手机网上定制服务，是在为自己品牌打工，也是真正让手机制造与互联网服务联姻”。到今年年底，青橙第二款定制手机 N2 即将实现上线，定制服务将更多更炫。“中国手机用户好几亿，只要有 5% 采取网络定制服务的话，这个市场就相当可观了。”

与青橙的网络定制不同，位于长宁区的易贸集团在网上“玩”的是“大家伙”——化工、能源、有色、钢铁、纸浆等等，它属于大宗商品交易服务。集团展示大厅里，工作人员在超大显示屏上，展示各类化工产品的实时价格，数百家供求双方的信息通过互联网汇聚，再经过专业匹配撮合后成交。公司副总裁马琦介绍：“交易过程中，如果要融资，我们可以与银行携手来提供；需要物流和仓储服务，纳入我们系统的全国 180 多个仓储点将提供方便。总之，我们可以为大宗商品交易提供你想要的任何服务。”

原来，搭建网络交易平台之前，成立于 1999 年的易贸集团做的是会展、咨询、广告等服务。“过去看起来是传统业务，但 10 多年发展下来，积累了大量的人脉和商圈，这为我们转战互联网交易平台打下了基础。何况，上海有着大量的上下游企业，是大宗商品会展、市场信息汇聚的沃土，在这里成立大宗贸易的网上交易平台，提升价格发现和行情汇聚功能有着天然优势。”据了解，今年，易贸网大宗商品交易成交已经超过 2000 亿元，拥有超过 5000 家的行业企业会员。

市经信委负责人表示，“目前，在 B2C 电子商务、网络社交、门户网站等互联网领域，市场已经相当成熟，竞争激烈。上海网络新经济的发展应该避其锋芒，另辟蹊径。当前上海正在加快‘四个中心’建设，又面临着自贸试验区的重大历史机遇，这些都将为软件和信息服务业、大宗贸易等网络平台经济的发展提供得天独厚的条件，上海完全可能在此领域打开新的蓝海市场，形成自己的特色。”

深耕专业化细分市场，搭建网络信息服务型平台，已经成为上海新一批网络经济公司的方向。例如，在人机交互的互联网智能客服领域，位于江桥的小

I机器人已经与200多家大型企业和政府推出智能客服机器人解决方案，占据了全国智能客服近90%的市场份额；在专业的互联网教育领域，安家浦东软件园的沪江网现已拥有4000万的会员，其中“沪江网校”有200万的注册收费会员，成为国内互联网学习的第一平台。

网络经济细分领域的一个个新型公司，虽然尚不及国内网络巨头那样的“高大”，但各自细分市场的未来空间都开始呈现，一批批风险投资也接踵而来。沪江网CFO于杰一句话印象深刻，“我们不与阿里巴巴争电商的规模，但公司如果快速发展下去，促使上海成为‘互联网学习之城’，不也很有特色吗？”

此文刊登于2013年11月18日《解放日报》

作者　丁波　刘锟

沪平台企业雨后春笋般崛起

一走进同康路上的国兴农现代农业有限公司，董事长郭之兵就向记者展示国兴农的农业供产销一体化服务。“以西瓜为例，如今市面上销售的南汇8424西瓜良莠不齐，解决品质问题，就必须从西瓜种植的源头开始平台化的管控。”

作为上海当下唯一一家涉农服务的电子商务“双推”平台企业，国兴农自主研发的“农业云”是一个涉足产前、产中、产后的管控平台。产前“GAP平台”系统，以西瓜的“全优保”种植解决方案为例，从农产品建棚养护到配育种苗、施肥用药、采摘，种植的每一步都提供了规范科学的“范本”，农业合作社只需“照方抓药”，产出的西瓜不仅质量优、标准统一，亩产平均增效20%以上；产中“农产品质量安全溯源平台”，拿起手机扫描农产品上的二维码，即可查询到产品种植、生产、加工、质量、检测、运输、销售等信息，建立农产品生产经营诚信体系；产后“农产品电子商务交易平台”，实现从田间到终端的一站式交易服务。正是通过“农业云”这一平台，国兴农得以在注册成立之后的短短 3 年时间，整合农资仓储配送中心 10 余万平方米，农资零售店近 3000 家，农民专业合作社 800 多家，园艺作物标准示范园近 60 个，在全国 8 个省市成立 9 家全资子公司，去年集团实现销售 12 亿元。

与农业领域内的国兴农类似，专注于小微物流企业服务的新跃物流获益于“物流汇”，这是一个基于物联网的“中小型物流企业公共服务与管理平台”。通过与中国电信合作，“物流汇”推出了小微物流企业能够用得起的车辆定位系统。司机只要配备一个特种手机，就可以实现精准定位。货主和物流企业管理者都能随时了解车辆运行的位置，实现货物运输全程跟踪。同时，“物流汇”也给出了电调系统的加速方案。新跃物流董事长吴军说，不论是新疆还是西藏，司机在行驶中，都可以实时与总部对讲。物流公司接到大笔订单想找空车时，只要发出讯息，就能迅速收到回应。通过“物流汇”高效的呼叫平台，物流企业的运能可以实现倍增。目前，“物流汇”平台上注册缴费的会员企业超过 4000 家，占上海陆运物流企业总量的 30%。去年实现电子商务交易额超过 30 亿元。

通常，技术创新往往来自于跨国企业和大公司，强大的研发队伍对现有产品有很好的升级能力；而颠覆性创新，特别是商业模式的创新往往来自小企业，因为他们没有包袱，船小好调头。市经信委生产性服务业处负责人说，很多生活中熟视无睹的东西，一旦对接产业链的相关环节并集成融合，就会衍生出新的商业模式，在一个信息平台上实现供求双方的撮合，电子支付各个方面配上去，企业就会“蹭蹭蹭”成长起来。商业模式的创新已经成为竞争的新优势，本世纪以来，在纳斯达克上市的金融产品有七成以上是业务流程再造和商业模式创新的企业。

如果说，“物流汇”平台的出现是物流市场的“自我生长”，那么，老牌专业市场上海灯具城的转型堪称“涅重生”。如今，6 万平方米建筑面积中，只有 3.6 万平方米是商铺，卖灯店家越来越少。灯具城投资方明凯集团副董事长陆泽明介绍，灯具城形成了照明产业服务平台（一个主平台）加工程设计、检验检测、施工安装等 6 大产业链服务功能的“1+6”企业组织架构，并整合社会化资源为整个照明产业提供全产业链服务解决方案。

市经信委“两头在沪”企业课题组的调研显示，在上海，基于互联网、服务和信息化的“平台企业”正如雨后春笋般崛起。在先进制造业领域，上海爱姆意供应链管理有限公司在提供优势机电产品的基础上，通过 365me 平台实现了与各地资源供应商的资源共享，为全国大型制造业厂商提供机电产品供应链解决方案；在建筑工程领域，上海筑想信息科技有限公司通过“筑想网”搭建地产开发项目选材信息平台，面向全国开发商提供建筑信息集成及决策综合解决方案等。

上海交通大学安泰经济与管理学院教授陈宏民认为，各类服务业的价值链或者价值网络里都存在着搭建平台的机会。平台一旦成功，整个产业的价值就会向平台倾斜，平台就可在产业中起到引领作用。这种引领，显然是当下上海产业转型升级最需要的。以新跃物流为例，2011 年，“物流汇”平台上的陆运物流企业较 2010 年总营业额提升 50% 以上；而今年，预计总营业额将增长 100% 以上。

此文刊登于 2013 年 12 月 08 日《解放日报》

作者　丁波　吴长亮

图书在版编目(CIP)数据

蝶变：世纪之初的上海产业革新之路/丁波著．—上海：上海三联书店，2018.7
ISBN 978－7－5426－6402－0

Ⅰ.①蝶…　Ⅱ.①丁…　Ⅲ.①产业经济－区域经济发展－上海　Ⅳ.①F127.51

中国版本图书馆 CIP 数据核字(2018)第 156754 号

蝶变——世纪之初的上海产业革新之路

著　　者／丁　波

责任编辑／姚望星
装帧设计／徐　徐
监　　制／姚　军
责任校对／张大伟

出版发行／上海三联书店
　　　　　(201199)中国上海市都市路 4855 号 2 座 10 楼
邮购电话／021－22895557
印　　刷／上海展强印刷有限公司

版　　次／2018 年 7 月第 1 版
印　　次／2018 年 7 月第 1 次印刷
开　　本／710×1000　1/16
字　　数／430 千字
印　　张／23
书　　号／ISBN 978－7－5426－6402－0/F・780
定　　价／68.00 元

敬启读者，如发现本书有印装质量问题，请与印刷厂联系 021－66510725